古典文獻研究輯刊

十二編

潘美月・杜潔祥 主編

第 12 冊

隱逸・山人・園居
——周履靖及其《夷門廣牘》研究（下）

葉俊慶 著

國家圖書館出版品預行編目資料

隱逸・山人・園居——周履靖及其《夷門廣牘》研究（下）
／葉俊慶 著 — 初版 — 新北市永和區：花木蘭文化出版社，
2011〔民 100〕
目 6+256 面；19×26 公分
（古典文獻研究輯刊 十二編；第 12 冊）
ISBN：978-986-254-405-1（精裝）
1.（明）周履靖 2.學術思想 3.生活型態 4.叢書
5.研究考訂
011.08   100000213

ISBN-978-986-254-405-1

9 789862 544051

古典文獻研究輯刊
十二編　第十二冊   ISBN：978-986-254-405-1

隱逸・山人・園居——周履靖及其《夷門廣牘》研究（下）

作　　者　葉俊慶
主　　編　潘美月　杜潔祥
總 編 輯　杜潔祥
企劃出版　北京大學文化資源研究中心
出　　版　花木蘭文化出版社
發 行 所　花木蘭文化出版社
發 行 人　高小娟
聯絡地址　新北市永和區中正路五九五號七樓之三
　　　　　電話：02-2923-1455／傳眞：02-2923-1452
網　　址　http://www.huamulan.tw 信箱 sut81518@ms59.hinet.net
印　　刷　普羅文化出版廣告事業
初　　版　2011 年 3 月
定　　價　十二編 20 冊（精裝）新台幣 31,000 元

隱逸・山人・園居
——周履靖及其《夷門廣牘》研究(下)

葉俊慶　著

第二章 遵生：飲膳烹調與保眞守元

第一節 前 言

「遵生」在明代是一個相當時髦的課題，其中，包括有積極的「頤情養壽」，以及消極的「去疾遠病」，諸如〔明〕宋詡與宋公望父子合撰之《竹嶼山房雜部》設有「養生」、「尊生」兩部，〔明〕屠本畯的《山林經濟籍》有「達生」一類，〔明〕何良俊的《四友齋叢說》有「尊生」一卷……等等，比比皆然。據毛文芳的研究指出：

> 「遵生」即「尊生」，較「養生」多了一層對生命的看重與敬意……
> 「尊生」實包含「養身」、「保身」、「養生」、「衛生」等內涵。〔註1〕

換言之，「遵生」、「尊生」及「養生」所涵指的意義大抵相同，一般又可等同於「攝生」、「道生」、「保生」、「壽世」，唯「遵生」之「遵」可作「遵循」之意解，較之「尊生」、「養生」更多了一份對生命的敬重，故本文以該辭爲題。

其中，〔明〕高濂《遵生八箋》一書更可謂是明代遵生著作中最具代表者，全書即以「遵生」爲核心議題，由此開展出生活中不同層面的規劃與安排，將遵生的實踐範疇擴至服食、居處、賞鑑、調攝、方藥、器用……等，換言之，在高氏的觀念中，所謂的「遵生」應是一種「生活的概念」，大凡一切追求康壽頤養的精神、法則、事宜或內涵，皆屬之，故循此而言，我們若

〔註1〕詳見毛文芳：《晚明閒賞美學》（臺北：臺灣學生書局，2000 年），頁 194。下引此書皆同此一版本，不另出詳註。

將《夷門廣牘》全書視爲是明代遵生之作其實亦不爲過〔註2〕。而這的確也是提供我們思考明代文化的一個極佳視角。然而，本編撰寫的一個重要核旨即在處理《夷門廣牘》所架構之文人生活體系，因此不擬採取寬泛的解釋系統，僅視「遵生」爲文人生活的其中一個理解側面，如同《夷》書中的「尊生」一牘，〔明〕周履靖釋曰：

> 嵇叔夜養生論詳矣，朝露石火，刹那不留，詎必石半化而詫爲仙蹤，仙鶴歸而悲其塵世，服食養氣，以致脩齡，貴其身以爲天下，可不尚諸。輯尊生牘。〔註3〕

人生於世，較之漫漫廣宇長宙，有若朝露石火般瞬息便即遷滅，欲求鶴齡高壽者，唯有善於服食養氣，因此，該牘所收諸書均與身體的實際養護有關，顯然，作爲文人生活體系的一環，〔明〕周履靖對「遵生」的規劃，大抵落實在養護的具體行爲上，如《赤鳳髓》談氣功導引、《玉函秘典》說明安神寧魂咒符的妙用、《怪屙單》提供了各種怪疾疫病醫治藥單等。此外，《四友齋叢說》有云：

> 食者，生民之天，活人之本也。故飲食進則穀氣充，穀氣充則氣血盛，氣血盛則筋力強。……故修生之士，不可以不美其飲食。〔註4〕

或如〔明〕周履靖於「食品牘」之旨所謂：「昔稱三世長者知被服五世長者知飲食，故有炊辨勞薪，飲別澠水，仗節則山薇可餐，憂時則水蓴，可羹者，進於味矣……徐邈之中聖奚皆，伯倫之解醒非妄，如必列鼎染指，刺齒肥梁以爲愉快，可戒而不可尙也。」〔註5〕飲食作爲人體精氣重要來源的觀念，前人已有論，尤其，精氣更屬人體生命的重要機能，少了食物的支援，人體的生命機能也將無以爲繼，相反地，若一味地貪珍味、無節制，往往也會造成身體的傷害。因此，飲食與身體的養護著實具有密切關聯，如何「吃」才健康？如何「吃」才恰當？此誠爲任何遵生之士所必須研議細究的課題。

〔註2〕 如黃妙慈的研究便是持此觀點。詳見氏著：《高濂遵生理念及其生活實踐──以《遵生八箋》爲主要範疇》（臺北：國立臺灣大學中國文學研究所碩士論文，2004 年），頁 170～171。

〔註3〕 詳見〔明〕周履靖：〈夷門廣牘敍〉，收於氏編：《夷門廣牘》（北京：書目文獻出版社，1990 年），頁 2 上～下。下引此書皆同此一版本，不另出詳註。

〔註4〕 詳見〔明〕何良俊：《四友齋叢說》（北京：中華書局，1997 年），卷三十二，尊生，頁 289～290。下引此書皆同此一版本，不另出詳註。

〔註5〕 詳見〔明〕周履靖：〈夷門廣牘敍〉，收於氏編：《夷門廣牘》，頁 3 上。

是故，本章筆者將以「遵生」爲核心，鎖定在具體的身體攝養行爲上，拈擬出「飲膳烹調」與「保眞守元」兩條討論路徑，透過《夷門廣牘》的「尊生」與「食物」二牘的書籍爲主，並旁涉其他相關內容，深入探討遵生意涵。

第二節　飲膳烹調與養生關係

《金瓶梅》第二十二回〈蕙蓮兒偷期蒙受，春梅姐正色閑邪〉中，曾如此寫到西門慶一家的早餐飲食情況：

> 說著，兩個小廝放桌兒，拿粥來吃。就是四個鹹食，十樣小菜而，四碗燉爛：一碗蹄子、一碗鴿子雛兒、一碗春不老蒸乳炳、一碗餛飩雞兒；銀鑲甌兒盛著粳米投各樣榛松果品白糖粥兒。西門慶陪應伯爵、陳敬濟吃了，就拿小銀鐘篩金華酒，每人吃了三杯。〔註6〕

不僅早餐之奢靡令人驚訝，即使一般便餐排場也都不惶多讓，往往動輒就是「紅鄧鄧的泰州鴨蛋，曲彎彎王瓜拌遼東金蝦，香噴噴油炸的燒骨，禿肥肥乾蒸的劈曬雞」〔註7〕。此外，〔明〕何良俊亦觀察到：

> 余小時見人家請客，只是果五色、肴五品而已。惟大賓或新親過門，則添蝦蟹蜆蛤三四物，亦歲中不一二次也。今尋常燕會，動輒必用十肴，且水陸畢陳；或覓遠方珍品，求以相勝。前有一士夫請趙循齋，殺鵝三十餘頭，遂至形於奏牘。近一士夫請袁澤門，聞殺品計百餘樣，鴿子、斑鳩之類皆有。〔註8〕

文中乃是藉由飲食的鋪張細節以見世道風俗的改變，從明代初期果肴五品轉至嘉靖以後動輒十肴，並且「水陸畢陳」。一方面既突顯明代中後期許多新富人士對於餚饌的揮霍與享受，另一方面則見識到了明人烹調料理的精緻發展程度。

凡此文獻資料的描寫，從人類學的角度而言，無一不是理解人類社會、生活行爲以及文化思潮的重要指標，並關涉到某些文化心態的運作機制，誠

〔註6〕 詳見〔明〕蘭陵笑笑生著，秦修容整理：《金瓶梅》（北京：中華書局，1998年），第二十二回〈蕙蓮兒偷期蒙受，春梅姐正色閑邪〉，頁318。下引此書皆同此一版本，不另出詳註。

〔註7〕 詳見〔明〕蘭陵笑笑生著，秦修容整理：《金瓶梅》，第三十四回〈獻芳樽內室乞恩，受私賄後庭說事〉，頁470。

〔註8〕 詳見〔明〕何良俊：《四友齋叢說》，卷三十四，正俗一，頁314。

如顧恩特・希旭菲爾德研究所指：「飲食是文化的一部份，進行的方式也是文化的，其內在存有著社會文化的指標與元素。」〔註9〕換言之，如果人類的飲食活動是一種文化價值的體現，那麼，不同的價值追求勢必導引出迥異的飲食內涵，包括有以食物表達某種族群想像或地域認同者，如四川辣板條、粵菜等；有以食物表達某種宗教思想或禁忌者，如回教禁吃豬肉、佛教茹素不肉食、猶太人則認為水中凡有鱗有翅者才可食用……等等。

一、飲膳書籍大量出現

中國最早關於烹調理論記載的書籍，大概可以推至〔戰國〕呂不韋的《呂氏春秋》一書，其中第十四卷的〈本味篇〉即在談論各種烹調法則以及天下「至味」之說，例如：

> 調和之事，必以甘、酸、苦、辛、鹹。先後多少，其齊甚微，皆有自起。鼎中之變，精妙微纖，口弗能言，志不能喻。若射禦之微、陰陽之化、四十之數，故久而不弊、熟而不爛、甘而不濃、酸而不酷、鹹而不減、辛而不烈、淡而不薄、肥而不膩。〔註10〕

味道的乾、酸、苦、辛、鹹，全憑個人口味以增減調配，其中的變化是非常精微的，除了須考慮五行、四時之外，更得把握熟而不爛、甘而不過甜、酸而不酷、鹹而不減……等中和之美，才是美味佳餚。這樣的論點可謂是中國飲膳觀念之發微，不過，〈本味篇〉旨意是為了說明：任用賢才、推廣仁義以得天下者，進而才能享用人間的美味佳餚，與《周禮》、《禮記》、《論語》……等一樣，雖然留有與烹調技藝相關的內容，但本質上仍無法歸於飲食著作。

中國文化史上真正完整的飲食著作，大抵須由〔北魏〕賈思勰的《齊民要術》算起，乃至唐代的《膳夫經手錄》，宋代的《玉食批》、《中饋錄》、《膳夫錄》……等等，發展至明代，受到飲食消費的奢侈風尚帶動下，各種飲膳相關書籍逐漸為人們所重視與發掘〔註11〕，例如〔明〕高濂《遵生八箋》之

〔註9〕詳見顧恩特・希旭菲爾德著，張志成譯：《歐洲飲食文化》（台北：左岸文化，2004年），頁24。

〔註10〕詳見〔戰國〕呂不韋著，〔後漢〕高誘註：《呂氏春秋》（臺北：藝文印書館，1971年），卷十四，孝行覽之〈本味〉，頁322～323。

〔註11〕詳見巫仁恕：〈明清飲食文化中的感官演化與品味塑造——以飲膳書籍與食譜為中心的探討〉，《中國飲食文化》第二卷第二期（2006年6月），頁52～61。

〈飲饌服食箋〉，收有茶泉、湯品、熟水、粉麵、脯鮓、家蔬……等十二類兩百五十三種食方，內容雖多有參自《中饋錄》及《多能鄙事》，但「非漫錄也。或傳有不同，悉聽制度」〔註 12〕，高氏一書多能在前人的基礎上另外再創造；而〔清〕李漁《閒情偶寄》之〈飲饌部〉，則分爲「蔬食第一」、「穀食第二」、「肉食第三」共三類三十一種食材，分別論述，內容風趣親切，如道家常，以「菜」爲例：

> 菜類甚多，其傑出者則屬黃芽。……每株大者可數斤，食之可忘肉
> 類。不得已而思其次，其惟白下之水芹乎？余自移居白門，每食菜、
> 食葡萄，則思都門；食尹、食雞豆，輒思武陵。物之美者，猶令人
> 每食不忘，況爲適館受餐之人乎？〔註13〕

黃芽即俗稱的大白菜，是一種極爲普通又易於搭配的菜種，無論醃漬、清炒、燉肉、煮湯等，皆可見其「蹤跡」，可謂是菜中第一品；又，不同菜種，產地自然殊異，每每都能引動食者不同的生命記憶與人事情誼，在夾箸品嚐的同時，亦能令人獲得滿足的滋味。彷彿每道菜都有著不同的故事，而這也是〈飲饌部〉最引人入勝的一大特色。〔明〕楊愼著、〔明〕曹竑編《升庵外集》之〈飲食部〉，分爲茶、酒、良、肉、水產、調味、蔬菜及奇特食品八類，約莫七十六種的飲食品目，其中有除了一般食譜出現的料理步驟說明外，最大的特色就在特殊烹調技藝的介紹，例如「金薤玉膾」條：

> 吳人製作鱸魚鮓、□子臘，風味甚美，所稱金薤玉膾也。鱸魚肉甚
> 白，雜以香杏花葉，紫綠相間，以回回豆子、一息泥、香杏膩均之，
> 實珍品也。〔註14〕

詳細地闡述鱸魚的獨到調理方式，足能新人口復；〔明〕宋詡《宋氏養生部》共有六卷、一千多條的食材料理介紹，全書乃依食材原料分類，如第一卷收茶、酒、醬、醋，第二卷收麵食、粉食、蓼花、白糖、蜜煎等，對於後來的飲膳書籍分類，具有開創示範的意義，另外，由於〔明〕宋詡自幼便隨父母

〔註12〕 詳見〔明〕高濂：《遵生八箋》，收於《文淵閣四庫全書》（台北：臺灣商務印書館，1983 年），第八七一冊，卷十二〈飲饌服食箋〉，「家蔬類」，頁 642 下。下引此書皆同此一版本，不另出詳註。

〔註13〕 詳見〔清〕李漁：《閒情偶寄》（杭州：浙江古籍出版社，1985 年），卷五〈飲饌部〉，「蔬食第一」類，「菜」條，頁 218。下引此書皆同此一版本，不另出詳註。

〔註14〕 詳見〔明〕楊愼著、〔明〕曹竑編：《升庵外集》（臺北：臺灣學生書局，1971 年），卷二十三〈飲食部〉，頁 706。

歷遊各地，嚐遍各地飲膳，加上母親親自傳授，「而後知天下正味，人心所同，有如此焉者；非獨易牙之味可嗜也。」〔註15〕因此書中所收料理品目繁多、包羅萬象，作法更是記載詳備，其子〔明〕宋公望的《宋氏尊生部》則可視為《宋氏養生部》的續補之作，二書完備的內容反映出明代食譜的發展程度；〔明〕劉若愚著、〔明〕呂毖輯錄之《明宮史》，其中的〈飲食好尚〉雖也談論食材料理，但比較特別的，它不同於一般食譜內容的普及化，專門記錄明代宮廷內的飲食風尚及時令食品，文中依二十四節氣分別介紹，是研究明代宮廷文化史不可或缺的文獻資料。

其他專著者如〔明〕張岱《老饕集》、〔明〕葉子奇《草木子》、〔明〕龍遵敘《飲食紳言》、〔明〕王磐《野菜譜》等，筆記小說者如〔明〕謝肇淛《五雜俎》、〔明〕王士性《廣志繹》、〔明〕李詡《戒庵老人漫筆》、〔明〕沈德符《萬曆野獲編》等，日用類書者如《便民圖纂》、《萬寶全書》便列有「飲食」一類；另外，分類單品者如〔明〕屠隆《茶說》、〔明〕朱權《茶譜》、許次紓《茶疏》、〔明〕馮時化《酒史》、〔明〕陳繼儒《酒顛補》、〔明〕徐炬《酒譜》等。

〔明〕周履靖同樣也編撰有多種相關的飲食著作，其中包括有重新探掘為人忽略的作品者，或者纂輯各種烹調技術或時人飲食觀念者，並集中收入《夷門廣牘》內，例如「食品」牘的《山家清供》、《易牙遺意》、《湯品》、《水品》、《茶品要錄》、《酒經》等，便是纂輯前人之作，其中收錄有多種飲食料理的烹煮方式，而《茹草編》則是〔明〕周履靖的飲食專著，內容乃是針對野蔬之食療、料理方式的指導說明。另外，「博雅」牘內的《群物奇制》一書中，亦編錄有〈飲食〉篇，搜錄的則多是各種較為特殊的飲膳料理常識。

凡此豐富飲膳著作的出現，在在都說明了「飲食」為明代人重視的程度，其實已超越過去「君子遠庖廚」的古老訓示，並為後代飲食文化的發展奠定厚實的基礎，如〔清〕袁枚《隨園食單》裡對於食物主要的感官要求——鮮、淡、素，早在明代若干飲膳著作中都已能發見。以下，將從《夷門廣牘》中關於飲食料理的「內容」與「感官風采」繼續討論。

〔註15〕詳見〔明〕宋詡：《宋氏養生部》（北京：中國商業出版社，1989年），〈序〉，頁2～3。

二、飲膳烹調的安排

（一）料理的內容

陳偉明在〈《金瓶梅》與明代飲食文化〉一文曾指出，據明代的整體飲食結構來看，約莫可以分爲「飯食」、「果食」、「肉食」、「蔬食」四類〔註16〕，按此架構，筆者復據《夷門廣牘》內的飲膳內容，爬梳其中相關著作，將它們分作「主食」、「副食」、「茶酒」、「其他」四類，整理如下：

表一：《夷門廣牘》中的飲食架構

飲食類型	主　　食		副　　食		茶　　酒	其　　他
	飯、麵、肉	菜　肴	湯、餅、糕	點　心		
山家清供	共三十五條	共三十條	共十七條	共八條	共五條	共十條
易牙遺意	共三十三條	共十五條	共四十七條	共十九條	共十二條	共十五條
其　他 相關著作	／	《茹草編》	《湯品》	／	《水品》《茶寮記》《茶品要錄》《酒經》	〈食時五觀〉《群物奇制》

按：其中，《山家清供》與《易牙遺意》爲綜合性食譜，故獨輯二欄，其餘偏屬專門性著作則歸之「其他著作」一欄。

整體看來，《夷門廣牘》所收錄之料理內容以「主食類」爲主，《山家清供》與《易牙遺意》二書合計共有一百七十七條，其中又以「飯、麵、肉食」類條目最夥，一方面米、麥向來是中國主要的糧食品種，幾乎每餐皆不可或缺，加上種植技術發達，至少在明代中期，雙季稻就已遍及大江南北，從明代方志來看，華南沿海一帶更有出現「麥——稻——稻」一年三熟的記錄〔註17〕；以稻米爲例，〔明〕黃省曾的《理生玉鏡稻品》便指出當時所發展出的稻類：

> 其粒細長而白、味甘而香、九月而熟，是謂稻之上品，曰箭子；其粒大而尖紅、皮赤、五月而種、九月而熟，謂之紅蓮；其粒小而色白、四月而種、六月而熟，謂之六十日稻，又遲者，謂之八十日

〔註16〕詳見陳偉明：〈《金瓶梅》與明代飲食文化〉，《中國飲食文化基金會會訊》第五卷第三期（1999年8月），頁4～7。

〔註17〕詳見伊永文：《明清飲食研究》（臺北：洪葉文化事業有限公司，1998年），頁7。下引此書皆同此一版本，不另出詳註。

稻，又遲者，謂之百日，赤而□陵小稻之種；亦有六十日秈、八十
日秈、百日秈之品，而皆自占城來，實耐水旱而成實，作飯則差
硬。……〔註18〕

據其內容記載，至少當時文獻所知稻類已達五十餘種以上，不同稻類各有不
同屬性、滋味，有的味甘甜、有的尖紅皮赤、有的黏性強、有的乾硬……等
等，人們可以據此而研發出多樣的飯食，例如《山林清供》所載「雕胡飯」，
米色黑，曬乾脫殼洗淨悶蒸後，既香且滑，甚至《遵生八箋》裡更有一口氣
連列三十八種粥糜〔註19〕。另一方面，肉食的研發則與人們培植豢養技術的
進步有關，以水產魚類爲例，除了補撈江河魚產之外，人工養殖技術也十分
發達，〔明〕黃省曾在《魚經》就談到明人的養魚經驗：

◎魚之行遊，晝夜不息，有洲島環轉則易長。

◎飼魚之草不可撩，水草恐有黑魚、鮎魚等子在草上，是能食魚。
黑魚者，鱧魚也，夜則仰首而戴鬥；鮎魚者，鯰魚也，即鰋魚也，
大首方口，背青黑而無鱗，是多涎，池中不可著碱水，石灰能令
魚汎。〔註20〕

確切地配合魚類生長特性，提供適當的環境資源與養殖方法，無論是鱘魚、
鰉魚、鱸魚、鰅魚、鯧魚、銀魚……等等，皆能培育，甚至還利用「魚斷」
方式養殖，亦即是「斷河水養魚」，選取某段河面，在相隔數丈距離以竹枝
或細網架置，藉以形成一活水魚池，相較於積水何或人工魚池有乾涸之虞或
者必須時時貯水，「魚斷」反而頗得水利，因此常年漁獲總能「包銀有多至
五六十兩者」〔註21〕。其他出現許多特殊的肉食野味，如嘉定雞、金壇鵝
等。〔註22〕

　　湯餅糕點與果食通常是與主食一同附上，屬於餐飲中不可或缺的配角，
僅僅《易牙遺意》一書所收錄的一百三十餘條食譜，點心果品類便佔了四十

〔註18〕詳見〔明〕黃省曾：《理生玉鏡稻品》，收於〔明〕周履靖：《夷門廣牘》，頁
　　　857下。

〔註19〕詳見〔宋〕林洪：《山家清供》，上卷，「雕胡飯」條，收於〔明〕周履靖：《夷
　　　門廣牘》，頁453下。

〔註20〕詳見〔明〕黃省曾：《魚經》，收於〔明〕周履靖：《夷門廣牘》，頁790下～
　　　791上。

〔註21〕詳見〔明〕何良俊：《四友齋叢說》，卷十四，史十，頁114。

〔註22〕詳見〔明〕李翊：《戒庵老人漫筆》（北京：中華書局，1997年），卷二，「嘉
　　　定基金壇鵝」條，頁55～56。下引此書皆同此一版本，不另出詳註。

七條，由此可見其飲食「地位」，〔清〕李漁就曾指出：

> 穀食之有糕餅，猶肉食之有脯膾。《魯論》云：「食不厭精，膾不厭
> 細。」製糕餅者，於此二句當兼而有之。〔註23〕

其中的「食不厭精」的確抓到明人飲食風格，尤其，明代的飲食風向除了一般中下階層的百姓之外，其他普遍趨於精緻化，在他們的觀念中，似乎餐點除了「可食」亦要「可觀」，特別對於精巧可愛的點心果品更是著力要求，諸如「果餡蒸酥」、「棗糕」、「艾窩窩」、「撥霞供」……等等，不但名稱要取得雅致，製作技術更是極富創意，例如「蟹釀橙」一味：

> 橙用黃熟大者，截頂剜去穰，留少液以蟹膏肉實其內，仍以帶枝頂
> 覆之，入小甑，用酒醋水蒸熟，用醋鹽供食，香而鮮，使人有新酒、
> 菊花、香橙、螃蟹之興。〔註24〕

以橙汁與蟹肉和合相搭，並以酒醋逼味，清甜爽口不油膩，頗為適合山家雅味；其他如「捲煎餅」以薄餅捲羊肉為條狀，兩端以麵糊粘住，「夾砂團」以赤豆混砂糖粘作一團，外裹糯米粉炊蒸，或是栽植出新的水果品種。〔註25〕

在蔬食部分，則以白菜、豆芽菜、黃瓜、豌豆、蔥、蒜等較為常見，不過，《山家清供》與《易牙遺意》卻未有較多菜類相關記錄，推其原因：可能它們較多時候是與其他膳食搭配調味而非主菜所致，例如「蟹生方」以蟹肉配合茴香、草果、蔥相炒拌勻，「蒸鰣魚」有芥菜、「火肉」有甜瓜……等，且有學者指出：

> 明清時期的蔬菜有一顯著的特點，那就是隨著城市人口激增、商業
> 發達，在城市的周圍湧現出大量的而不是稀疏的農民和商販，專門
> 從事蔬菜種植和出售，以供應城市日常生活需要，他們所處多離城
> 市較近，因此使他們所處的地區成為蔬菜專業區。〔註26〕

〔註23〕詳見〔清〕李漁：《閒情偶寄》，卷五〈飲饌部〉，「穀食第二」類，「糕餅」條，頁224。

〔註24〕詳見〔宋〕林洪：《山家清供》，上卷，「蟹釀橙」條，收於〔明〕周履靖：《夷門廣牘》，頁458上。

〔註25〕例如〔明〕顧起元：「姚坊門棗，長可二寸許，膚赤如血，或青黃與朱錯，駁舉可愛，瓤白踰珂雪，味甘於蜜，實脆而鬆，墮地輒碎。」詳見氏著：《客座贅語》（北京：中華書局，1997年），卷一〈珍物〉，頁14。或是橘柚、波羅蜜、綠橄欖……等等。

〔註26〕詳見伊永文：《明清飲食研究》（臺北：洪葉文化事業有限公司，1998年），頁28。

蔬菜種植的專業化反映人們的需求日增，意味蔬食在明代仍舊相當普及，周履靖所編《茹草編》四卷便是代表，書內專談各種野蔬菜餚的辨別、煮食方式、史料文獻記載等，顯見野蔬菜餚在明人飲食生活中尚未受到忽略。而茶、酒更是餐飲中不可或缺的飲料，尤其文人更將飲茶、飲酒視爲極其風雅之事〔註27〕，因此，無論是泉源、水品、茶（或酒）種、器皿、伴侶等相關品嚐事宜，皆隨之發展到了極端，如《茶寮記》：

> ◎【品泉】：泉品以山水爲上，次江水，井水次之，井取汲多者，汲多則水活，然須旋汲旋烹，汲久宿貯者，味減鮮冽。

> ◎【嚐茶】：茶入口先灌漱，須徐啜，似甘津潮舌，則得眞味，雜他果則香味俱奪。〔註28〕

上引二條分別從烹茶之水的等級與品茶時的步驟一一指明，其他如《易牙遺意》所記載的桃源酒、香雪酒、碧香酒、臘酒、芽茶、末茶、香茶等的釀製方法，這些味覺感官上的細究明辨，所反映的正是這種茶酒飲食文化的盛興。

　　另外，在《夷門廣牘》所安排的飲食文獻中，還有一小部份所談論的則是與飲饌生活相關的加工技藝與建議，提供人們烹調料理上的相應事宜或特殊技術，例如：「做飯入樸硝在內，則自各粒而不相粘」、「煮豬肉用白梅阿魏煮，或用醋、或用青鹽同主則易爛」、「煎血入酒槽不出水」、「夏月，魚肉內安香油，久亦不臭」、「蚌肉洗淨入鴨肚中煮，則爛而有味」……等等。〔註29〕

（二）深領其味——飲食感官的描述

〔明〕周履靖的侄子〔明〕李日華曾經這樣描寫過家鄉的風味土產：

> 吾郡風物佳者：汾湖紫蟹、陶莊黃雀、相湖銀絲魚……海鹽鯔鱘、白蜆，乍浦鶯鳥、澉浦牛乳、平湖馬鮫……皆他方所無，然非高人，

〔註27〕例如〔明〕周履靖云：「一丘聊可憩，三徑未全荒。嘯傲幽憩下，棲遲絕巇傍。清風吹幾席，濁酒滿壺觴。遙看飛雲迅，無心出岫忙。」詳見氏著：〈送友人歸隱舞林西山二十一韻〉其十四，《山家語》，收於氏編：《夷門廣牘》，頁 1254 下。

〔註28〕詳見〔明〕陸樹聲：《茶寮記》，收於〔明〕周履靖：《夷門廣牘》，頁 555 下。

〔註29〕詳見〔明〕周履靖：《群物奇制》，〈飲食〉篇，收於氏著：《夷門廣牘》，頁 190 上～192 上。

則亦未能深領其味。〔註30〕

文中詳加細數著嘉興一帶各種珍異風物，無論是天上飛鳥、地上走禽或者水中游魚皆能涵括，並自豪地說道：「皆他方所無。」不過，接著又說：「非高人，則亦未能深領其味。」言下之意，嘉興一代的瓊珍物產雖多，若非熟嫻其中烹調之道者亦難能領會其中的滋味，換言之，高明的飲食除了要掌握食材內容外，還得擁有精良的烹調技法，以得色香味俱全之飲食。

1.烹調技法

　　美食的完成除了需有識貨的老饕食客之外，更重要的還是在飲食烹調的技法，尤其，烹飪原料的型態各異、性質不一，預期的風味本來就不同，若再加上烹煮媒介如水、油、蒸氣、固體物等的搭配運用，或者烹飪技藝的創新、多樣，必然能夠派生出豐富的料理內涵，使人吃出不同的口感，以「粽子」為例，一般普遍的製作方式乃「用糯米淘淨，夾棗栗、柿，軋銀杏、赤豆，以茭葉或箬葉裹之」〔註31〕不過，《易牙遺意》裡又提供了另一種特殊料理方式：

　　　　以艾葉浸米裹，謂之艾香粽子。凡煮粽子必用稻柴灰淋汁煮，亦有

　　　　用些許石灰煮者，欲其茭葉青而香也。〔註32〕

將包裹的粽葉以糯米水浸泡，或用稻柴灰淋汁煮，使人吃時清香而有味。其他如「糖林檎」可以採切片去心壓糖，或者以甘草、花樹、茴香拌勻曬軋；「臘肉」可以將肉脯置入混鹽的湯中數日，再取出風乾，或者先將炒鹽拭勻肉脯，再以大石壓去水，並掛置通風處風乾；「椒鹽餅」可以採油、椒鹽、茴香和麵為穰，或者已由、糖、芝麻屑為穰。

　　除了茶、酒之外，大體說來，《夷門廣牘》所安排的料理內容包含有熱炒、醃漬、煎燒、燙煮、油炸、炊蒸、調拌、熱湯等烹調技術，或是製作過程繁複的綜合類型。以下，茲將食材烹調技法分類，並略舉數條食材以見其梗概。

〔註30〕詳見〔明〕李日華：《紫桃軒雜綴》，收於《四庫全書存目叢書》（台南：莊嚴
　　　　文化事業有限公司，1997 年），子部，第一〇八冊，卷三，頁 19 上。

〔註31〕詳見〔元〕韓奕：《易牙遺意》，下卷，「糕餌」類，「粽子」條，收於〔明〕
　　　　周履靖編：《夷門廣牘》，頁 577 下。

〔註32〕詳見〔元〕韓奕：《易牙遺意》，下卷，「糕餌」類，「粽子」條，收於〔明〕
　　　　周履靖編：《夷門廣牘》，頁 578 上。

表二:《夷門廣牘》中的烹調技法

烹調技法	食 材 舉 隅	烹調技法	食 材 舉 隅
熱炒	炒團、瑪瑙團、韭餅、釀瓜	醃漬	千里脯、水鹹魚、蒜苗軋、蒜梅、藏芥菜、糟茄
煎燒	煎麵、油餅兒	燙煮	爁鴨羹、水雞軋、燥子蛤蠣、水明角兒
油炸	甘菊苗	炊蒸	弄條巴子、川豬頭、裹蒸、糖蒸茄、藏粢
調拌	蜜梅、醬薑〔註33〕	熱湯	黃梅湯、茴香湯、桂仙湯、紫雲湯、縮砂湯
綜合	麻膩餅子、爐焙雞、帶凍薑醋魚		

2. 味、色、形──飲食感官的風采

中國飲食除了是一門「吃」的學問外，同時也是一種具有美感的烹飪藝術，因此，中國的飲食是為求滿足食用者的兩種需求：生理的以及心理的；前者是要透過豐富的食材以加工出營養美味的食品，提供實用者所需的各種營養素，後者則是強調食用者的感官需求，講究在烹調過程中，進行用料的設計以及料理方式的選擇，以達菜餚的色豔、味足、形美。凡此，正如學者所說：「充分體現了中國菜肴製作的科學性與藝術性。」〔註34〕其中，關於飲食活動中的生理需求，在前文「料理的內容」、「烹調技法」二段所呈顯的豐富料理內涵，由熱炒、煎燒、調拌乃至清蒸，由稻麥、海鮮、蔬果乃至茶酒飲品，適足以說明明人飲食活動上全面均衡的營養要求，本節則是針對飲食活動中的心理需求──感官的風采探討。

一般而言，中國飲食的感官要求著重在「味」、「色」、「香」、「形」、「器」五處，可是，檢閱《夷門廣牘》所安排的料理內容中，關於食物之「香」、盛物之「器」的記載比重過小〔註35〕，書中內容多是記載食物加工過程中味道

〔註33〕這裡所謂的「調拌」，專是指不經任何烹煮手續，純粹以不同食材調和者。

〔註34〕詳見楊昌舉：〈論中國飲食文化之科學性與藝術性〉，收於《第三屆中國飲食文化學術研討會》（臺北：中國飲食文化基金會，1994年），頁86。下引此文皆同此一版本，不另出詳註。

〔註35〕例如器皿部份不到五條，如《湯品》談及，云：「以金銀為湯器，惟富貴者具焉，所以策功建湯業；貧賤者有不能遂也。湯器之不可拾金銀，猶琴之不可拾桐、墨之不可捨膠。」詳見〔明〕周履靖：《湯品》，「第七品富貴湯」條，收於氏編：《夷門廣牘》，頁559下；《群物奇制》則云：「銅器內部可盛酒過夜。」詳見〔明〕周履靖編：《群物奇制》，〈飲食〉篇，收於氏編：《夷門廣牘》，頁191上。

的融合、色調的著墨與外形的設計爲主，受到採樣文本的影響所限，本段僅就其中的「味」、「色」、「形」作討論。

「味」

中國人對於味道的敏銳度是十分精到的，俗語常言：「五味調和百味香。」透過食物的本味以及各種酸、甘、辛、鹹、苦等調味料相搭配，和出風味獨具的味感。從現代科學的觀點看：調味一方面是利用原料和調味品之間的適當搭配，通過烹製過程發生的物理變化和化學變化，除去惡味、突出正味、增進香氣與美味的一項技術操作；另一方面還根據呈香呈味物質對人體的生理刺激和心理作用，巧妙地爲食用者提供最佳的味道組合和順序〔註 36〕。而中國飲膳書籍的經典——《隨園食單》也這樣表示：

> 味要濃厚，不可油膩；味要清鮮，不可淡薄。此疑似之間，「差之毫釐，失之千里」。濃厚者，取精多而糟粕去之謂也，若徒貪肥膩，不如專食豬油矣；清鮮者，眞味出而俗塵無之謂也，若徒貪淡薄，則不如飲水矣。〔註 37〕

語雖幽默解頤，卻能精確地點出飲食調味的要領；濃厚淡薄的搭配是在取其精華眞味，過濃如食豬油，過淡則若飲清水，過猶不及皆是傷損食物滋味，因此，味感的調和得所可謂是烹飪過程中首要考慮的原則。

以《易牙遺意》爲例，在食物烹調的說明中，屢屢涉及「調味」之說，如「三和菜」條：「淡醋一分、酒一分、水一分、鹽、甘草，調和其味得所。」「薄荷餅」條：「頭刀薄荷連細枝爲末，和炒麵餑六兩，乾沙糖一斤，和勻，令末得所。」「大燒肉」條：「……令沸直至肉料上下皆紅色，方下宿汁，略下鹽去醬板，次下□汁，掠去浮油，以汁清爲度，調和得所。」「川豬頭」條：「用沙糖、花樹、砂仁醬拌勻，重湯蒸頓。」試圖透過不同醬汁或輔助調料以逼出鮮醇的味度。不過，調和過程也須審視原料性質而定，有些食物的主原料本身即能蒸散鮮味，那麼調味品就不宜添加太多，如「酥骨魚」條：「大鯽魚治淨，用醬、水、酒少許，紫蘇葉大撮，甘草一些。」〔註 38〕海鮮、牛

〔註 36〕詳見楊昌舉：〈論中國飲食文化之科學性與藝術性〉，頁 90。

〔註 37〕詳見〔清〕袁枚：《隨園食單》，〈須知單〉，「疑似須知」條，收於王英志編：《袁枚全集》（江蘇：江蘇古籍出版社，1993 年），第五冊，頁 7。下引此書皆同此一版本，不另出詳註。

〔註 38〕上引諸條詳見〔明〕周履靖編：《易牙遺意》，收於氏編：《夷門廣牘》，頁 573 下、576 上、569 下、571 下、571 下。

羊豬肉等本身所含味道極強，故烹煮時，醬料僅少許，並適時地以蔬菜搭配以解油膩；另外，由於味感強烈與食物溫度互為正比，因此，冷盤類食物所添加之醬料通常也較多，藉以保持滋味不散，如「暴薑」、「醬梨」、「配鹽瓜茄」等，或是透過多重感官的相乘轉化以具現食物之味美，如「香頭」、「糖脆梅」等，甚至有涉及軟、硬口感或「去味」者，如《群物奇制》：「煎白腸，用芋薺末臨熟撒之則香脆。」「藕皮和菱米食則軟而甜。」「煮臭肉……用胡桃二十箇……同煮肉，則臭味不見矣。」〔註39〕詳盡的味覺感官描述，突顯出明人對於飲食味道的敏銳與需求。

　　然而，味覺感官的提升並非意味是要搜奇致遠以為口腹之快，〔明〕龍遵敘就表示：「醉濃飽鮮，昏人神志。」〔註40〕〔明〕高濂則云：「矧五味以賊飫，為五內害哉。」〔註41〕甚至〔明〕張岱直接批評：「煎熬燔炙，雜以膟膋羶薌，食之本味盡失。」〔註42〕要求人們的飲食必須回歸「本味」、「本真」：

◎五味不可多食；五味稍薄食人爽。（鹹多傷心，酸多傷脾，辛多傷肝，苦多傷肺，甘多傷腎，久而成疾患）〔註43〕

◎五味之於五臟，各有所宜，若食之不節，必至虧損，若食淡，謹節之為愈也。然此淡亦非棄絕五味，特言欲五味之沖淡。爾儢翁有云：「斷鹽不是道，飲食無滋味。」可見其不絕五味。逍遙子云：「厚味傷人眾所知，能甘淡薄是吾師。三千功行從茲始，天鑒行藏信有之。」〔註44〕

文中指出，五味相應於五臟，各有不同的味道需求（鹹對心、酸對脾、辛對肝、苦對肺、肝對腎），無論偏廢其中一味或者食用過度都是一種傷害，唯有恪守「五味不可多食；五味稍薄食人爽」的飲食態度，求五味之沖淡以防食

〔註39〕　上引三條詳見〔明〕周履靖編：《群物奇制》，〈飲食〉篇，收於氏編：《夷門廣牘》，頁189下、190上、191上。

〔註40〕　詳見〔明〕龍遵敘：《飲食紳言》（北京：中國商業出版社，1989年），〈戒奢侈〉，頁189。

〔註41〕　詳見〔明〕高濂：《遵生八箋》，收於《文淵閣四庫全書》，第八七一冊，卷十二〈飲饌服食箋〉，「飲食當知所損論」，頁618下。

〔註42〕　詳見〔明〕張岱：《琅嬛文集》（長沙：嶽麓書社，1985年），卷一〈老饕集序〉，頁24。下引此書皆同此一版本，不另出詳註。

〔註43〕　詳見〔明〕周履靖編：《益齡單》，收於氏編：《夷門廣牘》，頁290上。

〔註44〕　詳見消遙子：《逍遙子導引訣》，收於〔明〕周履靖編：《夷門廣牘》，頁281下～282上。

物本味盡失，如此，飲食才能真正達到滋體補身之效。

「色」

關於菜肴的色相問題，所涉及的則是視覺感官的討論，悅目的顏色搭配往往足以誘發食用者的食慾與情趣。《隨園食單》裡說道：

> 目與鼻，口之鄰也，亦口之媒介也。佳餚到目、到鼻，色臭（嗅）
> 便有不同：或淨若秋雲、或豔如琥珀，其芬芳之氣亦撲鼻而來，不
> 必齒嚼之、舌嚐之，而後知其妙也。然求色不可用糖炒，求香不可
> 用香料。一涉粉飾，便傷至味。〔註45〕

飲食活動除了是味覺感官的刺激之外，同時也涵括了視覺與嗅覺的感受，就視覺感受而言，一道佳餚美味若能如秋雲般明淨清新、或者琥珀般豔采紛呈，那麼，未到咀嚼之時，便已能體會其中的佳妙了。

《夷門廣牘》所收食譜中就有不少內容談及菜餚之「色」，如《群物奇制》云：「糟茄入石綠切開，不黑。」「煮菱要青，用石灰水拌過，先洗去灰煮則青。」「方頂柿煮蟹不紅。」「礬水煮蟹色不變。」「水蘿蔔滷及鹽虀內做甘露子則不黑。」〔註46〕或《山家清供》中，「金煮玉」條云：「筍出鮮嫩者，以料物和薄麵拖油煎薄如黃金色，甘脆可愛。」〔註47〕或《易牙遺意》中，「雪花餅」：「十斤糖、豬腸切作骰子，或少許水，鍋內熬烊莫待油盡，見黃焦色，逐漸舀出。」「鬆糕」條云：「陳粳米一鬥⋯⋯或和蜜，或純粉，則擇其黑色米。」等〔註48〕，其中，又可以分為兩種，一是利用原始食材的天然色系進行調配，例如「蒸鵝」乃清煨全鵝，以保持其晶白透亮的肉質顏色，再搭配薑絲、蔥絲組成的白、黃、綠色系，能予人清爽不膩之感，另外，「金飯」是以紫莖、正菊英、甘草燜飯，呈現出金亮醒目之感，或者在料理青菜時，不蓋鍋以防菜葉枯黃變質，燉煮蝦蟹時，則可放入無名異以維持肉色不變；另一種則是因原始食材色質不佳或為使之更顯豐富多樣，故透過醬料調製食肴之色，例如「銀絲羹」中的蓮藕本身色調暗沉，以石榴粉、綠豆粉調配染色，

〔註45〕詳見〔清〕袁枚：《隨園食單》，〈須知單〉，「色臭須知」條，收於王英志編：《袁枚全集》，第五冊，頁4。

〔註46〕詳見〔明〕周履靖編：《群物奇制》，〈飲食〉篇，收於氏編：《夷門廣牘》，頁189下、190上、191下、192上。

〔註47〕詳見〔宋〕林洪：《山家清供》，上卷，收於〔明〕周履靖編：《夷門廣牘》，頁454上。

〔註48〕詳見〔明〕周履靖編：《易牙遺意》，收於氏編：《夷門廣牘》，頁575下～576上、577上。

拌入雞汁中烹煮，令其外觀紅潤以調和美感〔註49〕，甚至桃花飯「以梅紅紙盛之，溫後去紙和勻，則紅白相間。」〔註50〕其他如雪霞羹、東坡豆腐、灌藕、土芝丹等皆對食物色澤有同樣的處理方式。

食肴色相的調配看似不足為道，實則深刻的映現在人們的心理，如同〔明〕張岱對鱘魚、皮蛋的細膩歌詠：「鱗白皆成液，骨糜總是脂。」「雨花石鋸出，玟瑁血斑存。」〔註51〕就是由其「色」理解菜餚的美味，否則，《紅樓夢》、《金瓶梅》裡的飲食男女、群芳盛宴也絕不會帶給人金饌玉飲、滿座饕餮之感了。

「形」

食肴之形大抵是指其「造型藝術」或者「食材烹調後的形狀」而言，不過，《夷門廣牘》內的飲食料理偏重於實用性，因此，對於烹治過程的處理內容有較為詳盡的描述，每每提及食物形體的「製作模式」。其中，除了少部分食肴是求保持原始模樣外，餘者多須經過不同型態的加工處理，如「玉灌肺」條：「眞粉、油餅、芝麻、松子、核桃去皮，加蒔蘿少許，白糖、紅曲少許為末，拌和入甑蒸熟，切作肺樣塊子。」「山海羹」條：「春採筍蕨之嫩者，以湯瀹過，取魚蝦之鮮者同切作塊子。」「沆瀣漿」條：「用甘蔗、白蘿葡各切方塊，以水煮爛而已。」〔註52〕「糖榧」條：「白麵入酵，待發滾湯搜成劑，切作榧子樣。」「麻膩餅子」條：「肥鵝一隻，煮熟去骨，精肥各切作條子。」「水糰」條：「澄細糯米粉帶濕，以沙糖少許做餡，為彈子大。」〔註53〕根據菜型的需求所進行的各種有機組成，包括有塊、片、條、絲、丁、丸、花、球等，這一方面是為顧及食肴整體外觀所作的加工，同時也突顯出明人刀工技術的純熟老練，才能在揮刀砍剁間，既完成細緻美觀的料理，又可保持食材原有營養。

綜合以上所論，主要是呈現出明人飲食活動中的「烹調方式」與「感官

〔註49〕詳見〔宋〕林洪：《山家清供》，下卷，收於〔明〕周履靖編：《夷門廣牘》，頁465下。

〔註50〕詳見〔明〕周履靖編：《群物奇制》，〈飲食〉篇，收於氏編：《夷門廣牘》，頁190下。

〔註51〕據劉志琴記載，該系列歌詠方物詩作，主要是收於〔明〕張岱《瑯嬛詩集》，然筆者遍查仍未見有。

〔註52〕詳見〔宋〕林洪：《山家清供》，上卷，收於〔明〕周履靖編：《夷門廣牘》，頁456下、457上、457下～458上。

〔註53〕詳見〔明〕周履靖編：《易牙遺意》，收於氏編：《夷門廣牘》，頁下、下、上。

認知」。就烹調方式而言，累積前代經驗並作適度調整，研發出不同類型的炒、炸、煎、燉、煮、拌、煨⋯⋯等調理技術，促使食材的料理導向更精緻、更豐富的烹製程式；而技術的成熟也意味是人們對於飲食感官的要求日趨嚴密所致，試看《金瓶梅》裡的一段情節：

> 話説一日臘盡春回，新正佳節。西門慶賀節不在家，吳月娘往吳大妗子家去了。午間，孟玉樓、潘金蓮都在李瓶兒房裡下棋。玉樓道：「咱們今日賭什麼好！」金蓮道：「咱們賭五錢銀子東道。三錢買金華酒兒，那二錢買個豬頭來，教來旺媳婦子燒豬頭咱們吃，說她會燒的好豬頭，只用一根柴禾兒，燒得稀爛。」〔註54〕

果不其然，這位名叫宋蕙蓮的奴婢舀一鍋水，將豬首、蹄子刷洗乾淨，以一根柴禾安於灶內，拌著油醬、回香大料攪拌，不消一時辰，豬頭燒得「皮脱肉化，香噴噴五味俱全。」〔註55〕僅一小小家僮便深諳料理之旨，顯然，各種「熟物之法、火侯之道」在明代應是已普遍地深入人心，不但酸、甘、辛、苦、鹹等五味必須調和有理、相益得彰，甚而是食物之色、食物之形、食物之香等也有具體的要求，例如〔清〕李漁在《閒情偶寄》裡提到：

> 世間好物，利在孤行，蟹之鮮而肥、甘而膩、白似玉而黃似金，已造色、香、味三者之至極，更無一物可以上之。〔註56〕

文中以「色」、「香」、「味」俱全作爲評定食物優劣的標準，甚至按等級分類，驗證了明人對於飲食感官的敏銳、專業、與複雜。

三、飲食與養生

〔唐〕司馬承禎在《天隱子》裡曾談道：

> 夫人秉五行之氣而食五行之物，實自胞胎有形已呼吸、精血，豈可去食而求長生？但是人不知休糧服氣是道家之權宜，非永絕粒食之謂也。故食之有齋戒者，「齋」乃潔淨之務，「戒」乃節約之稱，有飢即食，勿令飽，此所謂調中也；百味未成熟，勿食；五味太多，勿食；腐敗閉氣之物，勿食，此皆宜戒也。〔註57〕

〔註54〕詳見〔明〕蘭陵笑笑生著，秦修容整理：《金瓶梅》，第二十三回〈賭棋枰瓶兒輸鈔，覷藏春潘氏潛蹤〉，頁322。
〔註55〕詳見同上註，頁323。
〔註56〕詳見〔清〕李漁：《閒情偶寄》，卷五〈飲饌部〉，「肉食第三」類，「蟹」條，頁235。
〔註57〕詳見〔唐〕司馬承禎：《天隱子》，收於〔明〕周履靖編：《夷門廣牘》，頁213

又，〔唐〕孫思邈《備急千金要方》亦云：

> 安身之本，必資於食；救疾之道，惟在於藥……故食能排邪安臟腑，
> 悅神爽志以資血氣……精以食氣，氣養精以榮色；形以食味，味養
> 形以生力。〔註58〕

由此二段引文可知，飲食既爲人體精氣的來源，也是一切生命活動的基礎，
許多遵生家更試圖將飲食中的「五味」關係對應於代表宇宙萬物秩序的「五
行」，從自然界的節奏解釋飲食文化的核心價值──天人合一〔註59〕，並由此
衍生各種繁複的飲食守則，鼓勵人們配合諸此飲食宜忌之道，才能眞正達到
強身健體的效用，就如同日本學者中山時子所指出的：「中國人的飲食本是源
自道教傳統長生不老的修練……因爲他們追求長壽的魄力，而奠定了偉大的
中國飲食文化的根基。」〔註60〕

　　顯見，飲食與養生自古即具有密不可分的聯結關係，以下，筆者綜合《夷
門廣牘》內的多種相關文獻，歸納其中的相關要點：

（一）均衡的飲食結構

1. 葷素互搭

　　所謂「葷食」大抵是由動物性成分組成之肉類食物，而「素食」則是由
植物性成分所組成之菜類食物。一般養生學的觀念認爲，肉食的有機成份過
於油膩肥厚且容易腐敗，多食也只會增加人體臟腑的負擔，如〔清〕李漁就
認爲飲食之道「膾不如肉，肉不如蔬」，並進一步表示：

> 「肉食者鄙」，非鄙其食肉，鄙其不善謀也。食肉之人之不善謀
> 者，以肥膩之精液，結而爲脂，蔽障胸臆，由之茅塞其心，使之不
> 復有竅也。……吾今雖爲肉食作俑，然望天下之人，多食不如少
> 食。無虎之威猛而益其愚，與有虎之威猛而自昏其智，均非養生善

　　上～214下。
〔註58〕詳見〔唐〕孫思邈：《備急千金要方》（臺北：臺灣商務印書館，1981年），卷
　　　　二十六〈食治〉篇，「序論第一」條，頁498。下引此書皆同此一版本，不另
　　　　出詳註。
〔註59〕關於中國五味與五行對照關係的深入討論，可以參閱劉思量：〈五行終始、五
　　　　味調和──中國飲食美學初探〉，收於《第二屆中國飲食文化研討會論文集》
　　　　（臺北：中國飲食文化基金會，1994年）一文。
〔註60〕詳見中山時子：〈中國的鮮味〉，收於《第一屆中國飲食文化研討會論文集》（臺
　　　　北：中國飲食文化基金會，1993年），頁48。

厚之道也。〔註61〕

他針對《左傳》裡「肉食者鄙，未能遠謀」一句提出個人新解，認爲肉質食物的肥膩精華結成油脂，遮蔽了食用者的胸臆猶如堵塞心智一般，使得靈性不在通透，故言「不善謀」，並鼓勵人們與其多食不如少食，才是養生善厚之道。不過，由現今科學的角度觀之，專食肉類珍饌固然容易傷胃壞腸，然若僅是一味地服食野蔬家荣亦非良策，因爲人體精力的主要來源是脂肪熱量以及蛋白質，就蛋白質而言，必須由動植物當中各自攝取不同比值的胺基酸，並進行轉化重組才能完成，如果單偏葷食或素食，往往是會導致人體機能失衡，再者，肉類食物屬性偏酸，荣類食物屬性偏鹼，唯有體內酸鹼中和才能維繫器官機能正常運作，因此，葷素飲食的適當搭配才是眞正養生長壽之訣；據筆者檢視《夷門廣牘》內的幾部食譜，《易牙遺意》所收錄的脯鮓類二十九道肉食料理中，便有十九道添加了素料配味，《山家清供》內容著重清淡素味，故所錄之葷食料理一概添配有野蔬荣肴，此外，我們可以再舉幾部實用傾向的古代食譜以資證成，如〔元〕倪瓚的《雲林堂飲食制度集》中錄有七種豬肉料理，其中六樣的烹調過程皆配有荣食，〔明〕劉基所撰《多能鄙事》卷二的「烹調法」錄有三十八種食材烹煮方式，其中的二十六種料理必須配合不同種類的蔬果始成，而清代佚名所編撰之《調鼎集》所錄豬肉類料理一百三十五種，其中的五十三種亦各自搭配了相應的素料。

雖然這些飲膳著作內並不會特別指明葷素搭配的正確飲食習慣，但料理過程中事實上早已實踐這樣的飲食概念了。

2. 營養平衡

除了葷素飲食內容的調整之外，營養的平衡攝取更是飲食的核心價值。

關於營養的調攝，《黃帝內經素問》曾這樣表示：「五穀爲養、五果爲助、五畜爲益、五荣爲充。氣味合而服之，以補精益氣。」〔註62〕以「穀、果、畜、荣」四類合爲中國飲食的基本架構，就現今營養學的角度而言，這是一份極爲科學、均衡的飲食架構。

其中，「五穀」泛指一切米、麥、黍、稷、菽等糧食作物，含有豐富的碳水化合物及高效率的人體吸收能力，「五畜」則是指各類肉、乳等動物性食品，

〔註61〕詳見〔清〕李漁：《閒情偶寄》，卷五〈飲饌部〉，「肉食第三」類，頁226～227。
〔註62〕詳見陳太義、莊宏達編：《黃帝內經素問新解》（臺北：中國醫藥研究所，1995年），上冊〈臟氣法時論〉，頁305。下引此書皆同此一版本，不另出詳註。

無論是蛋白質、礦物質或維生素含量俱高，可彌補五穀雜糧之不足，這兩類食物是人體基本營養素的最大來源，故言「養」、「益」；此外，「五果」與「五蔬」所涵礦物質、維生素又比「五畜」更多，不但助益人體酸鹼平衡的維繫、調和膽固醇含量，其中的食物纖維更能引起腸壁蠕動，促進食物的消化吸收，減少腸胃相關疾病發生率，較之「五穀」、「五畜」，具有補助作用，故言「助」、「充」〔註63〕；彼此間相互助益增補以維持人體機能的平衡，誠如《黃帝內經素問》所說：

> 五味入胃，各歸所喜，故酸先入肝，苦先入心，甘先入脾，辛先入肺，鹹先入腎，合而增氣，物化之常也，氣增而久，長之由也。
> 〔註64〕

人體五臟各有所偏嗜物性，一旦飲食攝取有所偏廢，相關機能的健康必然受到影響。由這樣的觀點回視《易牙遺意》，由全書架構的食物單元來看：醞造類、脯鮓類、蔬菜類、籠造類、爐灶類、糕餅類、湯餅類、齋食類、果實類、諸湯類、諸茶類及食藥類，大抵不出「穀、果、畜、菜」的飲食結構，的確是全面地顧及了營養調理的均衡。

（二）四時的飲食取向

隨著四時節氣不同的溫度變化，不但反應在一般日常起居有不一樣的人事活動，即便是個人生理機能也都有程度不一改變，尤其，受到中國傳統的天人系統影響下，人類社會的一切綱常秩序，以及情性、生理結構，都是與上天相互感應的「同質異構體」，此正如〔漢〕董仲舒所謂：「天有四時，王有四政，四政若四時，通類也。」「人有喜怒哀樂，猶天之有春夏秋冬也。」他並進一步提到：

> 四時不同氣，氣各有所宜，宜之所在，其物代美。視代美而代養之，同時美者雜食之，是皆其所宜也。故薺以冬美，而荼以夏成，此可以見冬夏之所宜服矣。……春秋雜物其和，而冬夏代服其宜，則當得天地之美，四時和矣。凡擇味之大體，各因其時之所美，而違天不遠矣。〔註65〕

〔註63〕關於食物所涵括營養的相關內容，主要參考了劉志誠等：《營養與食品衛生學》（北京：人民衛生出版社，1981年）以及楊昌舉：〈論中國飲食文化之科學性與藝術性〉，頁91～94。
〔註64〕詳見陳太羲、莊宏達編：《黃帝內經素問新解》，頁306。
〔註65〕詳見〔漢〕董仲舒：《春秋繁露校釋》（石家庄：河北人民出版社，2005年），

天地四時之氣造就了繁盛的自然生態與環境，並提供了不同的雜食物類供人飲饌，人處其間，須依四時規律選擇適宜食材飲服，「春秋雜物其和，而冬夏代服其宜」，如此則可得四時之和，否則，違逆天意將會患病受疾、傷害身心。關於四時飲食取向，《夷門廣牘》裡也有不少內容論及，例如《益齡單》就有關於四時宜忌飲食的倡導：

◎春忌食物：鮮魚。鱔魚田溪。六畜血。生蔥。生芹。大蒜。生冷物。

◎夏忌食物：雉肉。肥膩物。獐鹿馬肉。豬肝。雁肉。大蒜。蓮。冰水。

◎秋忌食物：犬牛肉。豬肺粘和物。蟹。蓴菜。秋瓜。生蜜。生薑（薑）。

◎冬忌食物：鱉蚌螺蜆。經夏脯肉。自死豬肉。生菜。椒實。冷麵。

◎春宜食韭麻子、巨勝；夏宜食苦蕒、湯餅、羊肉；秋宜食百合根、黃黍；冬宜宿熟肉、芋、山藥、棗湯，夜粥蘿蔔。〔註66〕

春季氣候雖已漸趨暖和，然冬日餘寒未散前，溫度變化仍大，應避免進食性寒食物以防瀉疾；盛夏酷暑時節，人的體內受熱刺激而減緩了消化腺的分泌功能，因此，獐、鹿、馬、雉等肥膩肉食不易消化，易傷腸胃，如果又大量進飲冷盤、冰水，影響腸道消化活動，至秋容易染上瘧痢〔註67〕；秋令之時，氣候乾燥微涼，除了須按時補充水分之外，也應多服食助益潤肺生津的食物，如百合根、黃黍、人蔘等，並避免秋瓜、生蜜、生薑這類容易導致咳嗽、生痰的食物；冬日主「閉藏」，在中國傳統的飲食觀念中，是進補以保腎固精的時節，飲食的重點在於趨寒保身、滋補陽氣，包括桂圓、紅棗、山藥、芋圓或各式熟肉等，都是冬時常見的飲饌。此外，〔唐〕孫思邈的〈衛生歌〉則藉出五味以說明四季飲饌重點：

卷十六〈循天之道〉，頁1034。下引此書皆同此一版本，不另出詳註。

〔註66〕 詳見〔明〕周履靖編：《益齡單》，收於氏編：《夷門廣牘》，頁292上。

〔註67〕 〔唐〕孫思邈的〈衛生歌〉唱道：「惟有夏月難調理，伏陰在內忌冰水，瓜桃生冷宜少食。免至秋來成瘧痢。」另外，〔宋〕眞德秀的〈續衛生歌〉也唱道：「四時惟夏難調攝，伏陰在內腹冷滑，補腎腸藥不可無，食物稍冷休哺啜。」詳見〔明〕周履靖編：《唐宋衛生歌》，收於氏編：《夷門廣牘》，頁283上、284上～下。

春月少酸宜食甘，冬月宜苦不宜鹹，夏日增辛聊減苦，秋來辛減少
加酸，季月大鹹甘略戒，自然五臟保平安。〔註68〕

主要是透過五味與人體五行生剋的理論所作的飲食調理，例如春日屬木，人體主肝，故須少酸食甘以降肝火。

無論如何，依據時令特徵以搭配適宜的應時饌肴，是先民為求養氣調形、不使身體五臟為疾病干擾所作的安排，所謂「精順五氣以為靈，若食氣相惡，則傷其精；形受五味以成體，若食味不調，則傷其體。」〔註69〕唯有依循每節、每日、每時的外在環境型態，調整個人飲食內容才能達到「安臟腑、資血氣、悅神爽志、平痾去疾」〔註70〕的終極目的。

（三）以食為藥

飲食除了可以益氣強身之外，有時也能將同時具有食用、藥用價值的食物，逕作治療疾病的藥引，包括〔唐〕孫思邈的《備疾千金要方》、〔元〕忽思慧的《飲膳正要》、〔清〕章穆的《調疾飲食辯》等醫家著作，都已經出現了運用食物療疾的記載，其他一般文獻裡也不乏有相同觀念，如〔宋〕黃庭堅的〈士大夫食時五觀〉第四條：

【良藥為療形苦】

五穀、五蔬以養人，魚肉以養老。形苦者，飢苦為主病，四百四病為客病，故須食為醫藥以自扶。持是故知足者，舉箸常如服藥。
〔註71〕

便是強調正確的飲食內容足為治疾藥單。再以《夷門廣牘》內的食譜為例，《山家清供》上卷所記載的「蘿菔麵」說道：「王醫師承宣常搗蘿菔汁搜麵作餅，謂能去面毒。」〔註72〕突顯了該料理的藥用價值，「酥瓊葉」除了是一般家常的美味食材之外，亦具有止痰化食之效，「地黃餛飩」和米煮粥，除了能止飢暖胃，同時也是治心絞痛、除胃腸蟲屍的；而《茹草編》不但細繪各種野蔬

〔註68〕詳見〔明〕周履靖編：《唐宋衛生歌》，收於氏編：《夷門廣牘》，頁 282 下～283 上。

〔註69〕詳見〔明〕何良俊：《四友齋叢說》，卷三十二，尊生，頁 291。

〔註70〕詳見〔明〕何良俊：《四友齋叢說》，卷三十二，尊生，頁 291。

〔註71〕詳見〔宋〕黃庭堅：〈士大夫食時五觀〉，收於〔明〕周履靖：《夷門廣牘》，頁 594 上。

〔註72〕詳見〔宋〕林洪：《山家清供》，收於〔明〕周履靖編：《夷門廣牘》，頁 462 上。

外觀、說明其烹調方式，部分內容並解釋了相關食療效用；此外，《益齡單》的「肉味」、「諸魚」、「五穀」、「蔬菜」及「果實」五個單元裡，更直接詳述了各種食材的藥物效應：

　　◎驢肉安心氣、解煩熱，治一切風。

　　◎鱸魚補五臟、治水氣。

　　◎醋消癰腫、殺邪氣。

　　◎蘿蔔下氣消食、去痰癖、治肺嗽吐血。

　　◎葛根止渴解酒毒。〔註73〕

顯然，「以食爲藥」是普遍在生活中實踐的保健理論；所謂「人體平和，惟須好將養，勿妄服藥。藥勢偏有所助，令人臟氣不平，易受外患。」〔註74〕強健的體魄端賴平日循序漸進的保養，一旦有了疾病，最忌妄自亂服藥，藥方雖有助於醫病，但副作用仍不免也會傷損其他器官，衍生更多的病痛，惟有依靠合理的飲食調養才是溫和治本之方。

（四）其他飲食概念

1. 冷／熱

　　冷與熱在傳統飲食觀念中，一直扮演著重要的引導原則，無論是食物的分類、選擇，抑或是烹調過程，皆深受傳統陰陽冷熱觀念的影響，內容複雜難解，據 Eugene Anderson 的說法，中國傳統食物系統的冷熱觀念的分類現象之所以難於理解，是由於採多重分類標準所致，其標準包括成分、色澤、生態、豢養與否、區域及烹調等等。由於這些標準是採隨機交互比較，因此會有許多難於瞭解之處〔註75〕。不過，《夷門廣牘》內所涉及之飲食冷熱觀是置諸人類體質的養護，強調一種溫和、健康的飲食接受：

　　◎食熱物勿飲冷水。（恐成刺風）

　　◎燒炙物不可乘熱喫。（損牙齒、傷血脈）〔註76〕

〔註73〕詳見〔明〕周履靖編：《益齡單》，收於氏編：《夷門廣牘》，頁 292 下～295下。

〔註74〕詳見〔唐〕孫思邈：《備急千金要方》（台北：自由出版社，1976 年），卷二十六〈食治〉篇，「序論第一」條，頁 464 上。下引此書皆同此一版本，不另出詳註。

〔註75〕詳見許木柱、簡美玲著：〈飲食與文化——人類學觀點的回顧與展望〉，收於《第四屆中國飲食文化學術研討會論文集》（臺北：中國飲食文化基金會，1995年），頁 71。下引此文皆同此一版本，不另出詳註。

〔註76〕見〔明〕周履靖編：《益齡單》，收於氏編：《夷門廣牘》，頁 289 下～290 上。

人是恆溫性動物，一般正常體溫必須維持在 37.5 度，若取用過冷或過熱的食物，或者冷熱食物交替進食，這不但可能傷及腸胃細胞組織，也容易破壞體溫平衡，造成人體的抵抗能力降低。

2. 飽　食

遵生家最是強調飲食勿飽，以爲飽食容易傷心氣、阻礙活動〔註 77〕，因而衍生出各種飽食後幫助消化的身體活動：

　　◎食訖，以手摩面。（以唾摩面，紅潤去皺）

　　◎食後行百步。（消化）

　　◎食後摩腹，仰面呵氣。（消化）

　　◎食後打數噴嚏。（通食氣、下痰）〔註78〕

進食完畢後，除了透過腸胃進行消化工作之外，爲了避免耗損體內消化系統與循環系統的負擔，人們也可以透過許多外在活動來助益消化，例如摩腹呵氣可以刺激胃部運動、增加血液含氧量，藉此提升腸胃消化效率，或者可以徐行百步、打數噴嚏等，也都具有同樣效益。

第三節　保眞守元的攝養活動

健康與長壽向來就是人類共同的願望，尤其，隨著精神生活的日益豐富與生活物質水準的不斷提升，人們對於健康的渴望愈益強烈，每每總希冀能夠「頤養天年」、「終其天歲」、「怡生延壽」。只是，如何頤養才能得盡天年？如何怡生方可獲致延壽呢？對此，〔明〕何良俊云：

> 攝養之道，莫若守中實內，以陶和將護之方，須在閒日，安不忘危，聖人預戒，老人尤不可不愼也。春秋冬夏四時陰陽，生病起於過度，五臟受氣，蓋有常分，不適其性而強雲爲，用之過耗，是以病生，善養生者，保守眞元，外邪客氣不得而干之。〔註79〕

顯然，養生之道的關鍵即是「保守眞元」，在實踐方面，除了可以透過日常飲食的調整以滋體全身、增加抵抗力之外，《夷門廣牘》尚涵蓋有多種益於身心

〔註77〕例如〔宋〕眞德秀〈續衛生歌〉云：「若教一飽頓充腸，損氣傷脾非爾福。」
　　　　詳見〔明〕周履靖編：《唐宋衛生歌》，收於氏編：《夷門廣牘》，頁284上。

〔註78〕詳見〔明〕周履靖編：《益齡單》，收於氏編：《夷門廣牘》，頁 288 下～289上。

〔註79〕詳見〔明〕何良俊：《四友齋叢說》，卷三十二，尊生，頁289。

健康的鍛煉方式，包括了運動養生、醫藥養生、日常衛生保健……等等不同的生活實用指南；其中所涉及的議題還必須放在中國養生術的起源、形成、發展等多重系統下考慮，因爲明人養生著作不僅要歸納個人養生經驗，更多的內容是總結前代的成果，包括〔明〕高濂《遵生八箋》、〔明〕陳繼儒《養生膚語》與《福壽全書》、〔明〕周履靖《赤鳳髓》、〔明〕息齋居士《攝生三要》等，許多觀念都是前有所承，然此內容已有多位學者進行過相關探討，諸如姚偉鈞《中華養生術》〔註80〕、（日）吉元昭治《中國養生外史》〔註81〕、周文泉與劉正才編《中國傳統養生術》〔註82〕、韓廷傑與韓建濱合著《道教與養生》〔註83〕等，若非必要說明，筆者不擬續貂，與本文旨趣較爲相關者，誠如本章前言所作的說明，〔明〕周履靖理想中的遵生活動究竟如何安排？置於文人生活體系內又傳遞了什麼訊息？準此，本節將以「尊生牘」內諸書作爲主要觀察文獻，就其具體養生行爲分類梳理，藉此一窺其中的遵生內涵。

一、運動養生

所謂的運動養生，依中醫的說法即是運用傳統的運動方式以進行身體的強化、鍛煉，也就是一般俗稱的「運動保健」或「健身術」。

在中國的養生學中，其實很早就體認到人類生命活動的延續是來自勤而不懈的運動過程，例如〔梁〕陶弘景《養性延命錄》中就指出：「人欲小勞，但莫至疲及強所不能堪勝耳。人食畢，當行步躊躇，有所修爲快也。故流水不腐，戶樞不蠹，以其勞動數故也。」〔註84〕〔唐〕孫思邈在〈保生銘〉中提出「人若勞於形，百病不能成」〔註85〕，而名醫華佗甚至模仿虎、鹿、熊、猿、鳥五種動物的動作，編制了一套名爲「五禽戲」的體操，相傳其弟子吳

〔註80〕詳見姚偉鈞：《中華養生術》（臺北：文津出版社，1995 年）。
〔註81〕詳見吉元昭治著，楊宇編譯：《中國養生外史》（臺北：武陵出版有限公司，1996 年）。
〔註82〕詳見周文泉與劉正才編：《中國傳統養生術》（廣東：廣東科技出版社，1991 年）。
〔註83〕詳見韓廷傑、韓建濱：《道教與養生》（臺北：文津出版社，1997 年）。下引此書皆同此一版本，不另出詳註。
〔註84〕詳見〔梁〕陶弘景：《養性延命錄》，下卷〈服氣療病篇〉，收於《續修四庫全書》（上海：上海古籍出版社，2002 年），第一二九二冊，頁 300 下。下引此書皆同此一版本，不另出詳註。
〔註85〕詳見〔唐〕孫思邈：《備急千金要方》，卷二十七〈保生銘〉，頁 483 下。

普每日鍛煉，活到九十餘歲，尚且耳聰目明、齒髮完好〔註86〕，此外，〔明〕
文嘉在〈赤鳳髓跋〉亦云：

> 夫善攝生者，導其血脈、強其筋骨，使榮衛貫通、脈絡和暢，自能
> 合天地運行之晷度、陰陽闔闢之機宜，而外患不干、精神完固，長
> 生久視之術所由至故，人之行不行而脩短之術不齊耳。〔註87〕

強調透過運動以導血脈、強筋骨，久而自能疾病不侵、精神飽滿；其他如〔宋〕
蒲虔貫《保生要錄》、〔明〕冷謙《修令要旨》、〔明〕王蔡傳（修真秘要）
等，也都曾倡導了「調肢體、動全身」、「形勞而不倦」的觀念；若以現今醫
學觀念來看，這種「動則不衰」的保健，則主要是藉由運動以加速身體新陳
代謝、提升肺部呼吸效率、強化心臟功能，甚至可以促使腦血循環，改善大
腦細胞的氧氣和營養供應，延緩中樞神經細胞的疲乏頻率，提高其工作效率，
如此一來，各個器官充滿活力，自然就推遲了向衰老變化的過程〔註88〕。顯
見運動養生確實為遵生活動中的重要一環。

《夷門廣牘》裡關於運動養生的討論大致落實在「調息行氣」與「導引
仿生」兩類，這也是中國傳統道教養生學的兩種典型運動型態，強調「無病
用於預防、有病用於治療、病後用於康復」，是故，以下將依循此二類，並配
合《胎息經》、《赤鳳髓》、《逍遙子導引訣》及相關文獻等作討論：

（一）調息行氣

調息，顧名思義即是調整人身氣息的呼吸鍛煉方法，大凡天地生化之
機，皆在一氣之流行，《莊子》中所謂「人之生，氣之聚也，聚則為生，散則
為死。」〔註89〕氣盈則盛，氣竭則亡，由此可知，生命實體的物質基礎即是
「氣」，它是人體經絡煉精化氣、煉氣化神以提高免疫功能的重要媒介，在呼
吸往來間，吸納外界新鮮空氣，排除體內臟腑濁氣，藉由「吐故納新」的簡
單動作以調節周身，使氣血同天地之靈氣相循環，進而達到保精存神之功效，
如同〔梁〕陶弘景《養性延命錄》所說：

〔註86〕詳見〔梁〕陶弘景：《養性延命錄》，頁312上。
〔註87〕詳見〔明〕周履靖：《赤鳳髓》跋，收於氏編：《夷門廣牘》，頁254下。
〔註88〕相關現代醫學養生知識，主要參考自：http://www.cintcm.com/cgi-bin/bigate.
cgi/b/k/k/http@www.cintcm.com/default.htm。
〔註89〕詳見〔清〕郭慶藩：《莊子集釋》，收於《續修四庫全書》（上海：上海古籍出
版社，1995年），第九五八冊，卷七下〈知北遊〉，頁24下。下引此書皆同此
一版本，不另出詳註。

　　志者，氣之帥也；氣者，體之充也；善者遂其生，惡者喪其形。故
　　行氣之法，少食自節，動其形，和其氣……心意專一，固守中外，
　　上下俱閉。神周形骸，調暢四溢。修守關元，滿而足實，因之而眾
　　邪自出。〔註90〕

皆指出調息行氣足以除百病、暢氣血，並活絡人的形骸關元。

1.吐　息

　　吐息活動又可稱為「六氣法」〔註91〕，意指透過噓、呵、呼、呬、吹、嘻這六種呼氣的方式，結合臟腑功能以達卻除病邪的目的，如《益齡單》的「六字治病訣」便說道：「肝疾多噓睜目睛，肺須多呬手雙擎，心呵頂上連叉手，腎吹抱取膝頭平，脾病呼時須撮口，三焦客熱臥嘻聲。」〔註92〕另外，《赤鳳髓》也收錄了〈太上玉軸六字氣訣〉、〈六氣訣〉、〈六氣歌訣〉、〈去病延年六字法〉等相關文獻，茲先將其中的六氣對應關係表列如下：

表三：人體與六氣關係對應表

六　氣 對應內容	噓	呵	呼	呬	吹	嘻
五　臟	肝	心	脾	肺	腎	三焦
四　季	春	夏	四季末	秋	冬	除煩熱
五　行	木	火	土	金	水	調氣脈
方　位	東	南	中　間	西	北	
器　官	目	舌	中　宮	鼻	耳、腰	

　　修養六氣法，四周環境必須維持窗明几淨、空氣流通良好，最忌在過燥或過濕之處煉養，往往容易導致心神不寧，無法固守「真氣」、「元氣」。吐息之時，須先以鼻緩緩納氣，再按著一定節奏規律徐徐吐出，然而，吐息既是「吐故」，因此多用作洩病氣，少作補虛，唯如何吐出則須視個人身心情況而定，《養性延命錄》以為一般情況下，寒氣病可採「吹」法、溫病可採「呼」法、胸中煩悶可採「嘻」法，緩逆氣可採「呵」法、解結滯之氣可採「噓」

〔註90〕詳見〔梁〕陶弘景：《養性延命錄》，下卷〈服氣療病篇〉，頁309上。
〔註91〕詳見鄭金生：《中國古代的養生》（北京：商務印書館，1997年），頁50。下引此書皆同此一版本，不另出詳註。
〔註92〕詳見〔明〕周履靖編：《益齡單》，收於氏編：《夷門廣牘》，頁287上。

法、解疲困可採「呬」法，《赤鳳髓》內則有更爲詳備的記載，以「呬」氣爲例，〈六氣歌訣〉云：

> 一曰呬。呬法最靈應，須祕。外屬鼻根，內關肺寒熱、勞悶及膚瘡，以斯吐納無不濟。〔註93〕

又如〈去病延年六字法〉：

> 【呬肺棄】
>
> 肺生咳嗽，作痰涎胃、膈煩焦、喉舌乾，卻病急行呬字訣上，焦火降，肺安然。〔註94〕

呬字功專門調補肺部，肺在五行屬金，旺於秋，方位在西，對應器官是鼻，屬於呼吸器官，因此，大凡咳嗽無力、氣短、怕風、畏寒、呼吸道感染、口乾、痰稀或多痰……等症狀，皆可煉養「呬」法吐息以濟之。

有時甚至須配合四季氣候改變調息重點，如〈四季養生歌〉所言：

> 春噓明目木扶肝，夏至呵心火自閒，秋呬定收金肺潤，腎吹唯要坎中安，三焦嘻卻除煩熱，四季常呼脾化飱。〔註95〕

秋季氣候偏屬乾燥，容易造成肺部乾燥、喉舌生瘡，除了必須適時補充水分、吞津潤肺之外，也可透過「呬」法呼氣改善相關症狀。

2. 服　息

所謂的「服息」，又可稱爲服氣、吞氣、食氣、吸氣、吸風。廣義而言是指所有的呼吸鍛煉，狹義而言則是專指吞咽空氣〔註96〕，如《莊子・逍遙遊》言：「藐姑射之山有神人焉，不食五穀，吸風飲露。」〔註97〕所指的就是服氣長生的仙人。在「幻眞先生服內元氣訣」中，詳細列載了服氣之要十二則，包括事前準備工作、各種服氣原則、以氣治病之功等；在服氣過程中，最貴養先天眞一之炁，而不貴後天呼吸之氣：

> 服內炁之妙在乎嚥氣，世人嚥外氣以爲內氣，不能分別，何其謬哉！吐納之士宜審而爲之無或錯誤耳。夫人皆稟天地之元炁而生身，身中自分元氣而理，每因嚥及吐納，則內炁與外氣相應，自然炁海中，

〔註93〕詳見〔明〕周履靖編：《赤鳳髓》，卷一，收於氏編：《夷門廣牘》，頁228下。
〔註94〕詳見同上註，頁231上。
〔註95〕詳見同上註，頁229下。
〔註96〕詳見鄭金生：《中國古代的養生》，頁48。
〔註97〕詳見〔清〕郭慶藩：《莊子集釋》，收於《續修四庫全書》，第九五七冊，卷一〈逍遙遊〉，頁563下～564上。

> 炁隨吐而上，直至喉中，但喉吐極之際則輒閉口，連鼓而嚥之，令
> 鬱然有聲汩汩，然後男左女右而下，納二十四節如水，瀝瀝分明，
> 聞之也。如此，內炁與外氣相顧，皎然而別也。〔註98〕

道家養生最重先天之氣，故常言「炁」，以別於後天之「氣」；一般的服氣之
功多以煉養後天呼吸之氣為主旨，並以此獲得暫時的順氣暢生，然而，遵生
家屢屢強調，尚須懂得培養自身的先天元炁：在吞嚥吐納後天氣息之際，引
動炁海的採攝轉化，「炁隨吐而上，直至喉中，但喉吐極之際則輒閉口，連鼓
而嚥之，令鬱然有聲汩汩」，以此通人筋脈、固人臟腑，然後才可以真正達到
卻病強身、延年益壽。

此外，服氣有時也須與飲食相配合，如「服炁飲食所宜歌訣」就指出，
每食前須嚥六、七氣，食畢須呵三、五氣，藉此降低食物消化所引起的濁穢
之氣，而「服氣飲食雜忌歌訣」也這樣唱道：

> 禽獸及蟲魚，此等血肉食，皆能致食危，葷茹既敗氣，飢飽也如斯。
> 生硬冷須慎，酸鹹辛不宜……蘿蔔羹須忌，白湯麵勿欺，更兼避熱
> 食，瓜果勿尾隨，陳屍物有損，死生穢無稗，須防咽入腹，服氣勿
> 多疑。〔註99〕

飲食活動有益於服氣者，也有足以傷人元氣者，善於攝生者須懂得趨宜避
忌。

其他尚包括有「引氣療疾訣」、「鍊氣訣」、「行氣訣」、「調氣液訣」……
等等，修煉種類繁多，功效不一，可依個人狀況選擇。

3. 胎　息

關於調息行氣之術，或導氣、或行氣、或服氣、或引氣、或吐氣，煉養
途徑多樣，唯以閉氣胎息最為上乘，是一種修真息之術。《胎息經》有云：

> 胎從伏氣中結，氣從有胎中息。氣入身來為之生，神去離形為之死，
> 知神氣可以長生，固守虛無以養神氣。〔註100〕

〔唐〕幻真先生註解的說明可知，胎息的本意是胎兒在母體中呼吸，後來為
遵生家引申成一種先天的呼吸狀態，主要是藉由下丹田為中心的高層次內

〔註98〕詳見〔明〕周履靖編：《赤鳳髓》，卷一，收於氏編：《夷門廣牘》，頁 223 下
　　　　～224 上。
〔註99〕詳見同上註，頁 229 下。
〔註100〕詳見〔唐〕幻真先生註解：《胎息經》，收於〔明〕周履靖編：《夷門廣牘》，
　　　　頁 209 上～下。

呼吸，亦即是所謂的「養神氣」，又云：「神之與氣在母腹中本是一體之物，及生下爲外境愛慾所牽，未嘗一息，暫歸於本。」〔註101〕人本皆具有此先天元氣，唯在臍帶切斷後暫告停止，由外息（肺呼吸）接續呼吸型態，不過，胎息乃是自成系統，並與外息同時具存於人身，只要運行得當，在外息進行的同時也能煉養胎息，而功之精進者，更可在口鼻停息之時，生命依舊持續。

胎息既是生命形體最初的調息方式，修煉胎息即意味了進入生命的本源，利用眞炁的運行創造源源不絕的生命能量，如此一來，隨著生命力的逐漸強化，人體的免疫能力也相對增強，杜絕疾病的發生，如〈胎息銘〉云：

> 三十六咽，一咽爲先。吐唯細細，納爲綿綿，坐臥亦爾，行立坦然……
>
> 非只治病，決定延年，久久行之，名列上仙。〔註102〕

甚至更有把胎息作爲一種精神集中於綿長呼吸的調神方式，在籲口調氣的同時也能助益排除雜念、澄心定意，如「布氣與他人攻疾歌訣」、「李貞人長生一十六字妙訣」等皆屬此類修習。

（二）導引仿生

導引又可寫作「道行」，是道教氣功中以「動」爲主的修煉術，大抵自戰國時代的《莊子》、《黃帝內經》便都有了相關記載，其中，無論是「導」或「引」皆含有「疏通」、「伸展」之意，亦即是要通過外在肢體活動、自我按摩與呼吸吐納術，運行著單一動作或者動作銜接連貫、具內在協調性的成套導引術，使充足之氣貫通全身以活絡筋血，〔明〕王文錄在〈赤鳳髓跋〉解釋道：

> 夫以導引名，謂逆者順之、促者舒之、邪者正之、沮洳者融液之、駘蕩者和濟之，誠攝生之要旨、消慮之玄訣也。廣成子云：木去火則不灰，人去性則不死，火出而神散，神散而氣離，氣離而身亡。國有奸君斯危身，有邪氣乃斃，奸去則清，邪去則寧，久而行之，庶幾三屍逸、六賊遁、百脈調、太和暢，何疾之不可卻而年之不可長也。〔註103〕

〔註101〕詳見同上註，頁210上。
〔註102〕詳見同上註，頁210上。
〔註103〕詳見〔明〕周履靖：《赤鳳髓》跋，收於氏編：《夷門廣牘》，頁254下～255上。

由此可知，藉由徐緩的伸張動作，除了促進氣血流通之外，更可化解身體之逆、促、邪、沮洳、駘蕩，從現代醫學觀點而言，就是要使緊繃的肌肉、骨骼全面放鬆，如此才能有效降低交感神經的緊張性，使負面情緒獲得改善，進而使體內機能達到穩定的活動效率〔註104〕，使之歸於和暢舒逸，如同〔明〕彭輅所言：

> 周行於五臟六腑、百骸九竅之間，導而引之，小可卻疾，大可長年，故吹噓呼吸、熊經鳥伸，推而衍之，傚五禽之戲，廓而散之如戶樞院轉至不可勝窮。〔註105〕

歷代所發展出的導引術可謂不勝枚舉，諸如「彭祖導引法」、「白雲子導引法」、「天隱子導引法」、「八段錦」、「諸仙導引圖」、「左洞真經按摩導引訣」……等等，《夷門廣牘》中亦收有不少導引文獻，以下舉要介紹：

1. 赤鳳髓四十六勢

「赤鳳髓四十六勢」是〔明〕周履靖所編輯的四十六種導引修煉功法，進行步驟極為簡括，四十六勢即四十六種動作，彼此之間並不連貫，且每勢各附一圖以資說明。由導引術的功法說明來看，「赤鳳髓四十六勢」應是作為醫療治病使用，針對不同病痛設計不同的導引術勢，誠《黃帝內經素問》所言：「中央者，其地平以濕，天地所以生萬物也眾，其民食雜而不勞，故其病多痿厥寒熱，其治宜導引按蹻。」〔註106〕如「接輿狂歌勢」專治腰疼、「寇先鼓琴勢」專治頭疼或血脈不通、「陶成公騎龍勢」專治胃膈膨悶、「藍采禾行歌城市勢」專治氣脈不通、「陳希夷熟睡華山勢」專治色癆……等等。茲舉數例表列如下：

〔註104〕相關的現代醫學養生知識，主要參考自「中醫健康網」，網址如下：http://www.cintcm.com/cgi-bin/bigate.cgi/b/k/k/http@www.cintcm.com/default.htm。
此外，〔明〕李詡也提到：「修丹煉汞，世有奇書，然無補元真，何羨雲丹五色。苟有裨天本，只求獨臥一牀……近取諸身，法約而功倍，行之日用，力逸而可久，又何必伯山甫之神方、衛叔卿之異術耶？」即在強調與其追求遙不可及的雲丹仙方，毋如依靠可以強健體魄的導引運動，不但功法簡單，對身體也具有顯著的效益。詳見氏著：《戒庵老人漫筆》，卷八，「導引保真法」，頁340。

〔註105〕詳見〔明〕周履靖編：《赤鳳髓》，收於氏編：《夷門廣牘》，頁216下。

〔註106〕詳見〔唐〕王冰注，〔宋〕高保衡校：《黃帝內經素問》（臺北：文光圖書有限公司，1992年），卷四〈異法方宜論〉。

表四:「赤鳳髓四十六勢」功法與圖示舉隅

導引法	功法說明	圖示
接輿狂歌	治腰疼。立住,用右手扶牆,左手下垂,右腳登舒,運氣十八口。左右亦如之。	
寇先鼓琴	治頭疼及諸風與血脈不通。兩手按膝,向左扭項扭背,運氣十二口。右亦如之,名搖天柱。	
陶成公騎龍	治胃膈膨悶。以左手向左,右手亦隨之,頭向右扭;以右手向右,左手亦隨之,頭向左扭。運氣左九口、右九口。	
藍采禾行歌城市	治氣不通。立定用功,如左邊氣脈不通,左手行功,意在左邊,舉左手運氣,右邊亦然。	
陳希夷熟睡華山	治色癆。頭枕右手,左拳在腹,上下往來擦摩,右腿在下微蜷,左腿壓右腿,存想調息習睡,收氣二十四口在腹,如此運氣十二口。久而行之,病自全。	

2. 五禽書

　　動物仿生也是養生導引的一種修煉途徑,由〔東漢〕華陀創編以降,歷代皆有相類似的導引套術產生,主要是藉由模仿各種生物的動作以達到「小勞形軀」的益身目的,模仿對象則包括有熊、鳥、龜、猿、猴、龍、鶴、螳螂、魚……等等,動作繁簡剛柔不一,如《夷門廣牘》所收錄之「五禽書」,即是依虎、熊、鹿、猿、鳥之姿衍生出的五節動作,均配合內息調引,其中,虎戲者作「四肢距地」的俯臥姿、熊戲者作「雙手抱膝並舉頭」的蹲坐姿、

鹿戲者作「引頸反顧並立腳尖」的翹首姿、猿戲者作「攀物自懸」的垂懸姿及鳥戲者作「雙手頂舉並躬身」的立姿。

　　從動作形式來看，或是集中於某一部分的身體活動，如熊戲、猿戲，或是全身性的活動，如虎戲、鹿戲；從動作結構來看，則有伸展動作、脊椎屈曲、腰腹扭動、上肢擺動、下肢提舉、頭部轉動等，整套導引功法展演完畢，幾可涵蓋全身動作，十分符合現代醫學所提倡的「運動均衡」。此外，不同於醫療導引術的目的多是針對特定病痛所設計之運動，仿生導引的功效訴求主要是在「兼利手足」、「身體輕便、腹中思食」〔註107〕，強調透過導引活動以致「精足、氣充、神全」的身心狀態，可謂是一種養生導引術〔註108〕。表列如下：

表五：「五禽書」功法與圖示說明

導　引　法	功　法　說　明	圖　　示
羨門虎勢戲	閉氣，低頭，拳戰如虎發威勢。兩手如提千觔鐵，輕起來，莫放氣。平身，吞氣入腹，使神氣之上而復覺得腹內如雷鳴，或五、七次。如此行之，一身氣暖調，精神爽，百病除。	
庚桑熊勢戲	閉氣，撚拳，如熊身側起，左右擺腳，要前後立定，使氣兩脅傍，骨節皆響。或三、五次止。亦能舒筋骨而安神養血也。	

〔註107〕 詳見〔梁〕陶弘景：《養性延命錄》，下卷〈導引按摩篇〉，頁312上。

〔註108〕 從文化發展的一般規律來看，醫療導引術和養生導引術的分化主要是功能需求和價值選擇的結果。一般來說，醫家總是著重於「治已病」，這是由他們的職業所決定的。然而，對於更多的普通人而言，總是更關心「治未病」。這就在文化心理上為導引術向養生方面分化和發展準備了社會心理前提。詳見郝勤：〈龍導虎引的魅力──中國導引術〉，收於氏著：《中國古代養生文化》（四川：巴蜀書社，1989年），頁132。

士成綺鹿勢戲	閉氣，低頭，撚拳，如鹿轉顧尾閭。平身縮臂立，腳尖跳趺，腳跟連天柱，通身皆震動，或二、三次可，不時作一次更妙也。	
費長房猿勢戲	閉氣，如猿手抱樹一枝，一隻手如撚菓，一隻腳虛空握起，一隻腳根轉身，更換神氣，連吞入腹，覺汗出方已。	
亢倉子鳥勢戲	閉氣，如鳥飛欲起，尾閭氣朝頂，雙手躬前、頭、腰仰起，迎舞頂。	

其他如《逍遙子導引訣》是一套動靜相兼的十六節導引修煉法，多是與日常生活的保養相關，如「水潮除後患」是就人體的唾液在閉口調息中，與內臟、氣血等相互滋生、相互轉化的方式與過程，而「起火得長安」專談如何調和陽氣陽精以固精保本之法；《八段錦》則是包含了導引、吐納、存想、叩齒……等生活養護內容有關的修習功法，且各節均與內臟具有效關聯，術式簡單、口訣易記，持之以恆地練習將有助於「百脈通暢，五臟安合」。

二、醫藥養生

運用藥物以調理人身氣血及臟腑盛衰，或者補充人體不足之營養，固然其功效偶遭部分人士質疑〔註109〕，但它的確是中國養生文化中常見的手段，

〔註109〕如〔明〕謝肇淛便認為：「夫人豈必盡有仙骨，但能服食靈藥，便可長生矣，彼山麋野鶴，壽皆千歲，豈必修道煉形哉？」詳見氏著：《五雜俎》，收於《筆記小說大觀》（臺北：新興書局，1988 年），第八編，卷十一，物部三，

並落實在「服食」與「醫病」兩種具體行爲上。就前者而言，如《養性延命錄》引《神農經》的一段話：

> 食穀者智慧聰明；食石者肥澤不老；食芝者延年不死；食元氣者地
> 不能埋、天不能殺。是故，食藥者與天相異，日月並列。〔註110〕

意在說明服食藥餌比起食穀、食石、食芝或食氣，還更能延壽增年，其中，主要是利用藥物的氣味特點、陰陽屬性配合人身的臟腑特質進行調補，如久病初癒後常感倦怠乏力、喘息急促，屬「氣虛」之症，便可選用人參、黃芪、白術等益氣中藥補養；其他包括《周易參同契》、《抱樸子》、《醫心方》、《諸病源候論》……等書，亦有相同主張。此外，「醫病」則是藥物所具備較直接的效益，針對疾病提供足以療癒的藥方，與服食最大的不同在於「病因有虛有實，治療應有攻邪、補虛、緩急之別，甚至是攻補兼施，服食則多在補虛，長期緩捕，使正氣充實，提升人體自我調節與抗疾能力，如此，自然就能卻病延年。」〔註111〕

　　〔明〕周履靖於「尊生牘」中蒐錄了多種醫藥知識，旨在「醫病」，如《金笥玄玄》裡就詳記了九種人體常見的害蟲，包括其形貌特徵、引病症狀、對治方針等，並附圖解。以「回蟲」爲例：

> 回蟲又名□蟲，色黑，一雄一雌，心上心下，食人血，令人心痛氣
> 急、肢節煩重、小便難□、赤白不定、面無顏色、放癡慵懶、口吐
> 清水，其蟲長一尺，飲心血，急服前藥殺之，不爾，穿刺人心脾，
> 楚痛難忍而斃，及耗憊人正氣，令人卒死，是此蟲耳。〔註112〕

由回蟲的外形、習性、引發病症等詳細解說，其他尚包括有伏蟲、寸白崇、肉蟲、肺蟲、胃蟲……等等；《群物奇制》的〈疾病〉篇則有各種日常簡單的疾病常識，如：

> ◎生瘡毒未愈（癒）不可食生薑。
> ◎霍亂轉筋不可忍，用冷水浸至膝乃愈。
> ◎霍亂吐瀉不止，飲米醋半盞即止。
> ◎蜂叮痛，以野莧菜搗，傅之。〔註113〕

　　　　頁4071。下引此書皆同此一版本，不另出詳註。
〔註110〕詳見〔梁〕陶弘景：《養性延命錄》，上卷〈教誡篇〉，頁299。
〔註111〕詳見韓廷傑、韓建濱：《道教與養生》，頁204。
〔註112〕詳見〔明〕周履靖編：《金笥玄玄》，收於氏編：《夷門廣牘》，頁274下。
〔註113〕詳見〔明〕周履靖編：《群物奇制》，收於氏編：《夷門廣牘》，頁194上。

所記載的內容並非正確的醫療方式，主要是面對日常突如其來的病痛時，提供人們的簡單處理步驟，一方面既能減消受病者的痛楚，二方面又能提高治癒機會；而《怪屙單》更收錄有各種罕見、特殊病症的治療方式，如身上長突肉可「用赤皮蔥燒灰水淋汁洗，內服淡豆豉湯」、眼珠下垂並有血便可「用羌活水煎數服」、腹中有物作聲可「服雷丸及愈」〔註114〕……等等。

三、其他日常保健之道

《醫心方》曾引《神仙圖》云：「夫爲長生之術，常當存之行、止、坐、起、飲、食、臥、息。」〔註115〕意味著人若欲養壽長生，就必須在日常生活的坐臥起居中培養良好的規律，不因事小瑣碎而忽略，對此，《夷門廣牘》也蒐錄有一部分與日常生活保健相關的養生經驗，其內容如下：

（一）重寢息

睡眠對於生命的延續是不可或缺的因素，它能將人一天活動所消耗能量完全補回，並爲次日活動儲備新力，現代科學研究也已證明，良好的睡眠足以消除全身疲勞，使腦神經、體內物質代謝、心血管活動、消化功能、呼吸功能……等，能得到完全的休息，促使身體各部組織生長發育和自我修補，強化體內免疫功能，此正是古人常言的「安寢乃人生最樂」、「服藥百裹，不如獨臥」，彰顯擁有充實而安穩的睡眠勝過服食仙方百藥的觀念；因此，不少養生著作都曾提及寢息的相關保健之道，如〔明〕周履靖所輯《益齡單》即云：

◎春夏臥東首，秋冬臥西首。

◎夜寒濯足。

◎勿臥留燈燭。〔註116〕

關於睡眠時的臥向問題，因爲四季的氣候變化不同，連帶影響了溫度、日照、風向的改變，從中醫的觀點來看，頭是諸陽之會、元神之府，春夏二季陽氣旺盛，而東方又屬陽之升，頭向東以應升發之氣而養陽，秋冬二季的陽

〔註114〕以上三例詳見〔元〕朱丹溪：《怪屙單》，收於〔明〕周履靖編：《夷門廣牘》，頁296上～下。

〔註115〕詳見（日）丹波康賴：《醫心方》，收於《叢書集成三編》（台北：藝文印書館，1966年），卷二十七，引。

〔註116〕詳見〔明〕周履靖編：《益齡單》，收於氏編：《夷門廣牘》，頁290上。

氣較爲收斂潛藏，而西方屬陰之降，頭向西以應潛藏之氣而養陰〔註 117〕，藉此避免人的元神受寒、受損；睡前濯足除了可以去足垢以保持床舖衛生外，冬日浴足更能防止腳部凍寒、促進血液循環，可使人心神安寧易睡；此外，良好的睡眠環境也十分重要，因此，睡時室內光線宜昏暗，點燈寢息恐因光線過強而引人興奮，造成入睡困難，此即《雲笈七籤》所言：「夜寢燃燈，令人心神不安。」〔註 118〕甚至擾亂體內自然平衡，影響心跳、脈搏、呼吸的協調，導致疾病產生〔註 119〕。其他如「枕不欲高」、「勿坐臥當風」、「睡覺勿飲冷水」……等等，都有相關的健康考量。凡此，皆可看出古人對於睡眠的重視。

（二）防損目

視覺是人類經驗與知識獲取的主要來源，也是人們賴以學習的重要管道，並且可以幫助吾人辨異同、察顏色、觀四方，因此，眼睛的養護可說是日常保健的重要課題，如〔唐〕孫思邈《備急千金要方》：

> 生食五辛、接熱飲食、熱餐麵食、飲酒不已、房室無節、極目遠視、
> 數看日月、夜視星火、夜讀細書、月下看書、抄寫多年、雕鏤細作、
> 博奕不休、久處煙火、泣淚過多、刺頭出血過多。〔註 120〕

文中列述了十六種易於損目之事，如「數看日月」、「夜視星火」與「久處煙火」，會因眼睛過度接受強光，造成角膜或水晶體的曲度不一，以致容易在視網膜上形成模糊的影像，「抄寫多年」、「雕鏤細作」與「博奕不休」，因眼睛缺乏適度的休息，可能造成近視、弱視等症狀；其中，除了「刺頭出血過多」之外，其餘皆屬保養習慣不良或職業關係所致，是可以透過日常習慣的調整而獲得改善：

> ◎侵（清）晨洗面，以手掬熱湯沃眼，湯溫爲度，能除目疾。蓋血
> 得溫則榮澤，眼賴血而滋養也。
> ◎每夜於暗處運睛旋還八十一數，閉目集神再運，不數夜，神光自
> 發，永除昏暗。

〔註 117〕詳可參考胡衛國、宋天彬：《道教與中醫》（臺北：文津出版社，1997 年）。
〔註 118〕詳見〔宋〕張君房編：《雲笈七籤》（台北：自由出版社，1976 年），卷四十五，頁 651 上。
〔註 119〕鄭金生的研究亦指出，睡覺時人頭邊不要生火安爐子，日子長了會引火氣入頭，造成頭重、目赤、鼻乾等症狀。詳見氏著：《中國古代的養生》，頁 20。
〔註 120〕詳見〔唐〕孫思邈：《備急千金要方》，卷六，頁 103 上。

◎朝暮以兩手摩熱熨眼三次。

◎勿久視日月光，勿久視燈燭光，視久損目。〔註121〕

對於眼睛的保護，除了不過度使用，適時閉目休息之外，也可以熱敷按摩眼部週遭，或者運睛旋還，按時操行眼部運動，藉此促進血液循環滋養以除目疾。此外，尚有「洗眼方」、「洗眼吉日」、「明目法」……等等，都是與眼部保養相關的內容。

（三）其　他

除了上述關於寢息與眼部的保健內容之外，其他諸如在「服飾的穿脫」上，指出大汗後脫衣容易傷風，春季氣候不穩，不可薄衣，夏夜裸睡恐著涼受夜寒；在「男女房室」上，指出大凡醉飽、汗流、怯病初癒、神疲力倦……等情況下，必須節制情慾，否則臟腑相關機能易受影響；在「淋浴潔身」上，則提出了勿飽沐、勿飢浴、夏月不可冷水沐頭、乾浴治風勞冷氣、腰背拘攣等實證經驗〔註122〕，甚至載錄許多易於誦讀的日常保養口訣，如：

◎一莫貪非財，恐傷汝身；二莫飲醉，恐亂汝性；三不得苦已勞形，
　　恐傷榮衛。

◎久視傷心損血，久坐傷脾損肉，久臥傷肺損氣，久行傷肝損筋，
　　久立傷腎損骨，久聽傷精損神。〔註123〕

凡此一系列尊生活動的安排，可說是〔明〕周履靖為生命個體的養護攝生所作出的完備而通盤考量，它除了彰顯了明人養生文化的具體實踐內容之外，也透露了「生命尊養」、「壽夭價值」、「人體宇宙結構模式」等已成為當時人們熱切關心的議題。

第四節　不為無益之事，安能悅有涯之生？

《夷門廣牘》畢竟不是純粹的飲膳著作或養生作品，它具有強烈地為文人服務的色彩，誠如〔唐〕張彥遠在《歷代名畫記》所表示：「若復不為無益之事，則安能悅有涯之生？」〔註124〕將「有生之涯」的悅樂訴諸於生活中的

〔註121〕詳見〔明〕周履靖編：《益齡單》，收於氏編：《夷門廣牘》，頁285下。

〔註122〕詳見同上註，頁290下～291下。

〔註123〕詳見同上註，頁287下。

〔註124〕詳見〔唐〕張彥遠：《歷代名畫記》，收於嚴一萍選輯：《百部叢書集成》（台北：藝文印書館，1966年）之四十六，《學津討源》，第五十九冊，卷二，「論

「無益之事」，即不具功利性的閒事、雅物，張氏原用以表明耽溺於書畫成癖是一種具美感的生命經驗，若從另一個層面來看，其實恰好也提醒了我們，唯有時時操持怡悅的心境，才是創造安樂生命的本源，因之，《夷門廣牘》內的遵生內涵，除了滿足實體形軀的養護之外，也終不免會導向文人化的美感經驗：

一、飲食爲文學料理

人類學家關於飲食文化的研究已經證明，飲食活動不僅具有個人營養、成長及健康的生理意義，同時更關涉了廣泛而深刻的社會活動，包括地域、階層、族群、宗教、禁忌等〔註125〕，因此，當我們回視明人編著的種種飲膳食譜時，就無法再簡單地視之爲生物性的需求或是生理反應動作，尤其，在明清文人所編撰的食譜中，感官的描述已日趨複雜而細緻，諸如《老饕集》、《閒情偶寄》、《茶寮記》、《水品》、《隨園食單》等，在在都充滿了高於生存需求的精神感官書寫與文化認知。

（一）詩意的名號

「吃」要成爲一門藝術，除了要有精細的味感、悅目的「扮相」、工巧的美器之外，有時還得搭配別具一格的命名以體現奇巧之雅，在「先聲奪人」的聽覺感受上造成一連串的心理效應，進而引人動指品嚐。〔註126〕

一般來說，饌餚的命名約有兩種模式，一爲「科學性」，指其名稱能夠恰如其分地反映出食物的實質與特性者〔註127〕，如《易牙遺意》中的「爐焙雞」、「蒸鱘魚」、「燥子肉麵」、「芋餅」、「茴香湯」、「燒鴨羹」，或《山家清供》的「苜蓿盤」、「松黃餅」、「牛蒡脯」、「洞庭饐」……等等皆屬之，它們或就料理的主要食材命名、或就料理的烹調方式命名、或就料理的顏色命名、或就料理的地方特色命名，如實地呈現料理內涵。另一則是超越餚饌實質意義，透過意蘊聯翩的藝術性命名，引領食用者進入想像的詩意空間，試

鑑識收藏購求閱玩」條，頁12左。

〔註125〕可參考許木柱、簡美玲著：〈飲食與文化——人類學觀點的回顧與展望〉一文。

〔註126〕關於飲食的藝術性，可以參閱王仁湘《飲食之旅》（臺北：臺灣商務印書館，2001年），第九章：〈吃的藝術〉，頁281～368。該文共分精味、悅目、誇名、美器、佳境、雅興、絕詠與妙喻等八個面向分別討論。

〔註127〕詳見楊昌舉：〈論中國飲食文化之科學性與藝術性〉，頁96。

看二例：

◎【茶百戲】

茶至唐始盛，近世有「下湯運七別施妙訣」，使湯紋水泳成物象者，禽獸、蟲魚、花草之屬，纖巧如畫，但須臾即就散滅，此茶之變也，時人謂「茶百戲」。

◎【漏影春】

漏影春法，用鏤紙貼盞，糝茶而去紙偽爲花，別以荔肉爲葉，松實鴨腳之類彌物爲蕊，沸湯點攪。〔註128〕

茶要如何舞百戲？春又如何漏影呢？實際上，「茶百戲」與「漏影春」只是兩道不同的茶品，前者運用特殊攪動方式，使水紋暫現各種蟲魚鳥獸之象，後者則利用鏤紙、荔肉、松實鴨腳等，塑造出百花齊放的物態，所謂的「纖巧如畫」、「偽爲花」、「別爲葉」、「彌爲蕊」等都是一種充滿詩意的修辭，藉由譬喻、象徵的意象命名，締造出典雅的藝術氛圍。

其他如「忘憂虀」非謂食之而能忘憂，其主要食材爲萱草，取古人有「春日載陽，採萱於堂，天下樂兮憂乃忘」〔註129〕之句；雪霞羹主要是以芙蓉花去心帶湯焯之，因「紅白交錯，恍如雪霽之霞」〔註130〕而名之；又或者如「撥霞供」、「神仙富貴餅」、「雷公粟」、「湯綻梅」、「舫篝獄」、「快活湯」……等等，皆是由詩情畫意的詞彙描述，創造出文人對飲食的認知向度。

（二）以事典入味

食譜，顧名思義即是烹飪指導手冊，必須清楚交待食材份量、火候控制乃至烹調料理的步驟，按理應是一種極爲專業化、功能化的書籍；不過，也有部份食譜並不循此路徑，如〔清〕李漁即談到：

又有怪余著〈飲饌〉一篇，而未及烹飪之法，不知醬用幾何，醋用幾何，醯椒香辣用幾何者。予曰：「茍若是，是一庖人而已矣，烏足重哉！」人曰：「若是則《食物志》、《遵生箋》、《節生錄》等書，何以備列此等？」予曰：「是誠庖人之書也。士各明志，人有弗爲。」〔註131〕

〔註128〕詳見〔明〕陸樹聲：《茶寮記》附，收於〔明〕周履靖編：《夷門廣牘》，頁557下～558上。

〔註129〕詳見〔宋〕林洪：《山家清供》，下卷，收於〔明〕周履靖編：《夷門廣牘》，頁467上。

〔註130〕詳見同上註，頁464上。

〔註131〕詳見〔清〕李漁：《閒情偶寄》，卷六〈頤養部〉，「行樂第一」類，頁283。

依〔清〕李漁的想法，備列各種烹調法則的功能性食譜，性屬庖人之書，終究也只是客觀意義下的「工具」罷了，然而，《閒情偶寄‧飲饌部》的編著顯然另有所圖，「士各明志，人有弗爲」，文中不但簡化了煎煮煨燉的料理說明，並添增不少作者的生命感懷、生活智慧，儼然成了文人士子藉以言志寫意的另類素材〔註132〕；《夷門廣牘》亦然，如其中所收的《山家清供》一書，內容以素食爲主，記錄了一百多道精緻可口的料理，其中除了以精煉筆法具體描摹食物的色、香、味外，不時也會由食材追溯起種種歷史典故，某種程度上，可謂是一部藝術性極強的文學作品，試以《山家清供》與《易牙遺意》作比較：

◎【尹蕨餛飩】

> 採尹蕨嫩者，各用湯焯以醬、香料、油，和勻作餛飩供。向者江西林谷梅少魯家屢作此品後，坐古香亭下，採穹菊苗薦茶對玉茗花，眞佳適也。玉茗似茶，少異，高約五尺許，今獨林氏有之，林乃金臺山房之子，清可想矣。〔註133〕

◎【餛飩】

> 白麵一斤，鹽半兩，和如落索，麵更頻入水，搜和爲餅劑。少頃，操百十遍……用蔥白，先以油炒熟則不葷氣，花柳、薑末、杏仁、砂仁、醬調和得所更宜。尹菜煠過菜菔之類，或蝦肉、蟹肉、藤花、諸魚肉尤妙。下鍋煮時，先用湯攪動，沸則頻頻灑水，令湯常如魚津樣，滾則不破其皮而堅滑。〔註134〕

同樣是以餛飩作爲料理的主要食材，《易牙遺意》的「餛飩」，從作料、份量、調味、搭配乃至火侯、遲速、變化法則等，無一不是完整記載，專業性格極強；然而，《山家清供》的「尹蕨餛飩」，除了起首一句談到主食與湯頭如何調味之外，文後便追憶起江西林谷梅事蹟，想著當年他庖製此品後，如何在古香亭下，伴著香茗與佳花獨自飲嚐，又如何地倍添清逸之姿。

　　由此可知，《易牙遺意》的編著傾向客觀的實用功能，固然文中偶有作者

〔註132〕相關討論可以參閱胡衍南：〈文人化的《隨園食單》──根據中國飲膳文獻史作的考察〉，《中國飲食文化》第一卷第二期（2005年6月），頁97～122。

〔註133〕詳見〔宋〕林洪：《山家清供》，下卷，收於〔明〕周履靖編：《夷門廣牘》，頁464上。

〔註134〕詳見〔元〕韓奕編：《易牙遺意》，下卷，收於〔明〕周履靖編：《夷廣廣牘》，頁578上～下。

個人主觀的感官描述，但也多能適得其所，而《山家清供》則擺脫傳統食譜的功能性意義，試圖將飲膳活動導入文人化的審美框架，藉由宿昔典故勾起讀者的抒情感受，引發濃厚的風雅興味，如：

◎【太守羹】
梁蔡樽爲吳興守，不飲郡井，齋前自種白莧、紫茄，以爲常餌。視之醉釀飽鮮而怠於事者，視此得無愧乎？然茄、莧性俱微冷，必加芼薑爲佳耳。

◎【素蒸鴨】（又云盧懷謹事）
鄭余慶召親朋食，勒令家人曰：「爛煮去毛，勿拗折項。」客意鵝鴨也。良久，各蒸葫蘆一枚耳。今岳倦翁珂書食品付庖者詩云：「動指不須占染頂，去毛切莫拗蒸壺。」嶽勛閬閬也，而知此味，異哉！〔註135〕

兩道「料理」彷彿就是兩則精簡的文言小品，訴說著與太守羹、素蒸鴨相關的軼聞趣事，同時，整體內涵也頗具《世說新語》的月旦風尚，透過典故的洄溯，配合生動的品鑑詞彙，創造出一個個精采的人物風流。

其他包括「冰壺珍」使人想起當年宋太宗與蘇易簡對辯食物之珍的字字珠璣，或由「槐葉淘」、「柳葉韭」憶起杜詩中的山林之味，甚至更有如「銀絲供」者，全然不是餐桌上的美味佳餚，而是一把音弦調和得當的古琴。

（三）小 結

綜合言之，文人化的食譜書寫，大致便是落實在「詩意的名號」與「以事典入味」這兩種表現途徑上，突顯了多數文人並不滿足於純粹感官知覺的飲食活動，試圖藉由文學藝術的擬想，品嚐某些精神層面的「滋味」，然而，這樣的食譜內容並非一般人按圖索驥可以獲致，還必須具備一定知識背景的教養，始能營造對應的品「味」氣氛，無形中，也劃分出一條文化界限，將文人文化與富貴豪奢、猥人俗輩之流區別開，如《湯品》中的「壓一湯」與「纏口湯」：

◎貴欠金銀，賤惡銅鐵，則甆瓶有足取焉，幽士逸夫品色尤宜，豈不爲瓶中之壓一乎？然勿與誇珍衒豪臭公子道。

〔註135〕詳見〔宋〕林洪：《山家清供》，上卷，收於〔明〕周履靖編：《夷門廣牘》，頁 450 上、453 上。

◎<u>猥人俗輩</u>，煉水之器，豈暇深擇？銅鐵鉛錫，取熱而已。夫是湯
也，腥苦且澀，飲之逾時，惡氣纏口而不得去。〔註136〕

文中直言「幽士逸人品色尤宜」、「勿與誇珍衒豪臭公子道」、「猥人俗輩豈暇
深擇」，顯然，這份飲茶食單的預期讀者恐怕不是豪奢富家、俗輩雜流，它好
比是一訊息收發的平臺，傳遞著標榜幽士逸夫的價值觀，之後隨著作品與人、
人與人、作品與作品的交錯串組，形成某種特定的認知網絡。

甚至，循著這樣的認知網絡組織起某些「社」「會」，將這種感官品味轉
化爲一種自我標榜、自我認同的機制。其中，最爲著名者，大概要屬〔明〕
張岱主持的品蟹之會：

一到十月，余與友人兄弟輩立蟹會，期於午後至，煮蟹食之，人六
雙，恐冷腥，迭番煮之。從以肥辣鴨、牛乳酪，醉蚶如琥珀，以鴨
汁煮白菜如玉版……飲以玉壺冰，蔬以兵坑尹，飯以新餘杭白，漱
以蘭雪茶。〔註137〕

又，南京的復社：

崇禎乙卯，金陵解試，先生次尾舉國門產業之社，大略揭中人也。
崑山張爾公、歸德侯朝宗、宛上梅朗三、蕪湖沈昆銅、如皋冒辟疆
及余數人，無日不連輿接席，酒酣耳熱，多咀嚼大成，以爲笑樂。

〔註138〕

或者是〔明〕馮時可所記「酒食徵招，刻燭分韻，流連光景」〔註139〕的文人
酒食飲聚等，無一不是透過宴飲集結的社群以品嚐美味，並進而以「食」會
友，在彼此往來應酬之際，建構一套以「飲食」爲核心的風雅品味，使投入
其中之個人皆能據此以肯定、確定、捍衛、尋獲自己的社會定位。〔註140〕

〔註136〕詳見〔唐〕蘇廙：《湯品》，收於〔明〕周履靖編：《夷門廣牘》，頁560上。
〔註137〕詳見〔明〕張岱：《琅嬛文集》，卷一〈老饕集序〉，頁25。
〔註138〕詳見〔明〕黃宗羲：《南雷文約》，卷一，收於《四庫全書存目叢刊》（台南：莊嚴文化事業有限公司，1997年），集部，第二○五冊，頁332上。
〔註139〕詳見〔明〕馮時可：《雨航雜錄》，收於《文淵閣四庫全書》（臺北：台灣商務印書館，1983年），第八六七冊，下卷，頁340上。
〔註140〕與此較爲相關的議題討論中，學者王鴻泰進年來針對「文人文化」所作的系列研究，頗具參考價值，舉其要者，如：〈閒情雅致——明清間文人的生活經營與品賞文化〉，《故宮學術季刊》，卷二十二，第一期（2004年9月），頁69～97；〈明代文人社群之凝結與文藝社會的發展〉，《文學傳播與接受國際學術研討會論文》（花蓮：2006年3月24～25日，東華大學）。

二、靜慮澄心的精神調攝

毛文芳在探討晚明閒賞風格時，曾表示：「高濂對『閒』的定義與作用均指向養生，其實在高濂的尊生架構中，尊生與美學相互融爲一體，簡單地說，養性、悅心、怡生、安壽，均要透過審美的人生始能達成。」〔註141〕對此，我們也可以反過來說，遵生與審美經驗的融合，取決於精神心緒是否足以達情適志，而其內涵則在情志的調攝存想，進而透過「習靜」調整個人生命境界，如〔明〕周履靖即言：「靜慮忘諸趣，澄心得晏如。」〔註142〕此外，〔明〕陸樹聲〈耄餘雜識敘〉云：「客有授余養生術者，謂宜屏絕思慮，一意收攝，以惜餘陰。」〔註143〕並在《清暑筆談》中提到：

> 暑中嘗默坐，澄心閉目作水觀，久之，覺肌膚灑灑，幾格間似有爽
> 氣。須臾觸事，前境頓失，故知一切境惟心造，眞不妄語。〔註144〕

講求的便是「靜慮澄心」的遵生方式。

（一）精神心性的陶護

遵生的實踐，除了要有具體的形骸保健、飲食調理之外，精神心性的陶悅亦是其中重要的課題。如〔明〕陳確云：「養身之外，更無道矣。養心之外，更無養身之道矣。藥物調理之外，敬進師言，以助靜攝。」〔註145〕〔明〕謝肇淛云：「高壽之人多能養精神，不妄用之，其心澹然，無所營求，故能培壽命之源。」〔註146〕而〔明〕周履靖亦如此表示：

> 身貧志不貧，心閒身足貴。達人暢高懷，志士養浩氣。花下傾壺觴，
> 豈惜千金費。一念萌貪饕，欲火斯騰沸。昆魚潛深淵，冥鴻遠羅蔚。
> 寄語養生人，淡泊有眞味。〔註147〕

如果形體是寄藏生命的器具，那麼，精神就是生命的根本，總括著人的心理、

〔註141〕詳見毛文芳：《晚明閒賞美學》，頁41。

〔註142〕詳見〔明〕周履靖：《閒雲稿》，卷三，收於氏編：《夷門廣牘》，頁1138下。

〔註143〕詳見〔明〕陸樹聲：《耄餘雜識》，收於嚴一萍選輯：《百部叢書集成》（台北：藝文印書館，1966年）之十八，第四函，《寶顏堂秘笈》，頁1右。

〔註144〕詳見〔明〕陸樹聲：《清暑筆談》，收於嚴一萍選輯：《百部叢書集成》（台北：藝文印書館，1966年）之十八，第四函，《寶顏堂秘笈》，頁4左。

〔註145〕詳見〔明〕陳確：《陳確集》（北京：中華書局，1979年），卷四〈與吳裒仲書〉，頁146。

〔註146〕詳見〔明〕謝肇淛：《五雜組》，卷五，人部一，頁3535。

〔註147〕詳見〔明〕周履靖：《野人清嘯》，上卷，收於氏編：《夷門廣牘》，頁1154下。

情感、思維與行動，然而，「形本生精，精生於神」〔註148〕，唯有不使代表生命內核的「精神」耗損枯竭，才能眞正同天地化育長生。因此，善養生者不僅是呵養形而下的腑臟氣血，更要時時內求形而上的心靈安頓，在一系列「靜神養氣」、「養精神」、「心閒」、「養浩氣」的調攝過程中，達到修身養性的終極價值。

〔唐〕孫思邈的〈衛生歌〉便這樣唱到：

> 欲求長生先戒性，火不出兮神自定。……人能戒性還延命。貪慾無
> 窮亡卻精，用心不已失元神。勞形散盡中和氣，更使何能保此身？
> 心若太費費則竭，形若太勞勞則怯，神若太傷傷則虛，氣若太損損
> 則絕。世人欲識衛生道，喜樂有常嗔怒少，心誠意正思慮除，順理
> 修身去煩惱。〔註149〕

文中指出，長生之道以心性的調和最爲首要，唯有心性通和，才能保得元神不失以安身；人的心性活動，在中國傳統醫學觀念裡，將它統稱爲「情志」，是人在接觸、認識客觀事物時，身體本能的綜合反映，其中又可分爲「七情」與「五志」，七情者，曰「喜、怒、憂、思、悲、恐、驚」，五志者，曰「肝在志爲怒、心在志爲喜、脾在志爲思、肺在志爲憂、腎在志爲恐」〔註150〕；據此可知，不同情緒聯結著相應的臟器，如怒由肝生，因此過度盛怒容易傷肝，憂由肺生，因此過度憂愁容易傷肺，而精神的養護，其旨即在緩和「情」「志」變化帶來的人體傷害。

文中並進一步地歸結出精神養護之總綱，即：「喜樂有常嗔怒少，心誠意正思慮除，順理修身去煩惱。」

所謂的「喜樂有常嗔怒少」，意味著常保心性怡悅、減少嗔怒激情；人是有感情的動物，在生活中與人、事、物接觸的過程中，不免會有喜樂、悲傷、憂愁、煩惱等情緒，在合理健康的生理限度內，情緒的表達可以是一種身心發洩的管道，其中又以喜樂和悅的心境最爲正面，對吾人生活的一切行事作爲，具有導向奮發昂揚、熱誠進取的積極能量，並呼應了老君「七禁」所言：「莫嗔怒，養神氣」〔註151〕；唯凡事皆須保持自我情緒的穩定，以適中爲宜，否則，過度的興奮或盛怒，往往帶來的是身心的傷害，如《儒林外史》中的

〔註148〕詳見〔梁〕陶弘景：《養性延命錄》，上卷〈教誡篇〉，頁300下。
〔註149〕詳見〔明〕周履靖編：《唐宋衛生歌》，收於氏編：《夷門廣牘》，頁282下。
〔註150〕七情與五志之說，主要是根據鄭金生：《中國古代的養生》，頁31～32。
〔註151〕詳見〔明〕周履靖編：《益靈單》，收於氏編：《夷門廣牘》，頁287下。

范進，即因狂喜傷「心」以致失常。而「心誠意正思慮除」者，強調一種「少思寡慮」的修煉進程，〔唐〕孫思邈《備急千金要方》云：

> 攝生者，常少思、少念、少欲、少事、少語、少笑、少愁、少樂、少喜、少怒、少好、少惡，此十二少者，養性之都契也。〔註152〕

其中的「思」、「念」、「欲」三端，正是遵生家們極欲削弱泯除者，因爲心知執取外象（各種耳目感官經驗），構成各種是非、認知並混淆著「我」的思慮，最後，「我」又被心知困住自己，導致精神懈怠、意志散亂、才智損傷；唯由耳而心、由心而神地層層消解外加的心知束縛，自耳目感官的種種執著中超越而出，以虛靜澹然對待萬物，才能使心性回歸本然，達到養生的意義〔註153〕。另外，「順理修身去煩惱」則在提醒吾人，憂愁乃養生之大忌，所謂「多愁則傷心，多憂則志昏」〔註154〕或是「多愁則心懾」〔註155〕，心中鬱悶不除，疾病就會趁虛而入，是一種不良的心理狀態，根據中醫的「五志」說法，憂愁主傷肺，容易引起肺癆、呼吸疾病等，而現今醫學更指出了長期處於憂悶情緒者，容易患有咳喘、噎逆、嘔吐、食呆、失眠、便秘、癲癇等病，甚至誘發癌症或其他疑難重症；無論如何，鹹揭示了憂愁傷身的概念。

情志精神的調攝關係到人體內環境的穩定，較之形體，所牽涉的康壽安樂更加重要，如《貞白書》所言：「修性以保神，安心以全身」〔註156〕，故每每受到遵生家的重視：

> 【十二事】
>
> 不求（無諂無曲）、不執（可圓可方）、常默（元氣不散）、少思（慧燭內光）、不怒（神思安暢）、不惱（心地清涼）、不貪（便是富貴）、

〔註152〕詳見〔唐〕孫思邈：《備急千金要方》，卷二十七〈養性〉篇，「道林養性第二」條，頁515。

〔註153〕此即老君「七禁」所言：「少思慮，養心氣。」詳見〔明〕周履靖編：《益齡單》，收於氏編：《夷門廣牘》，頁287下。同時，這也頗類似於莊子所謂「心齋」的修養功夫，曰：「若一志，無聽之以耳，而聽之以心；無聽之以心，而聽之以氣。耳止於聽，心止於符，氣也者，虛而待物者也。唯道集虛，虛者心齋也。」詳見〔清〕郭慶藩：《莊子集釋》，收於《續修四庫全書》，第九五七冊，卷二中，頁595上。

〔註154〕詳見〔明〕周履靖編：《益齡單》，收於氏編：《夷門廣牘》，頁287下。

〔註155〕詳見〔唐〕孫思邈：《備急千金要方》，卷二十七〈養性〉篇，「道林養性第二」條，頁515。

〔註156〕詳見〔明〕高濂：《遵生八箋》，收於《文淵閣四庫全書》，第八七一冊，卷一〈清修妙論箋〉，頁337下。

不動（何懼公法）、味絕（靈泉自降）、志定（真息自調）、魂自死（方
得神活）、魄散滅（方得榮昌）。〔註157〕

又或者：

【十五傷】

喜樂過度、憤怒不息、深憂大懼……哀哭太甚……汲汲所愁、慽慽
所惡。〔註158〕

在在都提醒著人們，唯有保持情志精神的泰合安定，才能獲得身心的合諧。

（二）習靜──生命的美感經驗

《天隱子》的「存想章」云：

存謂存我之神，想謂想我之身；閉目即見自己之目，收心即見自己
之心。心與目皆不離我身、不傷我神，則存想之漸也。凡人目終日
視他人，故心亦逐外走；終日接他事，故目亦逐外瞻。營營浮光未
嘗復照，奈何不病且夭邪？是以歸根曰靜。〔註159〕

存神養心的目的在於想「我」之身、見「我」之心，是一種透過「習靜」以
求內省自我的修養工夫。〔註160〕

關於明代文人習靜生活的開展，約有兩種途徑：一是「靜坐觀心」，一是
「習隱養靜」〔註161〕；前者講求滌慮澄源、虛明順應，在靜中煉養元神、體
會真味，包括前文所論之中國傳統養生學中的情志調攝，或者理學家、方外
佛道之閉關靜守皆然，如〔明〕王陽明談到為學功夫時，即言：「教人為學，
不可執一偏。初學時心猿意馬，拴縛不定，其所思慮多是人欲一邊，故且教
之靜坐、息思慮。」〔註162〕後者則大抵是要透過息交掩關、絕跡城市的方式

〔註157〕詳見〔明〕周履靖編：《益靈單》，收於氏編：《夷門廣牘》，頁288上。

〔註158〕詳見同上註，頁288上。

〔註159〕詳見〔唐〕司馬承禎：《天隱子》，收於〔明〕周履靖編：《夷門廣牘》，頁214
上。

〔註160〕同樣地，《逍遙子導引訣》亦言：「大還之道，聖道也，無心者常清常靜也，
人能清靜，天地悉皆歸，何聖道之不可傳、大還之不可得哉？清靜經已盡言
之矣，脩真之士軀而行之，欲造夫清真靈妙之境，若反掌爾。」詳見逍遙子：
《逍遙子導引訣》，收於〔明〕周履靖編：《夷門廣牘》，頁282上。

〔註161〕詳見吳智和：〈明人習靜休閒生活〉，《華岡文科學報》第二十五期（2002年3
月），頁190。此外，亦可參考周志文：〈明儒中的主動派與主靜派〉一文，
收於氏著：《晚明學術與知識份子論叢》（臺北：大安出版社，1999年），頁1
～52。

〔註162〕詳見〔明〕王守仁：《王陽明全集》（上海：上海古籍出版社，1992年），卷

表達「靜」之意義，如〔明〕周履靖在其〈郊墅雜興四首〉其一云：

十里湖光好，群鷗傍沙渚。青門瓜五色，玄圃樹三花。豹隱南山霧，
星懸處士家。村居聊習靜，久矣謝紛華。〔註163〕

意味了要在雲鳥青山的世外幽林下，掃落塵氛以現「靜」境，使心靈獲得調
適舒緩。對此，可藉〔明〕安世鳳《燕居功課》裡的一段文字搭配理解：

反閉柴門，優遊水際，於林木空曠、天光未沬處，倚仗而立，頻仰
左右，色色親人。及萬籟俱寂，昏昏默默，兀如枯木朽株，身心不
動。回視一日敲塵，不啻痛定痛平，立地似登仙位。〔註164〕

二文互為參驗即可知：相對於「動」擾紛紛的紅塵俗世，靜屬於林木空曠、
天光未沬、萬籟俱寂的山水清音，其要義乃是欲藉由外在環境的闃寂，反證
心之「清」、「虛」、「默」，「兀如枯木朽株，身心不動」，在山川俯仰、光景幽
然中，「痛定痛平，立地似登仙位」，障除心性的瘡痍以歸清靜喜樂，因此，
這種習靜的生活內涵往往是帶有「慕隱」的心態〔註165〕。然而，受到「三教
合一」思想的影響，諸般心性的修煉步驟又似可互為參用，「習禪則染禪，習
靜則染靜，習教則染教」〔註166〕，於是，文人習靜生活的開展也就愈顯紛繁
錯綜，時而可以閉戶守默，靜平暇之躁氣〔註167〕，時而可以捻珠念禪使心定
靜，在方寸間具現蓮界、蒲團上盡作大地〔註168〕，甚至赴溪山泉壑，坐眺山
水以悟「靜」之眞義。

由此看來，習靜的本質並非意味生命個體的停息、止動，而是一種生命

一〈語錄一〉，頁16。

〔註163〕詳見〔明〕周履靖：《閒雲稿》，卷二，收於氏編：《夷門廣牘》，頁1127下。

〔註164〕詳見〔明〕安世鳳：《燕居功課》，收於《四庫全書存目叢書》（台南：莊嚴文
化事業有限公司，1997年），卷二十三〈虛靜・倚仗〉，頁4下。

〔註165〕如「心澄忘俗慮，山靜絕紅塵。薇蕨堪充腹，柴關可隱身。五禽能卻病，八
句欲通神。試問何為者？逃名落魄人。」詳見〔明〕周履靖：《野人清嘯》，
上卷，收於氏編：《夷門廣牘》，頁1158上～下。

〔註166〕詳見〔清〕錢謙益：《牧齋有學集》（上海：上海古籍出版社，1996年），卷
三十九〈與王煙客書〉，頁1358。

〔註167〕如〔明〕尚書陳洽「閒居沉默，終日危坐，人莫窺其底蘊。」詳見〔清〕徐
開仕：《明名臣言行錄》（上海：上海古籍出版社，1995年），史部，第五二
○冊，卷十八〈尚書陳節愍公洽〉，頁585上。

〔註168〕〔清〕彭際清所編的《居士傳》裡便有相當多例證，另外，文士雜染佛教的
生活文化亦可參閱（加）卜正民（Timothy Brook）著，張華譯：《為權力祈
禱──佛教與晚明中國士紳社會的形成》（南京：江蘇人民出版社，2005
年）。

價值的體悟，契求能夠收攝心靈以眞誠地面對自我，由「我」做主，游離出固定生活模式、固定交遊對象的胡同，並演繹爲「閒」情「賞」心的生活智慧，使得本屬情志養生的「習靜」活動，又兼具有一種美感的生活經驗。對此，〔明〕周履靖的清言小品《野人清嘯》中就有不少相關例證：

> ◎楓葉飄林麓，秋來興不孤。涼風來綠牖，明月上蒼梧。滿戶雲霞
> 繞，深林鳥鵲呼。煩心靜止水，詩骨鶴同癯。

> ◎樂志憑詩酒，看山豁俗襟。聽禽啼古木，與鹿臥長林。脩竹搖清
> 影，幽泉瀉遠音。余心甘寂寞，靜裡看浮沉。

> ◎閒中幽思愜，靜裡好懷生。翫月花篩影，鳴琴鳥和聲。軀同玄鶴
> 瘦，心共太虛清。獨踞胡牀寂，靈臺耿耿明。

> ◎山家滋味閒中得，世上機關靜裡知。萬物到頭皆是幻，不如花下
> 倒清卮。〔註169〕

所謂的「閒中幽思愜，靜裡好懷生」、「山家滋味閒中得，世上機關靜裡知」，周旋於紅塵人事的紛紜擾攘，不免徒然損人生息，毋如就從俗世的利害羈苦中退卻下來，秉持一顆閒靜、閒賞的心思，盡覽清風明月、雲霞嵐靄、幽花啼鳥、松韻泉聲等山川美景，云「萬物到頭皆是幻」，天下間的萬事萬物，不過是因緣和合時的一剎那具現，到頭來，終將化爲廣宇長宙間的邯鄲幻夢，「翫月花篩影，鳴琴鳥和聲」、「不如花下倒清卮」，人應把握當下美景，及時行樂。如此一來，原屬客觀存在的自然景觀，轉而成了映照自我當下存在的主觀意義，此亦即李正治所謂「以藝術創造本源的生命爲其抉發核心，透過生命轉化而還其眞實自由境界」的生命之美〔註170〕，如：

> ◎堤柳隨風颺，池魚噴水漚。閒花開綠□，瑤艸長丹丘。松檜叢青
> 靄，岩泉瀉碧流。衡門常寂寂，緘默即玄修。〔註171〕

> ◎靜睹塵中萬事紛，栖遲常與鶴爲群。半生事業爲山水，一片閒心
> 伴白雲。

> ◎閒與群鷗沙上狎，笑看人世爲誰忙。何如靜踞長松下，時聽黃鸝

〔註169〕詳見〔明〕周履靖：《野人清嘯》，上卷，收於氏編：《夷門廣牘》，頁 1157
上、1157 下、1158 下、1167 上。

〔註170〕詳見李正治：〈開出「生命美學」的領域〉，《國文天地》第九卷第九期（1994
年 2 月），頁 5。

〔註171〕詳見〔明〕周履靖：《野人清嘯》，上卷，收於氏編：《夷門廣牘》，頁 1158
上。

舌鼓簧。〔註 172〕

鷗鶴雲松本來也都只是山川大地裡尋常的一景一物，詩人卻以山中之「閒」、「靜」，對比於塵世之「紛」、「忙」，提醒著人們當該勘破功名利祿的營苟，叩問生命中不含目的性的核心價值，不但要在曲澗泉清、雲淨鳥啼的浸淫中消弭人的塵心俗氣，更欲透過天地自然的美感經驗以悟生命存在的位序，所謂「半生事業為山水，一片閒心伴白雲」、「閒與群鷗沙上狎，笑看人世為誰忙」等，都具有這層體會。〔註 173〕

不過，以「習靜」作為個人生命的體悟，仍必須落在真實工夫的配合始有實踐意義，當事者若能真誠地面對自我、切實地體會天道之機心，自然可以改變個人生命之境界，然若乏此工夫，那麼，「心澄遣俗慮」、「得興優游對月吟」云云，也就僅是淪為播弄口舌、玩弄光景或徒然展現一種姿態的窠臼了。〔註 174〕

第五節　結　語

「遵生」是明代文人普遍關心的課題之一，相關著作比比皆可見，諸如《竹嶼山房雜部》、《水雲錄》、《遵生八箋》……等等，綜覽其內容則可知，明人所謂「遵生」其實是一個涵涉起居坐臥、食息交遊的龐大觀念，生活中無處不可與遵生相聯繫。然而，為理解《夷門廣牘》的安排脈絡，本文將「遵生」設定在與身體養護較具密切關係的「飲膳烹調」與「保真守元」兩方面，探討其中的意義，同時，這也與〔明〕周履靖編輯初衷較為服膺。

經由以上的討論後，筆者釐清了《夷門廣牘》內的「遵生」意義，大體涵蓋有「實用」與「審美」兩重意義：

首先是遵生的實用意涵，在飲食活動方面，除了細列各種茶酒料理的調製內容及其「色、味、形」的風采之外，並在實際烹調過程的說明中，呼應了「均衡的飲食結構」、「四時的飲食取向」、「以食為藥」及其他相關的養生

〔註 172〕詳見同上註，頁 1168 上。

〔註 173〕關於這種「借境調心」的分析觀點，主要得自曹淑娟：〈晚明清言對人與宇宙關係之省思〉，《中華學苑》第四十八期（1996 年 7 月），頁 31～32。

〔註 174〕其中以李贄、薛岡及四庫館臣的批評尤烈，相關討論可參考曹淑娟：《晚明性靈小品研究》（台北：文津出版社，1988 年），頁 135～140；陳萬益：《晚明小品與明季文人生活》（台北：大安出版社，1997 年），頁 37～83。

觀念；在攝生活動方面，則是滌除各種中國養生起源、發展過程、理論思想、結構脈絡……等，全然就其具體的攝生形養方式一一標舉，如調息行氣、導引仿生、醫藥應用及其他日常生活保養。繼而，將遵生的意涵推向審美範疇，強調的是運用獨具美感的眼光體驗使「心」境轉化，如此，不但建構了一套以「飲食」爲核心的風雅品味，在靜慮澄心的情志調攝中，不覺然地調整了個人的生命境界。

由是可知，《夷門廣牘》的遵生意涵涉及「身」、「心」兩種層面，既爲實體身軀的養護作了全盤考慮，也爲精神的悅養創造了豐富的心靈空間。

第三章　游藝：娛樂助興的風雅活動

第一節　前　言

　　「游藝」一詞最早大抵出現在〔春秋〕孔子所提出的：「志於道，據於德，依於仁，游於藝。」(《論語・述而》)其中的「藝」，後代諸家註解多作「射、御、禮、樂、書、術」六種修身的藝能解釋，其中，「禮」是一切社會、政治、宗教等秩序的基礎，「樂」主要是作爲祭祀之用，藉以強調天地人之間的和諧精神，「射」與「御」，一爲射箭之術，一爲馴駕之術，兩者洵是企圖通過身體的鍛鍊以傳達領導統御之旨，而「書」與「數」則多是指六書識字或計量丈測之術。總體觀之，頗能呈現出古代士大夫的教育方式，因此，也有學者直指「六藝」即爲培養貴族與國家社會領導人才應具備的本領，通過六藝的教育，能夠養成領導者的氣局與風度，故所謂「游於藝」實貫徹於上順乎天、下應乎人的做人處事以及安邦定國之道〔註1〕。唯自宋代以後，所謂的「游於藝」固然仍延續傳統道德與人格養成精神，然而其中的養成內涵逐漸趨向道藝化，一方面指爲各種「詩文辭賦」或「琴棋書畫」之總稱，試圖藉由「藝」的涵泳游賞，反身在不同的時空感知中，探求個人自我內在的安身立命以及面對外在環境的因應策略，換言之，「游藝」可謂是一種自我實現的過程，「所重者在如何突破物質之身的拘限，經由身體的感知、心智的記憶與想像，而

〔註1〕詳見吳展良：〈歷史上的兩種游於藝〉，收於《中國文哲研究通訊》第十六卷第四期（2006年12月），頁191～192。其他相關討論頗多，此處不再一一細舉。

能心游神往，期使自身超越時間與空間的限制，達到一種自得、自樂而具有審美意趣的精神世界。」〔註2〕另一方面，「游藝」亦泛指是各種娛樂消遣活動，其中包括有各種百戲雜藝或體育競技等，就其內涵而言，屬於人們娛懷遣興、玩物適情的一種精神文化活動，然就其內容而言，所涉及者卻至為繁賾，據楊蔭深的研究，約可分為三種：一為「雜技」，指稱各種特殊技藝的展演，包括有禽獸鬥戲、蹴踘競技、角抵相撲、魚龍蔓延、上竿走索、幻術、雜手藝……等等；一為「博戲」，即六博諸戲，是一種擲箸行棋角勝的機率遊戲，包括有馬弔牌、彈子、骰子彩選、樗蒲五木……等等；另一則是「弈棋」，專指棋盤遊戲，名目變化不似雜技紛繁瑣細，如圍棋、彈棋、簸子、象戲、夾食等〔註3〕；而崔樂泉則將中國游藝活動分為「歌舞百戲」、「技藝競技」、「益智賽巧」、「休閒雅趣」、「童趣嬉戲」、「民俗游藝」等六類，並指出中國的游藝文化本具有閒暇、嬉戲之意，其最大特徵即在「娛樂性」、「規則性」與「文化性」。〔註4〕

　　無論如何，自宋以後，豐富多樣的娛樂游藝活動，除了詩文辭賦、琴棋書畫或者投壺、詩牌酒令之外，其餘原多流行於庶民百工之中，然自明中葉以後，隨著城市生活日趨繁華、朝廷禁令鬆弛，這些遊戲玩娛的風氣逐漸擴及宮廷、文人生活裡，並蔚為一時潮流。如：

　　◎鬥葉子之戲，吾嵐城上至大夫，下至童賢皆能之。予游昆庠八年，
　　　獨不解此，人以拙嗤之。〔註5〕

　　◎餘姚士夫與朋友皆言謝木齋致仕還家，每日與諸女孫鬥葉子以消
　　　日，常買青州大柿餅、宣州好栗，戲賭以為樂，不問外事。〔註6〕

由文士大夫乃至鄉賢子姪，無一不以戲賭為樂，甚至視為一種風流閒適之舉，顯然，在明代文人的游藝內涵當中，大抵兼具了「百戲玩娛」以及「翰墨文藝」等活動，並且佔有重要的生活位序。

〔註2〕詳見劉苑如：〈導言：從游的多重面向看中國文人生活中的道與藝〉，收於《中國文哲研究通訊》第十六卷第四期（2006年12月），頁183～184。

〔註3〕詳見楊蔭深：《中國古代游藝活動》（台北：國文天地雜誌社，1989年），頁3～10。

〔註4〕詳見崔樂泉：《忘憂清樂——古代游藝文化》（南京：江蘇古籍出版社，2002年），頁1～2。下引此書皆同此一版本，不另出詳註。

〔註5〕詳見〔明〕陸容：《菽園雜記》（北京：中華書局，1997年），卷十四，頁173。

〔註6〕詳見〔明〕何良俊：《四友齋叢說》（北京：中華書局，1997年），卷八，史四，頁69。下引此書皆同此一版本，不另出詳註。

職是，本章以「游藝」為主題，旨在分析〔明〕周履靖在《夷門廣牘》內所安排之趣味消閒、娛樂助興的活動類型與內涵。以下，主要依該叢書所蒐錄之相關文獻進行分類討論，尤其是「娛志牘」與「藝苑牘」內的作品，藉此呈現其中所規劃之游藝內容，同時，筆者亦嘗試思考文人如何在諸此游藝活動中突顯其生活價值。

第二節　各種玩娛活動

一、百戲雜藝：以「鬥蟋蟀」為例

蟋蟀鬥戲又可稱為「鬥促織」、「鬥蛐蛐」或「秋興」，是藉由兩隻蟋蟀互鬥爭勝以取樂的遊戲，大體始於唐代天寶年間，然開始興盛則要屬南宋相臣賈似道的提倡推行以後，尤其，在元軍攻境、宋兵節節敗退的風雲之際，仍不時地相邀三五妻妾鬥賽取樂，因而屢遭史家批之「驕奢淫逸」、「權謀誤國」，然所編著之《促織經》卻是目前所見、關於蟋蟀引鬥飼育最為詳盡的書籍，發展至明代，風氣愈趨熾熱，《促織譜》、《促織志》等誌記、譜錄文獻相繼出爐，蟋蟀瞬時成了當時人人懷中的重要新寵，〔明〕陸粲即云：「吳俗喜鬥蟋蟀，多以決賭財物。予里人張廷芳者好此戲，為之輒敗，至鬻家具以償焉。歲歲復然，遂蕩其產。」〔註7〕另外，〔明〕沈德符也說道：

> 聞鬥牛最為奇觀，然未之見。最微為蟋蟀，然貫秋壑所著《經》最為纖細詳核，其嗜欲情態，與人無異。……我朝宣宗最嫻此戲，曾密詔蘇州知府況鍾進千個，一時語云：「促織瞿瞿叫，宣德皇帝要。」此語至今猶傳。蘇州衛中武弁，聞尚有以捕蟋蟀比首虜功得世職者。〔註8〕

本來，鬥戲僅是一種禽獸蟲魚互相爭鬥的餘興表演節目，唯在受到民眾歡迎喜愛之後，為了增加遊戲性、娛樂性、趣味性，故「多以決賭財物」，每賭勝負往往高達數百金，據陸、沈二氏的觀察，明代上至帝王，下至鄉里鄙人，無論男女老幼皆好引鬥以為樂事，甚至「有以捕蟋蟀比首虜功得世職者」，由

〔註7〕詳見〔明〕陸粲：《庚巳編》（北京：中華書局，1997年），卷四，「玄壇黑虎」，頁49。

〔註8〕詳見〔明〕沈德符：《萬曆野獲編》（北京：中華書局，1997年），卷二十四，技藝，頁625。下引此書皆同此一版本，不另出詳註。

見此風氣之盛行，然負輸者不免也要傾蕩其產、家破人亡，可謂是賈似道之流毒。

蟋蟀爭鬥雖只是幾瞬間的競技娛樂，但從捉養、收買、審視、餵養⋯⋯等，其實所涵括的則是一套繁複的飼育步驟，〈促織歌〉如是唱道：

> 新蟲調理要相當，殘暑盆窩須近涼，漸到秋深畏風冷，不宜頻浴恐防傷。養時盆罐須寬闊，下食依時要審詳。水食調勻蚤必旺，看時切莫對陽光。水食並盡方堪鬥，不可傷飢患飽忙。盆內土須蚯蚓糞，相宜蓋爲按陰陽。如此宿蟲無垢色，仍將宿水換新漿。⋯⋯酒後切忌將來看，壯氣沖傷走跳狂。誤放橘橙克食物，食之蟲腹反爲殃。安頓必須清靜處，油烟重熏不剛強。⋯⋯看取調養依斯譜，蟲體無傷齒更剛。堪憐一種清幽物，歲歲三秋聲韻長。〔註9〕

爲了要使蟋蟀維持著身強齒剛的最佳作戰狀態，無論是盆窩位置的安頓、盆窩內部環境的設計、水食的調理、觀看的注意事項⋯⋯等等，皆有精密講究，宛如個人寵物飼養一般，例如初秋懼熱，盆窩要涼，天寒之時則怕冷，盆中可圍置木屑以保持溫暖、乾燥；蚤蟲性喜陰暗，鬥盆切勿多照陽光以傷蟲性；鬥後下盆，可以浮萍草搗爛攪汁浴之，可治蟲身熱或強健四肢雙翅；餵養須有時序，否則容易破壞蚤蟲生理機能。此外，更有透過蟋蟀之形、色、相以辨其優劣條件者，以下由《促織經》中各取二例，表列呈現：

表六：《促織經》中的形色相之辨

類別	項　目	評　　析　　內　　容
形	論玉蜂形	尖翅名呼是玉蜂，千中難遇實難逢。如君遇著須不避，不比尋常是毒蟲。
	論螳螂形	首短身長何足用？羽翅好是航船艟。若還六足盡尖長，此是螳螂最堪用。
色	論眞黃色	翅金肉白頂紅麻，項糝毛青腿少瑕。更有一雙牙似墨，這般相貌最爲佳。
	論紫青色	紫頭青項背如龜，青不青兮紫不緋。仔細看來茄子色，更兼腿大最爲奇。
相	油紙燈	頭圓腿壯遍身黃，翅滑如油肉帶蒼。牙鉗一對如紅色，此物蟲中是霸王。
	錦蓑衣	翅寬翅急最爲低，識者當場便敢欺。生得兩邊如鳥翅，名傳天下錦蓑衣。

〔註9〕詳見〔宋〕賈似道：《促織經》，收於〔明〕周履靖編：《夷門廣牘》（北京：書目文獻出版社，1990年），頁799下～800上。下引此書皆同此一版本，不另出詳註。

　　凡此辨析的內容，一方面既體現出人們對於蟋蟀飼育、鬥樂的發展程度，已達極為精細之境，無論是產、補、鬥等，各成專業，甚至有人工繁殖或專為蟋蟀設計之盆罐、裝飾品者〔註10〕；另一方面，從蟋蟀的捕捉、辨別乃至養育，固然是為了瞬間爭鬥時的娛性取樂，但照料過程所需付出之心力亦不可謂小，實則與一般寵物飼養並無太大差異。

二、益智賽巧：博弈

　　益智賽巧類的遊藝，主要泛指「博戲」與「棋戲」兩種，《論語》載道：「子曰：飽食終日，無所用心，難矣哉。不有博弈者乎？為之猶賢乎矣。」〔註11〕此後，二者多合稱「博弈」，泛指各種棋牌鬥智、六博擲骰的遊戲，具有悠久的發展歷史，是古代傳統游藝活動最為大宗者。

（一）博　戲

　　《夷門廣牘》收錄之博戲書籍有兩種，分別為：《打馬圖譜》與《五木經》。前者是〔宋〕李清照在前人基礎上，重新設計的一種擲骰行馬遊戲，據〔明〕周履靖在該書末的補充說明：

> 《打馬圖》始自易安，號稱雅戲。……茲以游息餘閒，特加參訂凡則例，起自易安見於欣賞者，疏其牴牾，補其略闕，付之剞劂，藏之齋頭，爰集友朋以代樗奕，聞我逸志，耗彼雄心，固匪徒為之猶賢，抑□獨詔諸好事者已也。〔註12〕

此外，〔明〕謝肇淛亦談到：

> 李易安打馬之戲與握槊略相似……此戲較諸藝為雅，有賦文亦甚佳，但聚而費錢稍多耳。江兆人無知之者，余在東郡，一司農合肥人也，懇余為授之，甚喜。〔註13〕

〔註10〕如〔明〕李詡觀察到的：「宣德時蘇州造促織盆，出陵墓、鄒莫二家。曾見雕鏤人物，妝采極工巧。又有大秀、小秀所造者尤妙，鄒家二女名也，久藏蘇州庫中。正德時發出變易，家君親見。」詳見氏著：《戒庵老人漫筆》（北京：中華書局，1997年），頁9～10。

〔註11〕詳見《論語注疏》，收於周何編：《十三經注疏分段標點》（台北：新文豐出版社，2001年），第十九冊，卷十七〈陽貨〉，頁401下。

〔註12〕詳見〔宋〕李易安：《打馬圖譜》，收於〔明〕周履靖編：《夷門廣牘》，頁658下。

〔註13〕詳見〔明〕謝肇淛：《五雜俎》，收於《筆記小說大觀》，第八編，卷六，「人部二」，頁3645～3646。

由此可知，「打馬」本是古代一種按骰行步的趣味遊戲，宋代以後，鑑於原始遊戲說明過於簡要而漸無人習，〔宋〕李清照特意整理相關文獻並增添不少文采，詳盡地彌補「打馬」規制，才使之稍能傳後，相較於其他諸種博戲，「實博弈之上流，閨房之雅趣」〔註14〕，頗適合文人遊戲，因此也稱之為「才子性游藝」。

整個「打馬」過程，共分兩部份，遊戲者須先丟擲三顆骰子，依色決定賞罰以及遊戲特權，再各依點數分配棋子（即「馬」）前行進度，目標是由本位的「赤岸驛」移向「尚乘局」；棋上每八步設一「窩」，入「窩」後，任何一方馬陣皆不可將其打落，其餘位置則視各方馬數決定，當後馬追上敵方前馬並處於同一位置時，「遇別人真本采不得打，遇別人多馬不許打，其餘遇少馬或馬數相同者俱打去」〔註15〕，換言之，遊戲採以多擊少或相同馬數者，被打下的一方須等到全部己方馬數重新上場才可繼續遊戲，此外，進入函谷關後，馬少者不允許超越馬多的一方，因此，遊戲過程多要求疊馬同行以增加前進機會，直到己方二十枚馬棋皆入於「尚乘局」，遊戲才算結束。全套遊戲過程的執行，不但規則複雜、步調緩慢，操作方式也極為繁攏，通盤行使完畢往往已消磨了大半時光，可能因為如此才逐漸失傳，到了明代中後期，也僅有江南一帶的士大夫習知此戲。

《夷門廣牘》所收的另一博戲則是〔唐〕李翱編撰、〔唐〕元革註解的《五木經》，所謂的「五木」即是「樗蒲」，是由先秦流行的「六博」改易而來，並將擲具由六枚簡為五枚，尺寸也較為短小，每枚各有黑白兩面，黑面繪犢、白面繪雉以作區別，投骰後，依照黑白的排列組合定名（彩名）並決定行馬步數（即稱「筴數」），如投擲四黑一白者，彩名為「塞」，筴數十六步，投擲一黑四白者，彩名為「塔」，筴數五步；行經過程中，若遇馬棋相逢同一位置，「可擊馬，謂打敵人子也」、「可以疊馬，即許疊也」〔註16〕，意謂遇己馬可以相疊前行，遇敵馬則有擊打的可能。此乃「樗蒲」的大致遊戲規則與過程，雖然《五木經》經由〔唐〕元革作了更為詳細的註解，但其中仍有不少未詳之處，如棋子前行路線為何？筴數如何決定？遊戲勝負

〔註14〕詳見〔宋〕李易安：《打馬圖譜》，收於〔明〕周履靖編：《夷門廣牘》，頁648上。

〔註15〕詳見同上註，頁654上～下。

〔註16〕詳見〔唐〕李翱編撰、〔唐〕元革註解：《五木經》，收於〔明〕周履靖編：《夷門廣牘》，頁660上。

如何計算？……等等，筆者翻閱了楊蔭深《中國游藝活動》、史良昭《博弈遊戲人生》、崔樂泉《忘憂清樂──古代游藝文化》以及蔡豐明《遊戲史》等幾部現代相關研究〔註17〕，亦無所獲，想來，「樗蒲」遊戲的內容恐已失傳。

（二）棋　戲

作為鬥智遊戲的生活娛樂，並與琴、書、畫合為傳統文人四大必修才藝的棋戲，包括有圍棋、象棋、象戲、彈棋、塞戲等類項，其中又以圍棋最受歡迎、流傳最為久遠，至遲，在春秋戰國時期便已出現〔註18〕，如〔明〕謝肇淛即表示：

> 古今之戲，流傳最久遠者，莫如圍棋，其迷惑人不亞於酒色，木野
> 狐之名不虛矣。以為難，則村童俗士皆精造其玄妙；以為易，則有
> 聰明才辯之人累世究之而不能精者。〔註19〕

言圍棋受人喜愛的程度有類酒色，不僅聰明才辯者累世窮究，欲探其精微，就連村童鄙夫也能知悉其妙。

《夷門廣牘》所收錄之《玉局鉤玄》，是〔明〕項世芳纂輯歷來幾種與圍棋相關的重要文獻而成，包括《棋經》、〈棋法四篇〉、〈圍棋十訣〉以及〈圍棋三十二字釋義〉，末並附有一篇〈鎮神頭考據〉，內容是關於〔唐〕顧師言與當時日本國王子相戰圍棋一事；全書編輯旨趣偏向圍棋戰術的指導說明。

相較於博戲諸藝的內涵多取決於機率算計，圍棋的進行是在敵我雙方條件均等的情況下，分黑白二棋相互輪流下子，並憑靠遊戲者的智力與戰術施用以取食對方棋子與空間，終局以實有空位與剩棋數相加計算，多者為勝。然在遊戲過程中，棋子的操縱包含有進退取捨、奇正互用、虛實交施、奪求自保……等不同策略，幻化萬端，機會卒變，每子運用都得統攝

〔註17〕除了楊蔭深之作前已標註，另外，史良昭：《博弈遊戲人生》（台北：臺灣商務印書館，1992 年）、崔樂泉：《忘憂清樂──古代游藝文化》、蔡豐明：《遊戲史》（上海：上海文藝出版社，1997 年）。

〔註18〕如《孟子》有云：「弈秋，通國之善弈者也。」而《博物志》所言：「堯造圍棋，以教子丹朱。或云舜以子商均愚，故作圍棋教之。」固然內容極可能是臆測之詞，但大抵表明圍棋的發展極早。

〔註19〕詳見〔明〕謝肇淛：《五雜俎》，收於《筆記小說大觀》，第八編，卷六，「人部二」，頁 3629。

全局、顧及先機，因此，這種圍殺爭勝的遊戲模式，頗與戰爭殺戮的策略決用有異曲同工之妙，「信兵法之上乘，韜鈐之祕軌也」〔註20〕，如〈棋法四篇〉：

【布置】

蓋布置棋之先務，如兵之先陣而待敵也，意在疎密，得中形勢，不屈遠近，足以相授先後，可以相符若入地境。或於六二三六下子，及九三與十三之著，斯不執一進退合宜，訣曰：遠不可太疎則易斷，近不可太促則勢羸，用意在人，此乃爲格。〔註21〕

將棋之佈局譬擬兵陣，下棋猶如操兵，無論疏密、形勢、遠近、先後、取捨等都須有通盤合宜的法則，適足以考驗一個人操縱術勢與應變能力的程度。因此，這種遊戲最初常爲戰略家用以作爲軍事教學的訓練工具，「世有圍棋之戲，或言是兵法之類。」〔註22〕約莫南北朝以降，才逐漸轉爲宮廷、民間百姓的閒暇玩賞之戲，成爲陶冶情性、娛樂身心、靈光智慧的游藝項目，包括以棋設官、分立棋品、招攬棋博士、棋派紛爭……等等，在在都反映出棋戲的發展水平。

三、陶情雅趣：投壺與詩牌

游藝活動主要是作爲人們勞動閒暇之餘，彼此尋歡取樂的文化價值，服務對象一般並無分階層貴賤，然而，隨著人文活動的多樣化、複雜化，部分游藝形式逐漸開展出新的文化內涵，如本節「陶情雅趣」的游藝類型，指的是士大夫、文人在特定場合或宴席所進行的風雅活動，除了可以遣興娛樂之外，同時還具有極強的「專業性」，若未具備一定文藝修養者，是難能參與的。

（一）投　壺

「投壺」是游藝活動中最爲古雅者，約莫在春秋戰國時期就已出現，性質上不同於一般博弈以詭譎相高、殘賊相勝爲能事，反而多爲聖人取作禮儀相交之具。它的產生可據〈投壺義〉裡一段說明得知：

投壺，射禮之細（戲）也，燕而射，樂賓也。庭除之間，或不能弧

〔註20〕詳見同上註，頁 3630。
〔註21〕詳見〔明〕項世芳編：《玉局鈎玄》，收於〔明〕周履靖編：《夷門廣牘》，頁629 上。
〔註22〕詳見同上註，頁 625 上。

矢之張也，故易之以投壺，是故「投壺」，射類也。〔註23〕
古代射禮除了作為軍事訓練、加強貴族均對戰鬥能力之外，同時也是男子成年必經的儀式活動，然而，受到文武教育殊途的影響，許多文士的成長傾於內心之訓練而不習武事，並專注於文冠、辭色、禮儀等，對他們而言，開弓射箭甚至要求命中標的實有一定難度，於是，開始產生了「投壺」一類具「從容安性」、「養志游神」的活動以代之，加上所具備的濃厚遊戲色彩，使之深受當時人們歡迎並且迅速盛行。〔註24〕

不過，真正體現「投壺」價值者，則是延續古代射禮的本質，在宴待賓客的娛樂活動所生發之種種儀制中，彰顯出禮節與道德教育，並肯定「寓教於藝」的精神，例如〔明〕汪禔所編《投壺儀節》，全書可以分為「合用之人」、「合用之物」、「儀節」、「魯鼓音節」、「貍首聲調」、「奏詩投壺之節」、「投壺制法」……等不同單元，實際上便是依投壺古禮，由人及物、及儀式、及音樂、及制法所設計的完整架構；其中，儀制進行的順序，可列點整理如下：

1. 主人誠摯地再三邀請賓客。
2. 主賓各在東西二首，相互鞠躬拜受。
3. 拜畢，賓主各走到兩楹之間，準備接矢並進行投壺之戲。射畢，雙方各再退回原位。
4. 勝者酌酒行罰敗者，「當飲者跪取酒、致辭，勝者跪對辭。」
5. 飲酒禮完畢，由司射指揮弦者奏樂，並擊鼓為節拍。
6. 奏畢，一套完整的投壺遊戲堪稱完成，若欲繼續進行，則再重複上述順序。
7. 觀禮者須整容而且不得大聲言語，否則將遭罰酒。

此外，投壺遊戲的進行方式極為簡易，凡投壺者必須站在指定距離之外，將手中箭矢投擲入壺，再由一名「司射」者來計算分數（計分單位為「算」），不同的箭矢入壺情況有不同分數，最後以得分多寡作為勝負取決標準。如：

〔註23〕詳見〔明〕汪禔編：《投壺儀節》，收於〔明〕周履靖編：《夷門廣牘》，頁638上。
〔註24〕關於古代文武教育之殊，可以參閱傅樂成：《中國通史》（台北：大中國圖書，1988年），頁536～542。

圖一：投壺之式舉隅

（一）	（二）	（三）	（四）
貫　耳	連　中	散　箭	連中貫耳

圖一者，因壺耳之口極小，若首箭即能中的，名曰「貫耳」，是投壺者技精心細所致，可得賞「十算」；圖二者，第二箭以下連續皆入壺口，名曰「連中」，可得賞「五算」；其他如「散箭」、「連中貫耳」、「全壺」、「倒中」、「倚竿」……等等，各有不同得分〔註 25〕。遊戲的內涵其實也深扣著聖人養心之教，如〔明〕汪禔引〔宋〕司馬光之語：

> 夫投壺者，不使之過，亦不使之不及，所以爲中也；不使之偏頗流
> 散，所以爲中也。中正，道之根柢也。聖人作禮樂、修刑政、立教
> 化、垂典謨，凡所施爲不啻萬端要在納民心於中正而已。〔註 26〕

凡人臨壺荷矢之際，莫不求能入壺而不偏失，猶如人的本性是以中正恭謹爲根柢，避一矢之失如避一行之虧。

　　自先秦以降，「投壺」遊戲依舊興盛不衰，並逐漸強化「投壺」的娛樂性，例如漢武帝時，郭舍人以竹爲矢，使箭杆彈性增加，每當投箭入壺可以「激矢令返」，如此往返不斷以提升投壺活動的娛樂效果〔註 27〕；到了明代，更發展出多種投壺花樣，諸如春睡、聽琴、倒插、捲簾、雁銜、蘆翻……等，都是當時極爲有名者。固然娛樂性的強化有助於該遊戲的推廣，但就禮儀層面而言，卻容易流於市井小道而失去「對酒設樂，弦歌投壺」的古樸雅意，這或許也正是《夷門廣牘》收錄《投壺儀節》的深意。

〔註 25〕 關於投壺的各種計「算」方式與說明，徵引自〔明〕汪禔編：《投壺儀節》，
　　　　 收於〔明〕周履靖編：《夷門廣牘》，頁 642 上～643 下。
〔註 26〕 詳見同上註，頁 645 上。
〔註 27〕 詳見〔明〕謝肇淛：《五雜俎》，收於《筆記小說大觀》，第八編，卷六，「人
　　　　 部二」，頁 3639。

（二）詩　牌

在眾多遊藝項目中，「詩牌」是典型文人專屬的文字遊戲，性質為酒令，常作為宴飲聚會之時的消閒活動，每人按牌抽取詩韻，並在限時內按韻作詩，未能完事者，將以酒罰杯；歷代詩文中不乏相關記載，如唐代劉禹錫與裴度等人所作的〈春池泛舟聯句〉即云：「杯停新令舉，詩動彩箋忙。」〔註28〕另外，《遵生八箋》裡亦有一則韻牌的相關記載：

> 余刻詩韻上、下二平聲，為紙牌式，名曰「韻牌」。每韻一頁，總三
> 十頁。山遊水泛，人取一頁，吟以用韻，似其便覽。近有四韻，刻
> 已備矣，恐山遊水泛無暇作長篇詩韻。此余始作意也。〔註29〕

顯見，從事詩牌游藝的風氣，在文人宴飲聚會中應是頗為興盛。

〔明〕王良樞所抄錄增訂之《詩牌譜》，是目前所見關於詩牌遊戲解析最早的專著，據其說明：

> 凡分牌均為四分，每一百扇，以一人為詩伯執樁，牌內取一扇，以
> 字畫數到某人，次第取用，以紙筆令詩伯掌之各人所得之韻、所立
> 之題，即先附錄，防換詩，成錄之，然細評優劣。〔註30〕

詩牌遊戲的進行可供二至四人參與，其中一人擔任詩伯（即今日博弈遊戲所稱的「莊家」），負責執取樁牌、決定遊戲進行方式，餘者輪流抽牌，牌共六百扇，每扇各有一字，每人約抽數十至百扇後，即能決定作詩韻腳與大致題目，形式與內容皆無限制，可依個人才力、經驗斟酌；詩成後，由詩伯記錄，眾人共同評判優劣、分等第，以等第決定勝負，其中，下品或不入品者則須受罰飲酒。

如此的詩文酒令活動，較之一般市井聚會時的起坐喧嘩，既能逞才炫文，亦不失為一風雅之舉，無怪乎〔明〕王良樞在〈詩牌譜跋〉云：

> 予得是譜，藏之舊矣。小峰先生一見而奇之，先生性不飲，然多飲
> 性，謂：近世觴政繁俗宜歸於雅，乃刻而傳焉。〔註31〕

〔註28〕 詳見〔唐〕劉禹錫等：〈春池泛舟聯句〉，收於〔清〕乾隆本《全唐詩》（北京：中華書局，1986 年），第二十二冊，七九〇卷，頁 8893。

〔註29〕 詳見〔明〕高濂：《遵生八箋》，收於《文淵閣四庫全書》（台北：臺灣商務印書館，1983 年），卷八〈起居安樂箋〉，「韻牌」條，頁 533 下。

〔註30〕 詳見〔明〕王良樞編訂：《詩牌譜》，收於〔明〕周履靖編：《夷門廣牘》，頁 665 上。

〔註31〕 詳見同上註，頁 667 下。

四、小結：雖小道，必有可觀者

在中國古典的知識結構中，向來是以「闡聖學、明王道」作爲終極價值，尤其，自漢武帝「罷黜百家、獨尊儒術」之後，「尊經崇儒」遂爲中國文化的主流意識，因此，書籍的編著要能爲天地立心、爲生民立道、爲聖人繼絕學，甚至求能開萬世之太平，誠如〔唐〕李翰〈通典序〉云：

> 夫五經群史之書，大不過本天地、設君臣、明十倫五教之義、陳政刑賞罰之柄、述禮樂制度之說、言治亂興亡之由，立邦之道，盡於此矣。非此典者，謂之無益世教，則聖人不書、學者不覽，懼冗煩而無所從也。〔註32〕

無論是群經或諸史，要之，即在彰顯聖賢「立邦之道」——明人倫、別賞罰、述禮樂、言治亂，凡屬無益世教者，概「聖人不書、學者不覽」；換言之，中國文獻著作的價值，往往取決於是否合乎意切時用、有裨世務的實學意義。也因爲如此，志在愉悅性情、頤養閒趣的游藝活動自然就被視爲是俚俗小道，沉溺其中，唯恐「玩物喪志」而不宜備載，如《遼史‧樂志》：

> 雜戲：自齊景公用倡優侏儒，至漢武帝設魚龍蔓延之戲，然漢有繩武、自刳之伎，杜佑以爲多幻術，皆出西武，雜戲哇俚不經，故不具述。〔註33〕

另外，明代幾部收有游藝著作者，如《欣賞編》、《山居小玩》、《群芳清玩》等，也無可避免地遭到四庫館臣譏爲「坊賈射利之本」、「椿薄之作」。

姑且不論博弈雜戲是否屬於俗道小技，但自明代中葉以後，文人投入富含趣味性、益智性、競技性遊戲活動的風氣，確實日趨興盛，而時人所編相關著作更是紛呈迭至，諸如《姆陣篇》、《牌經》、《弈律》、《精輯時興雅謎》⋯⋯等等，細究其中緣由，或許對他們而言，博弈遊戲未必沒有深度內涵，以「鬥蟋蟀」一事爲例，中國人對「蟋蟀」的印象，從早期多環繞於其禽蟲之辨，至魏晉以降，藉其隨時而鳴的特性衍伸出許多補益人心、維繫社會倫常的附會聯想〔註34〕，甚至是宋代歐陽修、陳造等騷人墨客之流，由蛩聲連繫悲秋

〔註32〕詳見〔唐〕杜佑：《通典》（台北：新興書局，1965年），頁3上。

〔註33〕詳見〔元〕脫脫：《遼史》（台北：鼎文書局，1975年），卷五十四，志第二十三，頁893。

〔註34〕如〔三國吳〕陸璣〈蟋蟀在堂〉云：「蟋蟀似蝗而小，正黑，有光澤如漆。有角翅，一名蛬，一名蜻蛚。楚人謂之王孫，幽州人謂之趣織，督促之言也。里語曰：趣織鳴，懶婦驚是野。」詳見氏著：《毛詩草木鳥獸蟲魚陸疏廣要》，

引發種種寂寥、思鄉之感〔註35〕，元明以後則逐漸步向弄蟲引鬥之事，其中包含的道德訓示之意漸息，娛樂休閒之用日顯，此前已有論，毋須贅言，然仍有不少人藉此提出另一種人生關懷，如〔明〕俞允文的〈蟋蟀賦〉與〔明〕陸可教的〈蟋蟀賦〉，即是由蟋蟀而發千古興懷、世代遷替之感〔註36〕。另外，〈丸經跋〉云：

> 予壯遊都邑間，好事者多尚捶丸，考諸傳記無聞焉，以爲世俗博弈
> 之餘技耳。近得《丸經》二卷，……措辭簡要，頗類諸子之遺書，
> 故非淺陋者之可與同年語也。若將帥之答昇平、士君子之消暇日習、
> 坐作進退之式，察擊捶勝負之機，推而致之，觸類而長之抑，亦收
> 心怡神情、動盪血脈、暢其四肢，豈博弈者所能企其萬一者哉？宜
> 乎君子不器，而取發以同樂之，是爲跋。〔註37〕

據此跋文，游藝之戲除了可以爲人排憂解悶、怡心悅神之外，在活動過程中，更能藉以活絡血脈、舒暢四肢，達到強身健體的運動效用，甚至發揮「即器以見道，因象以會意」〔註38〕的精神，在遊戲娛樂的同時，兼具折射世情、體現人倫的意義，如：

> 人生而靜，其情難見；感物而動，然後可辯。推之於棋，勝敗可得
> 而先驗法，曰：夫持重而□者，多得；輕易而貪者，多喪。不爭而
> 自保者，多勝；務殺而不顧者，多敗。因敗而思者，其勢進；戰勝
> 而驕者，其勢退。求已弊而不求仁之弊者，益；攻其敵而不知敵之
> 攻己者，損目。凝一局者，其思周；心役他事者，其慮散。……詩
> 云：他人有心，予忖度之。〔註39〕

收於〔明〕毛晉輯：《增補津逮秘書》（京都：中文出版社，1980 年），第一冊，卷下之下，頁 305～306。

〔註35〕〔宋〕歐陽修的〈秋聲賦〉與〔宋〕陳造的〈秋蟲賦〉，皆引蟋蟀爲賦詠秋天的意象之一。

〔註36〕熊秉真曾追蹤「蟋蟀」在中國歷史文化的思情意涵、社會生活之際遇，以此宏觀古代中國的若干觀念演化訊息，資爲比較文化史上「景物」與「人事」交相更替之一範例，創見洋溢，頗值得相關研究之參考。詳見氏著：〈蟋蟀釋典：英雄不論出身低〉，收於氏編：《睹物思人》（台北：麥田出版社，2003 年），頁 49～88。

〔註37〕詳見〔明〕周履靖輯：《丸經》，收於氏編：《夷門廣牘》，頁 669 上。

〔註38〕詳見同上註，頁 683 上。

〔註39〕詳見〔明〕項世芳編：《玉局鈎玄》，收於〔明〕周履靖編：《夷門廣牘》，頁 626 下～627 上。

談的雖是棋局上征戰度情之事，其理又何嘗不是生活的智慧？棋局攻伐運籌上的策略模式，毋如也是界定人事佈局、韜晦經略的一個縮影，在人與人相交之際，唯有不貪不爭、懂自省、思進取者，才能是眞正的贏家；換言之，棋藝提供人們的是一條體驗生命的途徑，虛（棋戲）實（人生）彷彿皆壓縮於一棋盤上，其中，不但有生活應對的妙諦，在用戰取捨、盈虧得失的過程裡，並領會到人生如棋，所謂的功名、富貴、興衰、榮辱都不過是轉瞬間的一場遊戲。其他如牌陣划拳遊戲，知其義者，除了「可與將兵、可與覆射、可與言損益之數」〔註40〕，並能「神接而物情具」〔註41〕，或者捶丸相鬥之戲，「抑亦衛生之微奧，而訓將練兵之一技也。宜乎君子不器而與眾樂之。」〔註42〕在這樣的思考脈絡下，游藝活動即便是末技俗藝，也必然有其可觀之處，故有言：「凡技藝無雅無俗，無不益，無不損。得之者，釣令人靜，射令人正，弈令人專，毬令人動而已。」〔註43〕

　　顯然，明代文人的游藝休閒既突破傳統琴、棋、書、畫「四藝」的概念，亦自異於市井屠沽之嬉鬧取樂，在諸種趣味活動中，開展出多元的心性修養方式，遊戲遂不僅是消閒遊玩的策略，他們更要從中捕捉若干人事啓發，甚至映照某種人生的側影，值此，不正是呼應了千年前孔老夫子「雖小道，必有可觀者焉」的體認嗎？

第三節　翰墨文藝

　　關於明代文人翰墨習藝，〔明〕范啓東曾轉述一位前賢之語，云：

> 士大夫游藝，必審輕重，且當先有跡者。謂學文勝學詩，學詩勝學書，學書勝學圖畫。此可以垂名，可以法後；若琴弈，猶不失爲清士，捨此則末技矣。〔註44〕

文中所談主要是關於文人游心藝事的輕重之別，固然其論述反應的只是個人

〔註40〕詳見〔明〕袁福徵：《牌陣篇》，收於〔明〕周履靖編：《夷門廣牘》，頁 687 上。

〔註41〕詳見同上註，頁 683 下。

〔註42〕詳見〔明〕周履靖輯：《丸經》，收於氏編：《夷門廣牘》，頁 668 下。

〔註43〕詳見〔明〕祝世錄：《祝子小言》，收於《四庫全書存目叢書》，子部，第九十冊，頁 712 下。

〔註44〕詳見〔明〕葉盛：《水東日記》（北京：中華書局，1997 年），卷四，范啓東述前輩語，頁 41。

主觀價值判斷，但其實已透露出明代文人的休閒游藝，除了有如上節分析的「百戲玩娛」之外，尚包括了「詩文書畫」的雋雅活動。

一、吟詩賦文

　　一般而言，詩文創作通常被視爲是中國傳統儒士的「本業」，文藝與儒士向來歸屬同一範疇，並且理所當然。但對明代文人而言，卻別有他義。

　　自漢代史官分立「儒林」、「文苑」兩類後，引發中國文壇上一系列「經世文章」與「抒情文章」的爭論，傳統儒士並衍爲「儒林之士」（道學士）與「文苑之士」（文人）兩類，雖同樣具有一定閱讀寫作能力，唯在知識認取的觀念、取徑上產生歧異，據陳寶良的研究，儒林人士認爲，文章應如布帛粟菽，不僅應「載道」，而且須具有實用性，不應成爲玩物喪志之事；而文苑人士則認爲，文學乃「言志」之器，應該抒發自己的眞實感情，亦即所謂的「獨抒性靈」〔註 45〕。這種對立到了明代依舊尖銳，並具攻擊性，據《四友齋叢說》裡的一段記載：

> 今世談理性者，恥言文辭；工文辭者，厭談理性。斯二者皆非也。
> 蓋文以紀記政事，詩以宣暢性情，此古之文詞也，後世專工靡曼，
> 若春花艷發，但可以裝點景象，於世道元（原）無所補。……故學
> 者莫若留心於經術，夫經術所以經世務，而況乎成性存存之說，精
> 　一執中之傳，使後世最擅長談理性者，亦豈能有加於此哉！〔註46〕

其中，「談理性者」專指陸王心學一派，「工文辭者」則是無關舉業的藝文欣賞、創作；表面上，呼籲詩文習作在於繼承「起八代之衰，濟天下之溺」的精神，務求文章必須能裨益世道、經綸世事，然而，受到程朱理學與科舉文化的影響，自明代科舉選官制度改以四書五經、八股制式作爲測驗的準則後，所謂的「留心於經術」，早已流爲專務與舉業進學相關的知識活動，對於純粹的詩詞創作，則被視之爲「無用之學」，如〔明〕薛岡即言：「少爲舉子業，又喜爲詩，師以防工禁之。」〔註47〕突顯了明代文士徘徊於舉業與文藝上的進退失據。

〔註45〕詳見陳寶良：〈明代文人辨析〉，《漢學研究》第十九卷第一期（2001 年 6 月），頁 202。

〔註46〕詳見〔明〕何良俊：《四友齋叢說》，卷四，經四，頁 30～31。

〔註47〕詳見〔明〕薛岡：《天爵堂文集》，收於《四庫未收書輯刊》（北京：北京出版社，2000 年），第六輯，第二十五冊，卷二〈春明草序〉，頁 465 上。

但自明中葉以後，道學的形式化、空洞化，加之因科舉限額制度，造成大批賦閒在鄉的文人，使得文藝價值逐漸受到肯定，爲人們開啓另一層次的人生境界〔註48〕，此誠如學者王鴻泰研究所指，「詩」對明代文人而言，不只是年少青春之期的一時激情、感動，較之舉業養成教育，習詩可謂是禁錮於科舉體制之外，且不滿或失意於此體制者的一道生命出口，爲他們取得一種表達自我、抒發眞實情感的管道〔註49〕。如〔明〕毛元淳云：

> 初冬之夜，獨坐書齋，飲白醪數盃，讀淵明詩數首，殊覺氣味相投，忽舉頭見瓶中黃菊一枝，宛然如對淵明先生，正堪歡酌談心，千載之上可爲知己。此眞目前樂事也，人患不素位而行耳，何入不自得哉！〔註50〕

在詩歌的吟詠誦讀過程中，思緒跨越了千年，宛然如與古人歡酌暢談，進而開展出自得自樂的生活情趣，換言之，詩文的吟詠創作是明代文人超拔現實社會體制後，所覓得的一種生命寄託，包括〔明〕黃省曾、〔明〕薛岡、〔明〕王愼中等許多人都有相類似的經驗〔註51〕。一種「尊藝」的觀念隱約浮出。〔註52〕

順此思考脈絡，《夷門廣牘》內的「藝苑」一牘，顧名思義，專門輯錄與文苑藝林相關之著作，據〔明〕周履靖釋曰：

> 原夫染翰之家，代擅經國，然巧拙具存，瑕瑜相掩，自非力扶奧眇，

〔註48〕 這種風氣大概要從弘治年後開始興盛，如〔明〕何良俊云：「我朝文章，在弘治、正德間可謂極盛。」詳見氏著：《四友齋叢說》，卷二十六，詩三，頁235。

〔註49〕 詳見王鴻泰：〈迷路的詩——明代士人的習詩情緣與人生選擇〉，《中央研究院近代史研究所集刊》第五十期（2005年12月），頁24～32。

〔註50〕 詳見〔明〕毛元淳：《尋樂編》，收於《四庫全書存目叢編》（台南：莊嚴文化事業有限公司，1997年），子部，第九十四冊，頁485上。

〔註51〕 柯慶明表示：「文學寫作其實乃係文人對於現實經驗所採取的一種姿態，係透過語言文字的運用以表達自我對於生命的感受，以及對於生活現實的一種批判或審美的態度，並賦予諸如意象、韻律、情節、人物、圖式與節奏等構成元素，某種情感結構的秩序與整體意義，而於此過程中享受自由創作的快感，俾重新掌握心靈的自由與完整。因此，傳統文人對日常生活採取一種保持距離的姿態，純然專注於語言文字的世界，透過經營語言文字以構築形式美感的另類世界，使心靈能因追求美感形式而提升，進而超脫現實世界的不完美狀態。」詳見氏著：《文學美綜論》（台北：長安出版社，1986年），頁28～46。

〔註52〕 關於尊藝觀念的討論，可以參閱林宜蓉：〈晚明「尊藝」觀之探究〉，《古典文學》第十五輯，頁139～178。

鑑晰淳漓，文轅既飾，司南曷指，況乎言籟則漆園並其於禺，譚嘯
　　則蘇門撤其清響，是皆學海之遺珠、詞林之片玉也。〔註53〕

換言之，牘內諸作均爲學海之遺珠、詞林之片玉，編者不避巧拙，一概收錄，
並以「詩歌」爲收錄大宗，諸如《文章緣起》講各體詩文的緣起篇章，《詩品》
針對漢魏乃至南朝齊梁一百二十餘位詩人，分品論述其詩，是南朝文學理論
批評的代表作之一，《文錄》談論歷代藝林雅事，《談藝錄》是明代詩文批評
力作，針對歷代詩理詞義提出精道見解，《騷壇秘語》共三卷，是一部微型的
作詩指導守則，全書可分爲兩部份，上、中二卷專談各種作詩訣要，下卷則
總論五、七言古詩、律詩、絕句等各體詩法氣象，《詩源撮要》節錄自《詩法
源流》一書而來，收錄有〔唐〕杜甫詩歌五十餘首，並以夾注方式說明詩法，
如〈過斛斯校書莊二首〉其二：

　　燕入非傍舍（傍無歸人，怕此空宅耳），鷗歸抵故池（景在人自）。
　　斷橋無復板，臥柳自生枝（十字好）。遂有山陽作（遂有二字好，向
　　秀傷嵇康，過山陽，作思舊賦），多慚鮑叔知。素交零落盡，白首淚
　　雙垂（讀之可以敦伐木之意）。〔註54〕

而《釋名》一書，則節錄了〔漢〕劉熙原書中「書契」、「典藝」兩類，以及
少部分的「言語」類，旨在辨明文房典籍等相關知識。凡此種種藝苑著作的
編錄，盡與舉業功名的考慮無關，某種程度上，彰顯出一種對於「詩文技藝」
的崇尚與追求，尤其，叢書開篇序文即云：「伊吾一編，以自適志，令寢腹中
如飽半菽則願且止。」〔註55〕顯然，《夷》書撮意既然不在經國闡道、資爲聖
賢語錄，那麼這些詩文誦習活動的安排背後，或許隱含的是一種寄情文藝的
生活主張。

　　對此，我們若從〔明〕周履靖的身世背景考察，這種寄情文藝的生活主
張則又益發清楚可見。

　　說來，他也曾是一個游移在文藝與舉業的「受害者」，據《梅墟別錄》中
的傳略記載可知，〔明〕周履靖幼時曾有過一段勤課舉業的歲月，並且日益
精進，備受當時儒林學士的推崇，實質上，他應是有能力獲第進取的，然縉
紳功名終非本志，加之體弱善病，無以日理萬務，自父東庄翁歿、家族相關

〔註53〕詳見〔明〕周履靖：〈夷門廣牘敘〉，收於氏編：《夷門廣牘》，頁2上。
〔註54〕詳見〔明〕張懋賢編：《詩源撮要》，收於〔明〕周履靖編：《夷門廣牘》，頁
　　　80上。
〔註55〕詳見〔明〕周履靖：〈夷門廣牘序〉，收於氏編：《夷門廣牘》，頁5下。

事務安排妥當後，旋即招集里中父老，云：

> 人生旦暮耳，願以生事聽之，奴以蠹簡終吾殘歲。〔註56〕

這樣的安排，主要緣自對「人生旦暮」的體認，生命瞬息即逝，與其周旋於名利權謀的爭鬥，毋如回尋自我生命的本質，尤其，「敘孤憤，道窮愁，處崇巖大壑之間，寫幽人志士之感，非詩不爲歡」〔註57〕，詩歌終究最能道人情感、敘人憤懣，於是，戲劇化地宣告餘生將投入山水，終與詩文蠹簡爲伍，不涉世事。此後，即築舍於鴛湖之濱，引渠薙圃，環屋植梅樹百株，竟日或吟誦小曲、或閱覽文稿、或著述詩卷，心閒意曠地聊度園居時光：

> ◎【賦得竹深留客處】
>
> 脩脩千挺玉，爽籟一林深。翠色侵疎簟，清陰洽素襟。子由堪寄傲，叔夜愜幽尋。瀟灑淇園暮，涼風動客吟。〔註58〕
>
> ◎【夜吟】
>
> 白日苦不永，秉燭忘更深。蛩聲四壁冷，月色一庭陰。吟處燈花落，酣餘刻漏沉。松窗坐不寐，曠矣竭來心。〔註59〕

在燕居遊賞間，藉詩以吟哦竹月、詠唱自我生命的淡泊適意。有時甚至以和詩方式與古人對話，如《千片雪》即和詠〔元〕馮海粟與中峰禪師《梅花百詠》所得〔註60〕，其他如《五柳賡歌》、《宋明明公和陶詩》、《青蓮觴咏》、《香山酒頌》、《唐宋元明酒詞》、《狂夫酒語》等，同樣都是賡和吟詠古人之作，其中的意義，誠如〈對酒讀五柳詩〉所言：

> 一樽桑落酒，兩卷五柳詩。一酌歌一詩，五內俱怡怡。此時有眞樂，世人何能知。得解詩中味，陶公我可師。〔註61〕

透過詩歌的唱和，不僅可以宣發情感，「此時有眞樂，世人何能知」更意指

〔註56〕 詳見〔明〕劉鳳：〈螺冠子傳〉，《梅墟別錄》，收於〔明〕周履靖編：《夷門廣牘》，頁 948 上。

〔註57〕 詳見〔清〕施閏章：《學餘堂文集》，收於《文淵閣四庫全書》（台北：臺灣商務印書館，1983 年），集部，第一三一三冊，卷七〈石語軒詩序〉，頁 89 上。

〔註58〕 詳見〔明〕周履靖：《閒雲稿》，卷二，收於氏編：《夷門廣牘》，頁 1119 下。

〔註59〕 詳見同上註，頁 1125 上。

〔註60〕 〔明〕周履靖在《千片雪》卷末題識云：「曩年文海粟中峰二君倡咏梅花百首，心向慕之。甲午（1594）孟冬之華亭，登袁太沖書樓，得閱所作，欣然假歸，漫和百絕，少暢生平嗜梅之癖耳。」詳見氏著：《千片雪》，收於氏編：《夷門廣牘》，頁 1216 上～下。

〔註61〕 詳見〔明〕周履靖：《狂夫酒語》，上卷，收於氏編：《夷門廣牘》，頁 1432 上。

了這種吟詠活動是超越現實環境的侷限後，另外創設的一種虛擬情境，「古」與「今」頓時皆落置於同一時間點，「我」與古人在舉杯對飲、同詩唱和的過程中，彷彿正與多年知交傾訴著心事，並從中獲取某種「同情共感」的慰藉。

　　此外，從社會層面來看，詩歌也是藝林社交的媒介。明代中期以後，文藝風氣大開，詩藝活動不僅助益於個人精神情志的抒發，尤有甚者，更是以「詩」會友，每每燕會同聚，多以詩文相娛樂，更唱迭和，動成鉅卷，如〔明〕周履靖雖謝息俗塵，與當時藝林雅士仍舊保持密切交流，彼此談詩論藝、相互褒揚：

　　◎【寄徐潤卿】

　　　知君一棹泛吳門，我亦飛蓬過遠村。近得新詩盈竹笥，黃昏秉燭與君論。〔註62〕

　　◎【寄定湖謐上人】

　　　淵明久不到東林，惠遠今來幾度吟。昨日華亭騎鶴返，寄題新句慰禪心。〔註63〕

顯然地，詩歌的社交意義可以從上引二詩得到體會，而所謂「近得新詩盈竹笥，黃昏秉燭與君論」，意味了社交與文藝的結合，並構成一種生活型態，彼此往來相交皆立基於談詩論藝。這種「詩」藝社交的活動還不僅是在個別的交往，《梅塢貽瓊》與《燎松吟》二書，前者共六卷，收有詩文數百則，乃「里間薦紳學士與山林高逸，有為之歌梅者，有詡揚其騷雅者，有善其所臨帖題數字者，累之盈帙」〔註64〕而成，後者則是〔明〕周履靖以五七言諸詩寄贈吳越故人，聊懷文友，凡此，更見證了由詩所引領出的龐大交遊網絡。筆者認為，明代中葉以後文藝風氣的熱絡，恐怕有很大的程度是與這種頻繁的文藝交遊有關。

　　總此而言，如果攻讀舉業的生活目標是多數明代文人生命的「誤入歧途」，那麼，談藝論文的人生選擇不妨可以看作是另一種重生，而作為游藝活動型態之一的「吟詩賦文」，則可謂是此間轉化的具體表現——既能寄託個人閒樂之情，同時亦具社交內涵。

〔註62〕詳見〔明〕周履靖：《泛泖吟》，收於氏編：《夷門廣牘》，頁 1269 上。

〔註63〕詳見同上註，頁 1269 下。

〔註64〕詳見〔明〕張之象：〈梅塢貽瓊序〉，收於〔明〕周履靖編：《夷門廣牘》，頁 951 下。

二、墨筆與丹青

　　書法與繪畫併爲中國藝術的兩大支柱，具有悠久的發展歷史，也是文人重要的休閒活動。前者是以毛筆作爲書寫工具，透過運筆之際疾徐、輕重、提按、轉折、連斷等技巧應用，使文字呈顯出或妍媚纖柔、或厚實穩重、或俊逸清秀、或遒勁恣肆的美感〔註65〕；後者則跨越了純粹線條勾勒的技法，加入描墨、承染、設色等要素，作爲一種具現外觀世界的技藝。

　　明代承繼宋元以降書畫的發展風氣，文人不但競相臨摹前代書家作品、嘗試各種筆法風格以開新格局〔註66〕，並且好於收藏，如〔明〕顧起元即記錄有多位南京一帶文士豐富的書畫收藏情形〔註67〕，〔明〕李日華云：「余之與超宗，根幹附而枝蔓綴者耶！方辛丑冬，治西華之行，以扁舟造別超宗，齋中出所蓄鼎彝珂諸古物，與法書妙繪示余，甚珍甚富。」〔註68〕而〔明〕周履靖亦云：

　　　　恣心柔翰，旁及書畫鼎彝諸譜……諸賢豪亦時時出所藏餉余，于是

　　　　石室秘本、晉唐妙墨日，日以益新。〔註69〕

他本身同時撰著有多種法帖，如〈仿黃庭千文帖〉、〈仿鐘鼎篆千文帖〉、〈廣易千文帖〉、〈九歌圖〉、〈十二眞像〉……等，並行於世〔註70〕；唯據〔明〕謝肇淛指出，過去關於書畫的收藏品賞或臨摹書繪，由晉、唐乃至宋、元，

〔註65〕李澤厚指出：「它（書法）像音樂從聲音世界裡提煉抽取出樂音來，依據自身的規律，獨立地展開爲旋律、和聲一樣，淨化了的線條──書法美，以其掙脫和超越形體模擬的筆劃（後代成爲所謂「永字八法」）的自由開展，構造出一個個一篇篇錯綜交織、豐富多樣的紙上音樂與舞蹈，用以抒情和表意。……在一塊極爲有限的小小天地中，卻以其刀筆和結構，表現出種種意趣氣勢，行程各種風格流派，這也是中國所獨有的另一『有意味的形式』。」詳見氏著：《美的歷程》（台北：三民出局，1996年），頁48～49。

〔註66〕以書法爲例，例如〔明〕謝肇淛就指出：「近代吳中諸公，率以八分題扁，較之眞書差，易藏拙：吾閩林布衣焯學松雪而稍勁，鄭吏部善夫倣晦翁而自得，張比部煒得法於米而參以己意。」詳見氏著：《五雜俎》，收於《筆記小說大觀》，第八編，卷七，「人部三」，頁3682。另外，亦參可參考朱旭初：〈明清書法散論〉，《上海博物館集刊》第四期（年9月）。

〔註67〕詳見〔明〕顧起元：《客座贅語》（北京：中華書局，1997年），卷八，賞鑑，頁251～252。下引此書皆同此一版本，不另出詳註。

〔註68〕詳見〔明〕李日華撰：《恬致堂集》，《明代藝術家集彙刊》（台北：國家圖書館，1971年），續集，卷三十四，頁21下。

〔註69〕詳見〔明〕周履靖：〈螺冠子自敘〉，收於氏編：《夷門廣牘》，頁944下。

〔註70〕所撰著書畫的詳細篇目名稱，可以參閱同上註，頁947上～下。

往往多是集中於縉紳大夫階層，山林隱逸之士則較少有以此顯名者，然自明代中晚期以後，情況卻稍有改變：

> 布衣處士以書畫顯名者不絕，蓋由富貴者薄文翰爲不急之務，溺情
> 仕進，不復留心，故令山林之士得擅其美，是亦可以觀世變也。
> 〔註71〕

誠如前文所論，因爲儒林人士留心經術、著力於舉業仕進，視翰墨閱玩爲「不急之務」，故書墨藝術的收藏及相關藝文能力的培養，轉而漸爲投閒置散的山林布衣或文苑之士所專擅。

　　關於《夷門廣牘》所輯錄之若干書墨丹青的相關作品，主要集中在「書法牘」與「畫藪牘」內，前者包括有《法書通釋》、《干祿字書》、《學古編》等三種，後者則有《畫評繪海》、《天形道貌》、《淇園肖影》、《羅浮幻質》、《春谷嚶翔》、《繪林題識》等七種，另外，「博雅牘」內的《格古要論》、《墨經》亦與書畫內容相關。那麼，其中所呈現的游藝活動內涵究竟如何呢？

　　對此，我們必須先進一步地歸納《夷門廣牘》所安排的內容。

　　在書法部分，首先是「永字八法」，關於八法之道的眞正來源，目前莫衷一是，較普遍的說法認爲肇自隸楷，歷經〔東漢〕崔瑗、〔東漢〕蔡邕、〔六朝〕鍾繇、〔唐〕張旭的傳揚，逐漸爲人知曉，加上「永字」筆法可以涵括楷書精要，故成了初學者的基礎入門必習之課〔註72〕，如《法書通釋》中，〈八法篇〉、〈結構篇〉、〈執使篇〉、〈名稱篇〉等，即就八法及其他筆勢偏旁的書寫作了詳盡辨析，包括八法異名、筆勢之形、筆體結構、用筆技巧、同字異體的適用時機等，並且節錄了〈崔子玉八法陰陽遲速論〉、〈顏魯公八法頌〉、〈李斯用筆論〉、〈陳伯敷執筆法〉、〈張懷瓘石論〉……等等前賢相關文論。其二是「字體辨別」，針對不同的書法字型分別討論，如《法書通釋》的〈從古篇〉、《學古編》的〈字源七辯〉以及《干祿字書》，析論各種漢字源流，或是刊正辨別楷書筆劃寫法，提供不少正體、俗體、通體字庫，內容偏屬文字學方面的知識；《法書通釋》的〈立式篇〉、〈辯體篇〉以及《學古編》的〈鍾鼎品〉、〈碑刻品〉、〈古文品〉、〈隸書品〉等，則在論述各種書體源流、特色

〔註71〕詳見〔明〕謝肇淛：《五雜俎》，收於《筆記小說大觀》，第八編，卷七，「人部三」，頁3717～3718。

〔註72〕相關說明參閱〔唐〕韓方朋：〈授筆要說〉，收於《歷代書法論文選》（上海：上海書畫出版社，1981年），頁286。另外，《法書通釋》亦有相類似的說明，詳見〔明〕周履靖編：《夷門廣牘》，頁303上。

以及存世相應的法帖；文字與書體的辨明，在書法藝術上的意義，誠如〈立式篇〉所言：

> 凡寫字先看文字宜用合法，如經學文字必當眞書，詩賦之類，行、草不妨。又看紙筆卷冊合用字體大小，務使相稱，然後尋古人寫過樣子……立一字爲一篇之主，分其章、辨其句，爲之起伏隱顯，爲之向背開合，爲之瑛帶變換，情狀可以生，形勢可以定，始可言書矣。〔註73〕

唯有在下筆之前，審愼評估所書內容、紙相、相合書體，才能期待佳作產生。其三是「筆墨書器」，所謂「工欲善其事，必先利其器」，書學技藝的學習，除了技法與練習之外，文房器具之道的講究亦不可忽略，「後世筆墨既有，書學日盛，字體屢更，學者必求筆墨之良者」〔註74〕，《夷》書中的相關內容，包括有《墨經》以及《法書通釋》的〈利器篇〉，前者討論墨材之良莠、養蓄事宜，後者則談墨筆硯台的選擇、使用宜忌等。

　　由《夷門廣牘》中書法內容的輯錄看來，明顯地缺乏實務教學內容，儘管在〈八法篇〉中分述了諸多筆劃書寫技巧，每一筆畫之首並列有字形，然學書一事畢竟無法由此區區十餘種筆畫簡單涵蓋，可見其實用性的學習功效並不強，反而是以各種翰墨碑帖、書體辨析、鑑賞品評之論爲夥，顯然，《夷門廣牘》並非是爲了書法的學習而設計，尤其，它的讀者偏向富含一定文藝深度者，學書與識字對他們而言，本就是習以爲常的必備技能，何須再有書學知識教導？

　　此外，經由「書法牘」內容分析所發現的知識差異問題，放在「畫藪牘」內又更爲明顯。因爲較之書法，繪畫一事除了線條勾勒點描之外，尚包括有佈局、彩繪等畫理亦需考量，誠如〔明〕謝肇淛所云：

> 畫視書稍難，而人之習書亦多於畫，名公鉅卿作字稍不俗惡，書名亦藉以傳矣！今觀宋諸公書，如王臨川、司馬涑水、蘇欒城等，皆非善書者也，而世猶然傳賞之，至於畫，則非一二筆可了，亦非全不知者可以塗抹而成也，雖難易迴別而道藝亦判矣！〔註75〕

因此，「繪畫」可說是一項極爲專門的活動，寥寥數語難能道盡，若非經過長

〔註73〕詳見同上註，頁319下～320上。
〔註74〕詳見同上註，頁325上。
〔註75〕詳見〔明〕謝肇淛：《五雜俎》，收於《筆記小說大觀》，第八編，卷七，「人部三」，頁3716。

期訓練並具備一定藝術涵養者，是難以參與其中的，換言之，「畫藪牘」的內容應不致於是為了訓練畫家而作的安排，例如《畫評繪海》中所談的「六法三品」、「八戒三病」、「十貴六長」，以及關於樹石山水畫作的精神旨趣評議，《繪林題識》中則纂輯眾文士題贈之詩文序跋，或者如《羅浮幻質》、《淇園肖影》、《春谷嚶翔》等一百八十餘幅的畫譜，如下圖：

圖二：《夷門廣牘》中的畫譜舉隅

《春谷嚶翔》——臥月	《天形道貌》——靜憩

凡此，已然屬於藝術批評與鑑賞的範疇，多無關乎習畫。唯在每冊畫譜之前，皆編著有各種簡單的作畫口訣，如《羅浮幻質》之〈寫梅訣〉云：「寫梅五要，發幹在先：一要體古，屈曲多年；二要幹在，龕細盤旋；三要枝清，最戒連綿；四要稍健，貴其遒堅；五要花奇，必須媚妍。」〔註76〕其他尚包括有《天形道貌》的〈畫人物論〉、《九畹遺容》的〈寫蘭訣〉、《淇園肖影》之〈畫竹譜〉、〈竹態譜〉、〈墨竹賦〉等，看似具有某種程度上的教導意涵，但因缺乏實際圖錄示範，對於初習畫者而言，何謂「體古」？如何「枝清」？這些都是較難體會的，循此，「畫藪牘」內的作畫口訣，恐怕較像是提供文人作為品評鑑賞時的準則。

　　基於這樣的認知，我們或許可以藉由〔明〕何良俊的一則文獻資料，並搭配《夷門廣牘》或其他的相關內容，嘗試理解其中的意義：

　　　　余小時即好書畫，以為此皆古高人勝士，其風神之所寓，使我日得

〔註76〕詳見〔明〕周履靖：《羅浮幻質》，收於氏編：《夷門廣牘》，頁 405 下。

與之接，正黃山谷所謂能撲面上三斗俗塵者也。一遇眞蹟輒厚貲購
之，雖傾産不惜，故家業日就貧薄，而所藏古人之跡亦已富矣。然
性復相近，加以篤好，又得衡山先生相與評論，故亦頗能鑑別，雖
不敢自謂神解，亦庶幾十不失二矣。〔註77〕

何良俊，嘉靖中曾以歲貢授南翰林孔目，後因際遇不佳，三年後即告歸鄉
里，時與文人相過從，妙解音律，善品書畫，由其經驗觀之，書畫之於明代
文人，至少可以有兩重意義：

　　一方面在書帖畫作的收藏創作中，可得靈心逸趣；中國書畫藝術的意義
向來不作機械式的臨摹實錄，而是超越表象線條，直指「神韻」，強調「得乎
心而落於形」，具有強烈的人文意識，如《法書通釋》引〔漢〕蔡邕〈筆論〉
言：「書者，舒也。欲書則先舒散懷抱、任情恣性、點坐靜思、隨意所適，言
不出口、氣不盈息，沈密神采如對至尊，然後書之，則無不善矣。」〔註78〕
然後「喜則氣和而字舒，怒則氣麄而字險，哀則氣鬱而字斂，樂則氣平而字
麗。」〔註79〕凡此，皆意味了書墨的揮毫，除了是技巧、手勁、工具的相成
和合之外，更有著書者個人襟懷氣度、神情韻致的展現，那麼，觀古墨跡、
古書帖，則可追想前代高人勝士之風姿神采，感受其生命氣韻，「使我日得與
之接」，怡悅自我心靈，甚至作爲個人品味的修養，如《長物志》便云：

　　觀古法書，當澄心定慮，先觀用筆結體精神照應，次觀人爲天巧自
　　然強作，次考古今跋尾相傳來歷，次辯以藏印識、紙色、絹素。
　　〔註80〕

另外，〔明〕周履靖〈畫論〉屢屢強調之「氣韻」亦復如斯，云：

　　畫有六法：一曰氣韻生動，二曰骨法用筆，三曰應物寫形，四曰隨
　　類敷彩，五曰經營位置，六曰傳摹移寫。六法精論，萬古不移。自
　　骨法用筆以下五法，可學而能，如其氣韻，必在生知，固不可以巧
　　密得，復不可以歲月到，默契神會，不其然而然也。〔註81〕

〔註77〕詳見〔明〕何良俊：《四友齋叢說》，卷二十八，畫一，頁255。
〔註78〕詳見〔明〕張紳編：《法書通釋》，收於〔明〕周履靖：《夷門廣牘》，頁326
　　　　下～327上。
〔註79〕詳見同上註，頁328下～329上。
〔註80〕詳見〔明〕文震亨：《長物志》，收於嚴一萍選輯：《百部叢書集成》（臺北：
　　　　藝文印書館，1966年）之三十一，《硯雲甲乙編》，第二函，第四冊，卷五〈論
　　　　書〉，頁1左～2右。
〔註81〕詳見〔明〕周履靖：《畫評會海》，上卷，收於氏編：《夷門廣牘》，頁356上。

作畫之時，若能掌握骨法、應物、敷彩、佈局、移寫等五要素，概可得物之「形似」，然而，繪畫眞正的價值則取決於「氣韻神情」之有無，所謂「氣韻神情」者，即是講究畫作的天然渾成，沒有人爲修飾、刀斧鑿痕，因此，畫山水須「重於氣韻，遒如篆毫」、畫泉石須「出泉心而有磅礡氣」、畫樹須「筆法入神，四面俱要」、畫人物須「神彩俱發於兩目」等，此亦爲繪畫史所稱的「天趣」；接著又說：

> 畫有三品：三品者，氣韻生動，出於天成，人莫窺其巧者，謂之「神
> 品」，筆墨超倫，傳染得宜，意趣有餘者，謂之「妙品」，得其形似，
> 不失規矩者，謂之「能品」。〔註82〕

「形似」（能品）終究無法等同於「眞實」（神品、妙品），「眞實」就要能表達出內在的氣質韻味或天趣，欲得其氣韻天趣則須師法造化自然機心，並在線條皴點、構圖設色等形式表現中，傳達出個人的審美經驗、精神情思，由寫實趨於寫意，如〔唐〕王維畫山水乃「得心應手，意到便成，故造理入神，向得天眞，難與世俗論也。」〔註83〕〔宋〕蘇東坡畫竹乃「虬屈無端，石皴硬奇，如胸中盤鬱也。」〔註84〕換言之，繪畫終將成爲文人在日常生活中體驗的一種媒介，或者作爲個人理想的寄託，或者作爲精神世界的抒洩與安頓，某種程度上，「因企求將畫境與個人心靈境界的服應契合，轉爲強化自我的心性修持，更將審超越的力量，歸結於主體心理結構的模塑與改造」〔註85〕，使主體心靈獲得淨化與昇華的可能。

　　另一方面，則是進一步地透過書畫涵養所展開的鑑賞活動。引文內關於〔明〕何良俊與〔明〕文徵明（衡山先生）一同鑑賞書畫的情形絕非個案，事實上，明代書畫品評交流的風氣在文人圈中是非常盛行的，其中既有賞鑑古帖、古畫之佳妙處，也有品評時人作品之優劣者，如：

> ◎今過沈叔敷，許會施懋伯，見其三紙與其王父杲大夫西亭公相聞
> 者，法度不盡師古，而道邁沖逸，韻氣超然塵表，如宿世偼人，
> 生具靈氣，故其韻高冥合，非假學也。右軍子孫在會稽，書法獨

〔註82〕詳見同上註，頁356上～下。
〔註83〕詳見〔明〕曹昭明：《格古要論》，收於〔明〕周履靖：《夷門廣牘》，頁 113
　　　　下。
〔註84〕詳見同上註，頁 114 下。
〔註85〕詳見羅中峰：《中國傳統文人審美生活方式之研究》（台北：洪葉出版社，2001
　　　　年），頁 161。

不傳，文成當其苗裔也！觀其骨氣，雅有祖風。〔註86〕

◎夫京兆書而須全神于酒邪。萬曆庚申，正白安先生攜此卷過我（曹履吉）漁山堂共賞，閒作評語併漫書之。〔註87〕

◎吳中推石田畫，咸曰神品，今司寇公亦曰畫聖。此翁畫價本最多，然余亦曾從賞鑑家獲睹一二眞跡。其氣韻神采信不凡，第用筆終覺粗，於書家乃行草也。宋人謂元章無楷，石田翁未免坐此矣！〔註88〕

其他諸如〔明〕董其昌《容臺集》、〔明〕李日華《味水軒日記》……等也都有著類似活動的記載。由此可知，書畫的鑑賞顯然已成爲明代文人交際聚會間重要的話題，甚至透過集會結社或拜訪遊謁方式以形成討論氛圍，彼此展示所藏、激盪觀念，既可提升個人書畫的識見水準，在清玩賞鑑的過程中，又可得「暫時快人心事」之樂，使生活更爲藝術化、精緻化，唯書畫交流活動本身就是文人圈的產物，若不具備一定的相關能力者都難以參與。因此，我們不妨可以將這種類型的聚會，視爲是「一種營造文雅文化的儀式，並經由這種儀式建立起社會身分的相互認同，而個人則可以從中展現才藝以創造聲譽與地位。」〔註89〕

循此可知，明代中晚期以後，文藝社會逐漸形成，生活與藝術的結合遂成爲一股不可遏抑的風潮，無論是個人精神的閒樂或者文人之間的交流，無不是環繞著詩書文墨、畫帖珍玩，而《夷門廣牘》的纂輯恰與此一風潮接軌。尤其，經過前文的分析討論後，發現《夷門廣牘》中所安排的書畫相關內容，已大幅降低了各種按書操作、入門技術教導的實際功能，轉而列舉諸多法帖畫譜的品評分析、書畫理論以及各種有典有據之書畫知識等，恐怕其中所指向的「游藝活動」並非落在書畫的教學指導之用，而是視書畫爲精神

〔註86〕詳見〔明〕朱長春：《朱太復乙集》，收於《四庫禁燬書叢刊》（北京：北京出版社，2000 年），集部，第八十三冊，卷二十七〈王文成陽明先生手柬跋〉，頁 248 下～249 上。

〔註87〕詳見〔明〕曹履吉：《博望山人稿》，收於《四庫全書存目叢書》（台南：莊嚴文化事業有限公司，1997 年），集部，第一八六冊，卷十七〈祝枝山草書跋〉，頁 49 上。

〔註88〕詳見〔明〕孫鑛：《書畫題跋》，收於《中國書畫全書》（上海：上海書畫出版社，1992 年），〈石田山水〉，頁 972。

〔註89〕詳見王鴻泰：〈閒情雅致——明清間文人的生活經營與品賞文化〉，《故宮學術季刊》，卷二十二，第一期（2004 年 9 月），頁 95～97。

娛樂活動，可資為個人娛心閒情之樂；此外，明代文人鑑賞生活的開展日益頻仍，以〔明〕周履靖為例，他本身就常不時地攜其畫冊遊訪於公卿名臣、文壇勝流之間，「畫藪牘」中的《繪林題識》留有當時多位文人雅士題贈的詩文，諸如：

◎【王世貞】

　余纂有古今畫苑，已刻之，金陵海內傳以為繪林□靖，使見周君此冊，尚當採吉光片羽而綴之，恨此不早出，雖然無妨，與我弇洲畫苑並行也。〔註90〕

◎【黃洪憲】

　嘗聞書盛于晉，畫勝于唐，宋室書畫兼耳。士大夫攻畫者必工書，然必善書者始能畫。宣和中大舉天下畫士若進士科，稱旨者不多得。國朝宣廟亦嗜繪事，半在聞秘間，亦得覩古蹟，而于士大夫家所披閱者更夥然，有傳形者，有傳神者，形易而神難，而矧曰：摹之于石則尤難。吾郡周徵君鐫繪林精絕，其殆傳神者耶，形朽而神不朽，是徵君嘉惠後世意也。〔註91〕

〔明〕王世貞稱其畫藝足與弇洲畫苑並行，〔明〕黃洪憲則盛讚其畫技精絕，可堪傳神不朽，其他或考掌故軼聞、或逞個人才識、或記其學藝梗概、或評其畫作之優劣……等等，透過人際往來方式，交織為藝術知識的言說場域，既使藝術知識獲得流通，也彰揚了〔明〕周履靖個人聲譽，社交意味極為濃厚，那麼，《夷》書中的若干書畫品評，如《格古要論》之「古碑法帖論」：「武陵帖二十卷，較諸餐增益最多，中間有右軍、黃庭，他本所無，博而不精，殊無足取。」「古畫論」：「夏珪畫，夏珪善山水，佈置皴法與馬遠同，但其意尚蒼古而簡淡，喜用禿筆樹葉間夾筆樓閣，不用尺界畫，信手畫成，突兀奇特，氣運猶高。」〔註92〕這些品頭論足式的內容，多與文人書藝的交流談論不謀而合，某種程度上，應該也具有提供文人在雅集閒聚間多重「話題」的意義。

〔註90〕詳見〔明〕汪顯節編：《繪林題識》，收於〔明〕周履靖：《夷門廣牘》，頁437上～下。

〔註91〕詳見同上註，頁439上。

〔註92〕詳見〔明〕曹昭明：《格古要論》，收於〔明〕周履靖：《夷門廣牘》，頁167上、115上。

第四節　其他游藝活動

　　除了「游藝百戲」與「翰墨文采」之外，《夷門廣牘》內尚安排有多種游藝活動，包括「音樂戲文」方面，在明代儼然也是極爲流行的活動，據《萬曆野獲編》的觀察：

> 元人小令，行於燕趙，後浸淫日盛，自宣、正至成、弘後，中原又行〈鎖南枝〉、〈傍粧臺〉、〈山坡羊〉之屬。李崆峒先生初自慶陽徙居汴梁，聞之以爲可繼國風之後，何大復繼至，亦酷愛之。……不問南北，不問男女，不問老幼良賤，人人習之，亦人人喜聽之，以至刊布成帙，舉世傳誦。〔註93〕

又或是《客座贅語》所記載者：

> 南都萬曆以前，公侯與縉紳及富家，凡有讌會、小集多用散樂，或三四人，或多人，唱大套北曲，樂器用箏、琵琶、三絃子、拍板。若大席，則用教坊打院本……今則吳人益以洞簫及月琴，聲調屢變，亦爲悽惋。〔註94〕

不但人人喜唱時令小調，就連演奏的樂器也都極其豐富考究，甚至如〔明〕李中麓直接蓄養家庭戲班以供隨時的娛樂〔註95〕，《夷》書中，如〔明〕徐時琪編著之《綠綺新聲》，全書共三卷，除了首卷記載的是基本琴法啓蒙、五音要論之外，其餘二卷則收錄了「梅花三弄」、「思賢操」、「胡笳十八拍」……等七種琴譜，《鶴月瑤笙》則是〔明〕周履靖自著之合樂套曲，包括「霞外清聲」、「閒雲逸調」、「鴛湖漁唱」、「梅里樵歌」等四種，內容大致是唱詠著放形物外、栖志泉石的種種閒情雅態〔註96〕，在音樂梨園的生活中娛心樂志、消閑解乏，使人精神爲之暢快。

　　而品茗飲酒一事向來也是文人生活中重要的閒雅藝事，其中，除了有生理層面上提神、抗病、解毒、暖身、益氣等物質機能外，更重要者，是根植於茶酒背後的生活態度、人文氣氛以及審美趣味，例如在製作方面，包括有

〔註93〕詳見〔明〕沈德符：《萬曆野獲編》，卷二十五，時尚小令，頁647。

〔註94〕詳見〔明〕顧起元：《客座贅語》，卷九，戲劇，頁303。

〔註95〕關於明代文士的家樂戲班，可參閱劉水雲：〈明代家樂考〉，《中國文哲研究通訊》第十三卷第一期（2003年3月），頁87～122。

〔註96〕另外，〔明〕周履靖並撰著有戲曲《錦箋記》，然未收入《夷門廣牘》中，流傳似未廣。今台北國家圖書館善本書室藏有毛氏汲古閣刊清代修補本之《錦箋記》。

水品的抉擇、米麥茶葉的選取、烹煮技術的優劣、器皿茶具的搭配等，在品賞方面，包括有茶酒的命名、飲酌環境的佈置、理想合宜的飲客、相應的食點、文人雅集的宴飲等，使之由一般感官化的日常活動轉化為審美價值的表現方形式，進而作為主體精神意趣的寄託，如〔明〕蔡復一《茶事詠》云：

> 古今澆壘塊者，圖書外，惟茶、酒二客。酒養浩然之氣，而茶使人
> 之意也消，功正未分勝劣，天津造樓，顧渚置園，玄領所寄，各有
> 孤旨。酒和中取勁，勁氣類俠；茶香中取淡，淡心類隱。〔註97〕

茶藝與酒藝，一則講素淡而類隱，一則求酣醉而類俠，某種程度上，其實都是文人審美生活的產物，是他們在現實俗世的時空脈絡底下，另外所構築出的活動情境，藉以資為個人精神生活的寄寓；此猶如〔明〕周履靖在〈夜宿松林石室，極談其山中行住坐臥之樂，以成四律，亦或能遂其巖穴之勝耳〉其四所詠：

> 地僻塵囂隔，心慵覺晝長。樹頭來鳥韻，窗外煮茶香。紙帳輝庭日，
> 藜牀設草堂。悠然忘世慮，高枕似羲皇。〔註98〕

事實上，羲皇時代的烏托邦世界早已不存在，「悠然忘世慮，高枕似羲皇」的生活不過是要在聽鳥韻、煮茶香、輝庭日、設草堂的活動中，聊作一時雅興，表達一種具美感的生活意境。另外，《夷門廣牘》內所收錄之《水品》、《茶品要錄》、《茶寮記》、《酒經》等，也都或多或少觸及至此一層面，使人在品茗飲酒的活動中娛興抒懷，並安頓其閒心適意。

其他尚如品書藏卷、唱和酬答、溪山逸遊、習靜練氣……等等，亦在《夷門廣牘》的規劃範疇當中，並且也都是明代文人重要的游藝活動形式。

第五節　結　語

本章旨是探討〔明〕周履靖在叢書內的「游藝」內涵，全文以明代文人追求閒情逸致的心理為基點，藉《夷門廣牘》概覽「游藝」與文人生活的關係。

〔註97〕詳見〔明〕蔡復一：《茶事詠》，收於《中國茶書全集》（東京：汲古書院，1988年），頁48。

〔註98〕詳見〔明〕周履靖：〈夜宿松林石室，極談其山中行住坐臥之樂，以成四律，亦或能遂其巖穴之勝耳〉其二，《山家語》，收於氏編：《夷門廣牘》，頁1258下。

　　循此，筆者一一鉤掘了《夷門廣牘》所安排之相關內容，大致將它們歸納為「各種玩娛活動」、「翰墨文藝」與「其他」三大類；「各種玩娛活動」部分，諸如「鬥蟋蟀」、「打馬」、「弈棋」、「詩牌」……等等，在蟲獸引鬥的競技比拚中，享受其間帶來的趣味性與娛樂性，在樗蒲棋藝的攻防運術過程裡，既是鬥智賽巧，亦為消閒戲事，在投壺與詩牌的風雅藝事中，可以「悅舉座之耳目，樂眾心而不倦」，最是文人宴飲歡聚場合的遣興活動；凡此活動，看來似是枝微小道，然究其內涵，不但可以「收心怡神情、動盪血脈、暢其四肢」，同時「即器以見道，因象以會意」，在遊戲中折射世情、體現人倫的意義。「翰墨文藝」部分，則是展現於詩文書畫的雋雅活動上，在吟詩賦文、賡續唱和中，寄託個人的閒樂之情、增添生活情趣，在書畫的創作鑑賞過程中，除了資為自我心性的怡悅之外，同時，透過書畫所開展之種種娛興活動，無形中亦擴增了個人的生活版圖，「游藝活動」彷彿成了另一種社交的形式。其他，諸如音樂戲曲、品茗飲酒、溪山逸遊……等等，在在都是明代文人重要的游藝活動。

第肆編　周履靖的園居經驗與書寫活動

第肆編　周履靖的園居經驗與書寫活動

引　言

　　中國古典園林的發展，大體是在秦漢時期上林苑囿的山水基礎上逐漸成形，經魏晉南北朝時期確立其文化性格與規模後，唐宋以降，無論是在數量或類型上都獲得大幅度的擴增，包括宮苑式園林、廟觀式園林、田園式園林、名勝式園林、書院式園林……等，此起彼落地出現，學者漢寶德更依其發展重心，將中國園林分為「洛陽時代」與「江南時代」兩個區塊，其中又以明清時期的江南一帶最是繁盛，尤其隨著經濟結構的改變、生活條件的提升以及審美風氣的帶動下，文人雅士紛紛競相營構園林，諸如拙政園、影園、熙園、弇山園、西園曲水、逸園、漁隱小圃等相繼出現，都是當時極其有名者，交織著十里畫舫外、秦淮河畔邊不絕如縷的名妓彈唱，暈染成最是繁華瀲灩的文化都城。〔註1〕

　　園林的卜築，除了有佈局設景、剔石疏泉、蒔花植木等物質意義外，同時，或可作為隱身避世的寄託境域，如明末隱士徐吉民，「所居近滄潯溪，種樹數十萬株……與田夫野老坐草萊、說耕耘事。手種茗，不啻天池、虎丘。」

〔註1〕關於中國古典園林的發展歷程與特色，可以參閱漢寶德：《物象與心境——中國的園林》（台北：幼獅文化事業有限公司，1990年）、王毅：《中國園林文化史》（上海：上海人民出版社，2004年）、孟亞男：《中國園林史》（台北：文津出版社，1993年）、以及曹林娣：《中國園林藝術論》（太原：山西教育出版社，2001年）等書。

〔註2〕築室郊濱以謝息人世交遊繁務；或可作爲娛情適志的生活處所，如〔明〕袁中道云：「山中已有一亭，次第作屋，晨起閱藏經數卷，倦即坐亭上，看西山一帶，堆藍設色，天然一幅米家墨氣。午後閒走乳窟聽泉，精神日以爽健，百病不生。」〔註3〕在清幽林溪中享受難得的閒情逸樂；甚至是受到自然美景的吸引或園主的引領招徠下，帶來了一批好事的遊客賓朋，有的純粹意在泛覽園中湖光山色，有的則進一步地與園主進行各種藝文交流、詩歌酬唱，增添了園林活動的豐富特質與意義，如〔明〕趙宦光築園於蘇州支硎山南，名曰「寒山別業」，撰有〈寒山誌〉，細述其卜地緣由以及園中各景的命名、意涵〔註4〕，其中的千尺雪、小隱岡、驚虹渡、馳煙驛、飛魚峽……等，都是備受時人所稱道的景點，同好文友時相流連贈答、舉行詩會，《寒山蔓草》即是當時唱和贈答的集結彙編，序文有云：「山中人自有其廬，游觀者自有其興，如足狂鼎，不相通而相持焉。於是，看雲過客不惜投珠，翰簡篇題，動盈卷軸，捋而成冊，題曰蔓草。」〔註5〕另外，〔明〕祁彪佳編撰之《寓山注》，凝聚了祁氏與兩百餘位文友的書寫與閱讀，將園主的主體感受、審美意識或者文友間的經驗對話，映覆在寓山的空間景觀裡〔註6〕，延續至清初袁枚的隨園，伴著《隨園雅集圖》的傳閱、題詠，「藝林珍琬琰，題句即簪紳。」「一卷《雅集圖》，昔之西園配。」〔註7〕形塑出隨園的多重文化特質。顯然，夾纏其間的活動景況，有交遊、有審美、有閒賞、有唱和等等，其中更流轉著個人生命的起滅、人生的常變、價值的認取以及歷史的興衰枯榮，如〔明〕鄭岳〈山翁樂岳記〉云：

　　莆自唐宋以來，名公卿大夫，貴顯一時；今訪其故居，漫不可得，

〔註2〕詳見〔明〕袁中道：《珂雪齋集》（上海：上海古籍出版社，1989年），卷十〈徐樂軒樵歌序〉，頁467～468。下引此書皆同此一版本，不另出詳註。

〔註3〕詳見同上註，卷二十四〈寄四五弟〉，頁1014。

〔註4〕詳見〔明〕趙宦光：《寒山誌傳》，收於《百部叢書集成三編》（台北：藝文印書館，1977年）之八，《乙亥叢編》，第四冊，頁1左～6左。

〔註5〕詳見〔明〕趙宦光編：《寒山蔓草》，收於《四庫全書存目叢書》（台南：莊嚴文化事業有限公司，1997年），集部，第三四八冊，頁790上。

〔註6〕相關討論，主要參閱自曹淑娟：《流變中的書寫──祁彪佳與寓山園林論述》（台北：里仁書局，2006年），頁153～221。下引此書皆同此一版本，不另出詳註。

〔註7〕分別見〔清〕朱筠與〔清〕蔣和寧所撰：〈題《西園雅集圖》〉，收於〔清〕袁枚著，王英志編：《袁枚全集》（南京：江蘇古籍出版社，1993年），第六冊，《續同人集》，頁168、169。

惟墟墓纍然獨存。〔註8〕

在時間的遞嬗衝擊下，諸如廬山草堂、平泉山居、滄浪亭、樂圃等名園，多已由「崇岡清池、幽巒翠篠」化爲「牧兒樵豎斬草拾礫之場」，後來者再次的造訪，不免徒增繁華已逝、歲月不待的悠恍，此亦是〔明〕張鼐所謂「觀事理，滌志氣，以大其蓄而施之於用，誰謂園居非事業耶」〔註9〕的體認，使得中國園林所創設的空間意義實則是生命主體對應生存空間的課題，這種模式，學者曹淑娟稱之爲「主體性空間的建構」。〔註10〕

　　古典園林實景固然今已難能一一復現，但闢園或遊園時留下的記、贊、歌、跋、題、評、贈、答等文字書寫，跨越時空限制，大部分多能得到完整保存，對於園林內部結構的理解、景觀途徑的導覽、闢建園宅的動機、園林主題的詮釋，以及園內所開展的唱和、題詠與對話等活動，衍生出許多相關並饒有趣味的課題與思考。對此，曹淑娟作了精要而到位的解釋：

> 園林既是一處反映時代風氣、社交生活、財富身分的社會空間；也往往同時建構起園林的文本空間，以文字或圖繪的脈絡取代了具體的路徑導引，形成知音交契的場域；並且進而藉由命名、吟詠乃至具體的建設居遊行爲，賦予內省式的象徵意涵，使得園林也成爲一處充滿個人隱喻的生命空間。〔註11〕

近年來，曹教授在明中晚期的園林文化場域中，循著「社會空間」、「文本空間」與「隱喻空間」三種認識路徑，力闢中國古典園林的深度底蘊，並且提出具啓發性的理解，除了近期集結〔明〕祁彪佳園林論述的大作：《流變中的書寫——祁彪佳與寓山園林論述》，另外，尚有〈小有、吾有與烏有——明人園記中的有無論述〉、〈袁宏道的園亭觀及其柳浪體驗〉、〈園舟與舟園——汪汝謙湖舫身份的轉換與侷限〉等文，對於筆者具有極大的啓引〔註12〕。此外，

〔註8〕　詳見〔明〕鄭岳：《山齋文集》，卷六，收於王雲五主持《文淵閣四庫全書珍本》（台北：台灣商務印書館，1986年），第三四七冊，頁15。

〔註9〕　詳見〔明〕張鼐：〈題爾退園居序〉，收於施蟄存編：《晚明二十家小品》（台北：新文豐出版社，1977年），頁173。

〔註10〕　詳見曹淑娟：〈祁彪佳與寓山——一個主體性空間的建構〉，收於李豐楙、劉苑如編：《空間、地域與文化——中國文化空間的書寫與闡釋》（南港：中研院中國文哲研究所，2002年），頁378。

〔註11〕　詳見曹淑娟：《流變中的書寫——祁彪佳與寓山園林論述》，頁9。

〔註12〕　詳見曹淑娟：〈小有、吾有與烏有——明人園記中的有無論述〉，《臺大中文學報》第二十期（2004年6月），頁195～238；〈袁宏道的園亭觀及其柳浪體驗〉，

侯迺慧教授所撰〈明代園林舟景的文化意涵與治療意義〉、〈園林圖文的超越性特質對幻化悲傷的療養——以明人文集的呈現爲主〉二文，則是從心理治療學的角度洞悉明人面對園林衰敗荒廢的存在焦慮，如何在有限的時空中提出相對的自處、超越，彌補園林幻化的缺憾與悲傷，論點新穎，頗具創見，而氏著之《詩情與幽境——唐代文人的園林生活》與〈清代廢園書寫的園林反省與歷史意義〉，前者針對唐宋園林的文化內涵進行探討，後者則承接明代園林的書寫特質，觀察清代廢園的遊憩現象以及其中所透顯的懷古結構、荒廢意識，有助於筆者對中國古典園林一貫發展脈絡的理解〔註 13〕。再者，如毛文芳、鄭文惠、曹淑娟、楊鴻勛等諸位前輩學者，各自從不同層面、觀點、材料、方法上提出許多具前瞻性的論述，爲筆者所欲進行之園林文學探討建立深厚的認知背景與探討方法。

　　本編延續了《夷門廣牘》的相關討論。叢書中，包括「招隱牘」之《梅墟別錄》、《梅塢貽瓊》，以及「閒適牘」與「觴詠牘」內的大量詩文，主要是由〔明〕周履靖個人作品、其妻桑貞白作品，以及眾位文友題贈唱和的詩文作品集合而成；揆諸內容，發現其實多與周氏的園林生活息息相關，所謂：「檇李城南五里餘，蕭蕭水竹野人居。浮雲世外一樽酒，長日床頭數卷書。」〔註 14〕「予幸有先人之敝廬，足以蔽形，薄田足以糊口，奈何從里中兒爭錐刀之末哉？卒不肯事家人產業，惟日耽吟詠云。」〔註 15〕園主固守著先人遺業卻不事生產，在嘉興鴛湖之濱闢建一座名曰「梅墟」的園林，日日吟詠著

收於《知性與情感的交會——唐宋元明學術研討會論文集》（台北：大安出版社，2005 年），頁 311～358；〈園舟與舟園——汪汝謙湖舫身份的轉換與侷限〉，《清華學報》新三十六卷第一期（2006 年 6 月），頁 197～235；〈《春星堂詩集》中的才女群像〉，發表於「國科會中文學門 90～94 年研究成果發表會」（彰化：彰化師範大學國文系，2006 年 11 月 25 日），頁 1～31。其餘相關文章，可以參閱臺大中文系網頁。

〔註 13〕詳見侯迺慧：《詩情與幽境——唐代文人的園林生活》（台北：東大圖書公司，1991 年）、〈明代園林舟景的文化意涵與治療意義〉，《人文集刊》第二期（2004 年 4 月），頁 1～39、〈園林圖文的超越性特質對幻化悲傷的療養——以明人文集的呈現爲主〉，《政大中文學報》第四期（2005 年 12 月），頁 123～154、〈清代廢園書寫的園林反省與歷史意義〉，《臺大文史哲學報》第六十五期（2006 年 11 月），頁 73～112。其餘相關文章，可以參閱臺北大學中文系網頁。

〔註 14〕詳見〔明〕周履靖：〈村居〉，《閒雲稿》，卷一，收於氏編：《夷門廣牘》（北京：書目文獻出版社，1990 年），頁 1114 下。

〔註 15〕詳見〔明〕李日華：〈梅墟先生別錄〉，收於〔明〕周履靖編：《夷門廣牘》，頁 917 下。

述於其間，各種詩歌、古文、戲曲之作因而紛然湧現，加上諸多賓朋知音在與周氏密切的往來交遊、或是親自造訪園林後，各自依照他們不同的生命體認，留下對其人、其園不同向度的詮釋，同時，隨著詩文作品的集結出版，在文學傳播的過程中，恐怕也拉攏了不少人慕名前來拜訪，於是，環繞著梅墟所開展的新型文學活動就此發生，某種程度上，在此園居時空脈絡下所衍生的各種活動，無非就是〔明〕周履靖經營個人文化版圖、文化形象所運用的策略，也可謂是一種「日常的生活表演」。〔註16〕

以下，筆者將循著上述的認知背景，觀察〔明〕周履靖的園林經驗及其相關論述，深入探討其關園或遊園活動的表述意涵。全編共分兩章：〈梅墟的經營與自我觀照〉、〈園居經驗的書寫與對話〉，討論的重點有三：首先是針對梅墟園林內基本規劃與建造的認識，其次，梅墟既是〔明〕周履靖擘劃下、作為安頓自我心靈的場域，園主與遊園者如何透過園林空間的體認，相應地解釋「周履靖」與「梅墟」之間的關係，以體察園主的主觀心境與情志？再次，透過親自造訪或文字的臥遊，園主與遊園者在唱和題詠的互動往來過程中，聯繫成某種特地範疇下的「小眾群體」〔註 17〕，雖不具備嚴密確定的集會結社知名，但卻儼然建立起一個以〔明〕周履靖為核心的知交圈，在這龐大的對話過程中，涉及了哪些書些現象與心態呢？筆者期能透過此‧個案的論述，循著〔明〕周履靖與「梅墟」的關係與互動細說從頭，一探其中究竟，進而掘發出更多明人園居經驗中，尚未被彰顯的生命價值以及審美情趣。

〔註16〕（加）高夫曼（Erving Goffman）指出：「做一個特定類屬的人，不僅是單單有所需的屬性（只年齡、性別、籍貫、階級），也要在行為和外表上維持這一社會群體的標準。」他進而把人際交往當作一個舞臺來看待，參與人際交往的人，都是舞台上的演員，他用了許多戲劇上的術語來做為分析人際交往的概念，諸如表演、腳木、前臺／後臺……等等。演員在舞台上的表演盡量去掩飾他本來面目，卻是盡力求好，博取觀者的肯定，他稱之為「形象經營」（impression management）。關於高氏的理論概念，可以參閱鄭為元：〈日常生活戲劇觀的評論家──高夫曼〉，收於葉啟政編：《當代社會思想巨擘》（台北：正中書局，1992 年），頁 26～55。

〔註17〕關於題詠唱和所形成之「小眾團體」的討論，可以參閱楊玉成：〈小眾讀者：康熙時期的文學傳播與文學批評〉，《中國文哲研究集刊》第十九期（2001 年9 月），頁 55～108。

第一章　梅墟的經營與自我觀照

第一節　前　言

　　一般而言，文學創作的歷程是一種不同於我們當下實存的經驗過程，然除了部分屬於純粹的抽象思維辯證外，大致仍可以有其相應於某些特定時空環境所構成的文化行為作為理解背景，換言之，「文學活動」與「現實經驗」雖有虛實的差異，但彼此之間，事實上仍存有某種互為觀照、補充的微妙關係，此誠如柯慶明的研究所指：

> 文學是一種文化或者文明的利器。但這種利器，只有在它能喚醒我們的內在人性，提昇擴大我們的生命意識，進入一種遠比我們的現實經驗高遠闊大的文學經驗，它才真正發生作用。這種作用的能夠達成，我相信，是因為我們能夠以自己的生命，透過「文學」的活動，參與了「文學經驗」的永恆的「美」。〔註1〕

從這種角度理解，「文學」彷彿可以作為某種解釋自我、理解生命的具體形式，因此，人們在自身與歷史時空的相應感知中，尤其是面對自我生命的困惑、徬徨之際，往往可以透過文學的書寫以重新覺察自我的存在意義，並發現一條安頓自我心靈的途徑，如〔先秦〕莊子在「蝶」、「我」間的往復辯證中，解釋了生命遷化的過程，說明形軀生死只是外在萬物流變的現象之一，毋須執著擾心，或如〔宋〕范仲淹在〈岳陽樓記〉中說道，人們每每因「霪雨霏霏，連月不開，陰風怒號，濁浪排空」，而生「去國懷鄉，憂讒畏譏」之感，

〔註1〕詳見柯慶明：《文學美綜論》（台北：長安出版社，1983年），頁70。

至若「春和景明，波瀾不驚」、「沙鷗翔集，錦鱗游泳」，則得「心曠神怡，寵辱皆忘」之態，在景物與情感的對比書寫中，范氏進而拈擬出古仁人賢達「不以物喜，不以己悲」的典範期許，藉此化解了生命中的不順遂與違拗，提供一種心靈超越的可能。

　　一如活動於明代中晚期的周履靖，拋棄了傳統舉業仕進之途後，選擇經營丘園以擺脫人事多重的榮辱利害關係，在江浙一帶卜築園林，作爲人生的另一志業。此一地理區域自古以來便即擁有著豐厚的人文薈萃傳統：〔南北朝〕吳均曾經富陽至桐廬一帶時，寫道：「風煙俱淨，天山共色，從流漂蕩，任意東西」、「奇山異水，天下獨絕」，他以清麗簡練的筆調呈現出江浙的秀麗江山，稱之能使汲營世務者息心忘返；而唐代中期，那位拋擲釣竿、高唱著「斜風細雨不須歸」的煙波釣叟張志和，在肅宗時待詔翰林，曾任左金吾衛錄事參軍，後因事貶遷南浦尉，赦還後，不再復任，匿跡於湖州、越北，所作的五首〈漁父詞〉，除了歌詠自然的山光水色外，也蘊藉著一份悠哉自得的隱逸情趣；另外，在藏書、刻書方面，浙江向來也都是中國圖書事業的重要發展地區之一，以宋代私家藏書爲例，據統計約有二百四十餘人，其中浙江佔有三十二人，僅次於江西的五十四人，比例上不可謂不高，尤其到了明代，更躍居首位〔註2〕，因之，連帶影響了當地的圖書刻印、學校教育等層面，爲此地區奠定了豐厚的文化基礎。浸染其間，〔明〕周履靖的園居生活可說有著深遠的人文傳統作爲他的後盾，其園林的書寫與活動，在相當程度上，實是交織著「山水」、「隱逸」與「文化事業」的總和體，孕育有個人與群體之間強烈的生命因應。

第二節　梅墟的經營

　　自幼聰慧靈敏、頗有才情的周履靖，雖曾有過一段不算短的舉業生活，並專志於四書五經的知識活動，努力練習著八股制式的書寫，但卻在才名漸顯藝林、尚未及第前，旋即棄去舉業之途，投入自然山水的懷抱，其中的緣由，〈螺冠子自敘〉中僅表示：「生而善病，甫弱冠棄去制舉業。」〔註3〕自認

〔註2〕這一數據統計，乃是參考范鳳書：《中國私家藏書史》（鄭州：大象出版社，2001年），頁62～82。

〔註3〕詳見〔明〕周履靖：〈螺冠子自敘〉，收於氏編：《夷門廣牘》（北京：書目文獻出版社，1990年），頁944下。下引此書皆同此一版本，不另出詳註。

身屢體弱，不堪攻讀仕進之務的體力負擔所致。此外，〈感懷〉一詩中卻透露出另一種端倪：

> 壯志俠少年，長懷出塵表。僶俛在功名，淹留類牛皁。失意遂歸來，
> 脫屣不旋遶。青山諧素心，白日恣幽討。茹蔬固莫辭，甘爲丘壑老。
> 元亮我所師，幽貞□相保。但恐霜霰侵，菴忽同枯槁。〔註4〕

所謂的「壯志俠少年」、「僶俛在功名」，大致與〔明〕周履靖的成長背景相符，而從功名壯志跨向青山白日的轉折點，則是因「失意遂歸來」，只是，他爲何而失意呢？相關的文獻資料闕如，今已不得知，但從「長懷出塵表」句推敲，大抵追求「胸中俱有丘壑」的自適心境，悠遊於溪山煙霞、擺脫俗務羈絆的林隱生活是他心中一直嚮往者〔註5〕，較之「仕進」，其中所交織的八股時文、人事應酬、官僚派系、權力爭鬥等，基本上是兩種人生路徑的選擇，〔明〕嚴紹峰在〈梅墟書屋記〉中就曾這樣描述過他：「逸之少業儒，不喜章句，促侗棄去，而居常以吟哦、摹寫、繪畫自娛。時時蕩小舠或憩書屋中，舉大白獨飲酣歌，人且目之爲狂生，弗顧也。」〔註6〕換句話說，〔明〕周履靖其實具備有用世之才，可是世務經綸終究有違本身好尚山水的欣趣，浮塵名利更加不是他所致力追求的價值，寧歸臥於丘園中友麋鹿而侶梅鶴，作爲其回應自我生命本質的一種表現。

　　循上所述，〔明〕周履靖在健康因素以及個人志趣的通盤考慮下，決意選擇了溪山林隱以爲終極歸向。然察其相關傳記可知，事實上，他曾有兩度徘徊於人倫世務與山水林趣之間，據〔明〕李日華〈梅墟先生別錄〉云：

> 先生甫束髮，翁齒益高兼得足疾，往往而劇，輒以肩輿出入里中，
> 因嘆曰：「吾得抱孫，雖居九泉，無憾也。」乃逼令先生婚，婚無何
> 而竟搆瘵瘵，遂悃悃謝絕一切，幽棲於邑之欝秀觀者，幾三年。雅
> 善觀主紫霞道人所談率世外事。〔註7〕

〔註4〕 詳見周履靖：〈感懷〉，《閒雲稿》，卷三，收於氏編：《夷門廣牘》，頁1133下。
〔註5〕 在〔明〕周履靖與友人往來的書信中，便時常可以見到相類心意的表達，例如〈寄金弘叔〉云：「結廬喜與竹爲鄰，滿徑清風藉此身。……開臨石渚垂魚釣，懶出江城脫角巾。卻羨春來濡彩筆，畫將山水寄幽人。」另外，〈沈觀察避喧山中〉：「暫辭金馬門，高蹈誰能酬？屏跡閟名山，烟霞入冥□。往來謝塵鞅，世遠心悠悠。」詳見同上註，卷一、卷二，頁1113下、1126下。
〔註6〕 詳見〔明〕汪顯節編：《梅塢貽瓊》，卷五，收於周履靖編：《夷門廣牘》，頁991上。
〔註7〕 詳見〔明〕李日華：〈梅墟先生別錄〉，收於〔明〕周履靖編：《夷門廣牘》，

〔明〕周履靖在束髮之齡，以養病爲由，謝絕一切塵俗外務、人事酬酢，獨身棲隱里中之爵秀觀，伴著映帶溪江、敷榮草木，或以經史琴弈娛樂、或與翔鷗迴鷺共戲，此爲第一度的徘徊，爲期約莫三年。此後，在親情、人倫等不得不然的因素下，復又參與了家族事業的營生管理，並積極爲郡里謀取福利、絕除弊害，直至「是家以復廢」後，逐築梅墟園林於鴛湖之濱，不再過問世務，是爲第二度的徘徊，也才進入其較爲穩定的隱逸生活。

關於第一度的徘徊，發生在〔明〕周履靖較早時期，限於目前資料過於稀薄，較難作更深入的討論，因此，下文便從他第二度徘徊的來去經過觀察起，思考其如何在出世與入世之間安頓自我、走向山水，進而探討梅墟園林的經營規模、空間規劃等建制問題。

一、親情倫理與山水園亭——兩種價值的頡頏

「自然」與「倫理」向來就是一組對立的內涵，反映在人的存在關係上，則是主體性與社會性的拉鋸，因此，尋找合乎倫理的自然或合乎自然的倫理，成了人類永恆的理想、亙古的課題。〔註8〕

由於〔明〕周履靖爲家中獨子，所背負的倫理情感與使命自然重大，無論是從小在舉子仕宦之業的栽培，或是成年後婚姻子嗣的規劃，無一不是父母愛護兒親的期許，同時也涵蓋了任重道遠的家族榮譽，以及至死方休的家族情感。姑且不論〔明〕周履靖是否願意接受諸此安排，但棲隱爵秀觀後旋又重新認取家族倫理的價值，主要的原因，其實就是在人間親情的考量下所做的決定。據〔明〕李日華所記載的：

> 居無何，翁疾甚，握先生手曰：「兒素不任事，今若父不能久留人世矣！兒能取南山銅鑄若父乎？」翁泣，先生亦泣約：「兒不肖，致遺大人顧慮，所以浮游無狀者，以大人常爲之區劃耳！今請大人高枕臥，兒任事，請本日始。」翁始以家務屬先生。〔註9〕

其實，周家的生計情況，在其父東庄翁全權的擘劃、經營下，倒也尚稱小康，

頁916下～917上。

〔註8〕 關於「自然」與「倫理」的思考，主要是參考蔡瑜：〈試論陶淵明隱逸的倫理世界〉，《漢學研究》第二十四卷第一期（2006年6月），頁107～140，尤其是頁136～137。

〔註9〕 詳見〔明〕李日華：〈梅墟先生別錄〉，收於〔明〕周履靖編：《夷門廣牘》，頁917上。

然隨著年歲的增長，體力漸不如前，尤其是足疾病痛的交侵，早已無力繼續操持米鹽事宜，家務一度發生困頓。在親情的感召下，〔明〕周履靖為免父親掛懷牽絆，不得不扛起家務管理的責任。「先生綜理慎悉而用益饒，翁自是有以自慰，而先生稍稍以治家聞矣！」〔註10〕於是，在東庄翁的指導之下，固然不喜營生事宜，但倒還能夠有條不紊地經濟悉理，不但慰解了親情的憂慮，尤且獲致千金，壯盛一度中衰的家業。

　　然而，商賈一途終究非其所願，自東庄翁以疾謝世後，〔明〕周履靖便不再積極策劃家務，除了割產厚葬父親、捐貲解困族兄家庭外〔註11〕，轉而投入地方鄉里的社會福利事宜，據〔明〕萬曆年間刊本《嘉興府志》的記載：

> 郡縣交辟數次不應，相國貽書欲締布衣交、至欲古徵士禮見，率不應。負氣甚俠，能賑人急、濟人疾，邑常有重役，民不勝楚，破產脫之，郡父老數十萬爭為尸祝。〔註12〕

郡縣相國屢屢交辟締結，均不相應，唯關乎鄉里民生問題者，則極力奔走解困，包括應急賑災、延醫購藥〔註13〕，甚至是關於當時嚴重的稅制問題。據《明史‧食貨志》的記載：

> 初，太祖定天下官、民田賦，凡官田畝稅五升三合五勺，民田減二升，重租田八升五合五勺，沒官田一斗二升。惟蘇、松、嘉、湖，怒其為張士誠守，乃籍諸豪族及富民田以為官田，按私租簿為稅額。而司農卿楊憲又以浙西地膏腴，增其賦，畝加兩倍。故浙西官、民田視他方倍蓰，畝稅有二三石者。大抵蘇最重，松、嘉、湖次之，常、杭又次之。〔註14〕

〔註10〕詳見同上註，頁 917 上。

〔註11〕〔明〕李日華記載道：「踰日，翁竟以疾謝世，先生哭之，哀既而治喪，具甚楚。……又踰月而再從兄圍卒，家貧無以為喪，先生為治棺槨，撫其孤而婚之。諸宗人父老又謀曰：『方舉若父喪，而輒復如是，弗太費乎？』先生又謝曰：『吾不忍以此物薄吾宗耳！』由是，先生之義聲著焉。」詳見同上註，頁917 上。

〔註12〕詳見〔明〕劉應鈳修，沈堯中等纂：《〔萬曆〕嘉興府志》，《中國方志叢書》（台北：成文出版社有限公司，1970 年），華中地區，第五○五號，頁 1355～1356。

〔註13〕〔明〕劉鳳〈螺冠子傳〉亦云：「郡中大疫，子復空橐募諸醫、儲善藥療之。」該文收於〔明〕周履靖編：《夷門廣牘》，頁 948 上。

〔註14〕詳見〔清〕張廷玉：《明史》（台北：鼎文書局，1978 年），卷七十八〈食貨志〉，

一般而言，賦稅與繇役是中國古代國家的重要經濟來源，由區域而言，則江南五府一帶自唐、宋以後，無論是自然資源條件或政局穩定程度都具備有良好的增值潛力，因而逐漸成為中國經濟力極度倚賴的支柱，自然地，官田設置比例較大，所課賦稅也比其他地區來得更高，這種情形愈到明代中後期就愈是明顯〔註15〕。〔明〕周履靖考察江浙賦稅結構，發現到，除了田稅的負擔是江南五府共同的夢魘外，最是造成百姓重擔者，要屬坊廂氏的稅役了：

> 浙西稅額居天下十七，嘉郡賦稅又居浙西十七，而諸役稱不便者，
> 莫如坊廂氏。坊廂氏者，典官府迎候事故，嘉郡處水路衝，使者冠
> 蓋相望，且世尚紛華，用最為繁劇，十年之間，其不蕩產者鮮矣。
> 先生義革是役而為官辦器皿如數，該役量出顧直，募邑民之熟於官
> 者為之，時則別駕張公高其議而允之，邑民之得安臥者，莫不仰先
> 生之義焉。〔註16〕

所謂的「坊廂氏」，大抵就是官府縣衙裡負責宴飲迎侯等事宜的職位。晚明世尚紛華的風氣使然，對於在上位者而言，任何宴飲或社交場合無不極盡鋪張講究之能事，如〔明〕焦竑就指出，嘉靖年間的首輔大臣夏言，每日飲饌皆須酒肴豐盛、什器用金〔註17〕，另外，〔明〕謝肇淛的父親曾參加一監司宴會，席不過三，竟然「庖人用鵝十八、雞七十二、豬肉百五十斤」〔註18〕。凡此，自然是加重國家財政負擔，中央為了維持縣官衙府的物質享樂，不得不提高該類稅額的徵收，尤其向來物富民豐的江浙，洽好處於水路要衝，往來官員使者極多，各種大小宴飲交流更是絡繹不絕，無怪乎會造成「浙西稅額居天下十七，嘉郡賦稅又居浙西十七」的現象，繁重的稅役往往導致嘉興一帶的鄉里父老，傾家蕩產者有之、脫產逃避者亦有之〔註19〕。對此，〔明〕

　　頁 1896。

〔註15〕據〔清〕顧炎武的觀察：「韓愈謂賦出天下，而江南居十九，以今觀之，浙東西又居江南之十九，而蘇松常嘉湖五府，又居兩浙之十九也。……畦田租比天下為重，其糧額比天下為多。」詳見〔清〕顧炎武：《日知錄》（台北：文史哲出版社，1979 年），卷十〈蘇松二府田賦之重〉，頁 274。

〔註16〕詳見〔明〕李日華：〈梅墟先生別錄〉，收於〔明〕周履靖編：《夷門廣牘》，頁 919 上。

〔註17〕詳見〔明〕焦竑：《玉堂叢語》（北京：中華書局，1997 年），卷八，汰侈，頁 275。

〔註18〕詳見〔明〕謝肇淛：《五雜俎》，《筆記小說大觀》（台北：新興書局，1988 年），第八編，卷十一，物部三，頁 4041。

〔註19〕相關情形，在嘉興府的相關方志中也都有類似記載，不再一一詳舉。

周履靖起而與官府抗辭頡難，「義革是役而爲官辦器皿如數，該役量出顧直，募役民之熟於官者爲之。」重新另訂新則，以量出顧直方式緩賦役之繁重，使鄉里邑民得以安臥不驚。

　　這段期間，〔明〕周履靖身爲在野知識份子，無論在民生或經濟，皆展現出十足的經世致用精神，然相國郡縣數度欲拔擢締結，卻又率然不應，究竟這是爲了回應父親的殷殷期盼，抑或是另有別圖呢？

　　前文論及，清風秋月、品茗飲酌的林泉之樂才是〔明〕周履靖終極渴望的生活理想，營生經濟不過是爲了免除親情的掛懷，這樣想來，他的內心必然也曾擺盪在親情倫理與自我意志的頡頏：家業的興復與維持，是他對於家族倫理的認取表徵，可是，又該如何安撫內心對於烟霞逸情的召喚呢？關於這段期間的相關文字表述已不可考，無法詳究其內心的自處之道。不過，按理而言，父親去世後，應當可以暫時了卻一椿親情的牽絆，歸返自然山水的懷抱，但就如上文所述，他不惜散貲家財千金，積極地爲嘉興郡城的百姓向官府抗辭請命、或延醫製藥以施濟里中病患。當然，這可能也有一部分是他慷慨赴義、有急人之難的性格使然，但對一個極力嚮往溪雲生活的人而言，這樣的舉止其實是頗不尋常的，並且他最後又是如何走向園居棲隱的路向？對此，我們或許可以參照〔明〕劉鳳在〈螺冠子傳〉的一段記載：

> 子抗辭倡爲官辦，至今賴之民部下郡邑清。……籍無全者，吏民騷然，復抗辭請之。……是家以復廢，乃置酒召里中父老，曰：「余不敏，已具人世一興替矣！人生旦暮耳，願以生事聽之，奴以蠹簡終吾殘生。」遂逐閒雲館於鴛湖之上，手植梅，幾三百。〔註20〕

這樣看來，〔明〕周履靖始終沒有忘懷過「朗月豁雙眸，清風盈兩耳」〔註21〕的林野生活，松杉飛泉、孤梅羽鶴依舊流連在他心中，只是人情事理上某些兩難的選擇下，他不得不去承擔面對，因此，以「是家以復廢」作爲生命經驗的兩重劃分，化解「親情倫常」與「山水欣趣」兩種價值的頡頏，這可以說是一種巧妙的權宜策略。此前，〔明〕周履靖選擇接受親情倫理一途，以積極入世姿態經營家務，數年間，便獲致千金，突顯了他個人在商營上的幹才，並以營利所得四處奔走，向官府抗顏請命、爲百姓爭取福利，儼然是個

〔註20〕詳見劉鳳：〈螺冠子傳〉，《梅墟別錄》，附錄，收於〔明〕周履靖編：《夷門廣牘》，頁 948 上。

〔註21〕詳見〔明〕周履靖：〈巖壑吟五十韻〉，《山家語》，收於氏編：《夷門廣牘》，頁 1256 上。

效命郡邑鄉里的地方處士，熱切地投入世俗，直至散盡先前一切商賈獲利所得。「復廢」一詞，指的是狀態回到最初，意味著回到他擔負人倫責任前的狀態。此後，旋即宣告鄉里父老：「余不敏，已具人世一興替矣！人生且暮耳，願以生事聽之，奴以蠹簡終吾殘生。」這樣的宣告至少有兩層涵義，一方面意味個人從「無」（家道困頓）到「有」（家業益饒）再到「無」（家道復廢），彷彿是人生的興衰起滅已經歷一遭，儀式性地完成了人情倫常的價值系統下，他所必須肩負的責任；另一方面，如此的聲明，在某種程度上，頗與〔明〕陳繼儒、〔明〕夏野或〔明〕葉澐那般焚儒服的行爲有著雷同性，都是一種象徵意味濃厚的社會性動作，亦即：透過大動作的言行引起大眾注意，表達了自己無意仕進的心願，尤其，在郡縣屢屢交辟、相府貽書徵招、義名逐漸傳揚的當下，這樣的聲明，其實就是要以具體的行爲表明自身離塵歸隱的決心。〔註 22〕

由此看來，如果當初〔明〕周履靖選擇了仕宦一途，應該尚可維繫家庭生計並提振家族聲望，但他終因「心如秋水碧，身共白雲悠」的志趣、「偶諧平生心，懶蹈世途跡」的體認，而選擇了歸隱。那麼，從營生家計到「是家以復廢」這段期間不免就令人疑惑是否有「應付了事」之嫌呢？其實，若從情感關係的積極面來看，與其說是了卻親情的牽掛，毋寧說是把握家庭的天倫之樂；〔明〕周履靖的母親李氏早喪，東庄翁與他有著最爲親近的血緣關係，重返君父倫理的系統或許也是他珍惜親情的另一表現，即使後來天命終違，但至少也已克盡人子應有責任的心意，甚而將這份孺慕情感擴至親族兄嫂、鄉鄰里人，由家庭之愛轉化爲體恤民情的關懷。

此後，〔明〕周履靖全心全意地投入闢園造景、遊山覽水的園林生活，或植梅種竹、或岸巾孤嘯，甚或是與三五同好擊杯賦詩，著力將梅墟經營成「村居十景」，或者流播爲「吳下勝事」〔註23〕，同時，如〈秋日園居擬次皮陸臨□里倡和十首〉其八云：「虛室能生白，澄心欲入玄。月明梧畔井，疎影落寒泉。」〔註 24〕可知，梅墟的生活大抵也涵容有個人修道體驗的空間

〔註22〕 關於明末清初生員社會性動作的相關討論，可以參閱陳國棟：〈哭廟與焚儒服——明末清初生員層的社會性動作〉，《新史學》第三卷第一期（1992 年 3 月），頁 69～94。

〔註23〕 詳見〔明〕李日華：〈梅墟先生別錄〉，收於〔明〕周履靖編：《夷門廣牘》，頁 921 上。

〔註24〕 詳見〔明〕周履靖：〈秋日園居擬次皮陸臨□里倡和十首〉其八，《閒雲稿》，卷三，收於氏編：《夷門廣牘》，頁 1135 上。

意義。凡此，後文都將一步步地解析，由是探察〔明〕周履靖多層次的生命內涵。

二、梅墟園林的規劃與建制

（一）地理位置的特色

梅墟約莫是在嘉興檇李東南、鴛湖之濱的一塊三畝荒墟地所建成，通過人工運河的聯繫，北可臨太湖，南可接續杭州灣、錢塘江，交通地理位置上雖偏僻但與當時幾處重要的交通輻輳地仍可連結，位址堪稱便利〔註 25〕。然而，關於梅墟園林的詳細位置與空間規劃，〔明〕周履靖並未曾有專門的文字說明，類似記載多半也是散見於不同的詩文當中，其中如〔明〕嚴紹峰的〈梅墟書屋記〉就說道：

> 去檇李郭東南，遵湖而行五里許，曰白苧鄉。又南爲桃花里，東數百武竹石若陣，亙湖流澥，不見水端。地僻多梅，人稱爲梅里，云：梅里南面，雙峽摩天，雖遠隔數十里外，蒼翠接於林麓，谿流環紆路弦而稍隳，壤與洲並，膏腴可耕，漣漪可釣，邑人周逸之別業在焉。〔註 26〕

依據引文中的描述可知，梅墟所在之處是城郊五里之外的白苧鄉一帶，四周形勢爲竹石、峽岩、林麓等包覆，千山環拱、迴溪旋繞，通外之路更是崎蜒曲折、稍有頹毀，同時，「壤與洲並，膏腴可耕，漣漪可釣」，境內物資自給自足，使之可以自成一獨立的「村居型態」，頗具武陵桃源之態。

這種地理位置型態的考量，猶如〔明〕計成《園冶》所謂的：「凡結林園，無分村郭，地偏爲勝。」〔註 27〕位置偏僻處不但可有翠麗自然的風光可賞，如果水浚通源，往來城鄉更可收來去之便；它對生活而言，至少形成兩種特色：

一則避免城居可能帶來的喧囂嘈雜。關於城市喧鬧繁華的景況，〔明〕

〔註 25〕〈白苧歌〉云：「荒墟三畝鴛湖邊，茅屋數椽心自便。繁梅帶雪映屋角，翠竹凝煙當牖前。」〈懷隱〉云：「買斷溪南三畝宅，數椽茅屋傍梅花。」詳見〔明〕周履靖：《閒雲稿》，卷一、卷三，收於氏編：《夷門廣牘》，頁 1113 上、1132 上。

〔註 26〕詳見〔明〕嚴紹峰：〈梅墟書屋記〉，《梅塢貽瓊》，卷五，收於〔明〕周履靖編：《夷門廣牘》，頁 990 下。

〔註 27〕詳見〔明〕計成著，陳植注：《園冶》（台北：明文書局，1982 年），卷一〈園說〉，頁 44。

周履靖〈西湖歌〉中有所指：

> 朱門公子金勒馬，雕弓挾彈恣遊冶。清歌妙舞競繁華，紛紛盡是豪
> 華者。客子年年芳草堤，遊人日日醉如泥。〔註28〕

身處其中，固然可爲感官經驗帶來多重的享樂與刺激，但人口過度密集所造成的住居擁擠〔註29〕、車水馬龍的交通與摩肩接踵的街市所帶的風塵衛生問題〔註30〕，甚至是生活步調的匆忙所產生的急促感，這些在在都是都城生活中難以避開的負面印象。相反地，村居的生活型態少了聲色犬馬的逸樂，有著一份安然寧靜的自適，例如〔明〕周履靖在〈田居〉中的描述：

> 欲屏寰中跡，郊墟搆小廬。不妨營日夕，聊以托村居。時聽鳥鳴
> 谷，欣看農荷鋤。送雲歸嶺岫，帶月灌園蔬。得意哦新句，無才任
> 杇楔。客來炊脫粟，僮去擊鮮魚。莫謂囊無物，還欣架有書。〔註31〕

說明離開城寰的雜沓、走進僻靜的郊墟後，雖然不是全然靜謐無擾，但也不必承襲熙攘忙碌的步調，或者接應人事酬酢上的送往迎來，在「營日夕」、「托村居」中，時而可以聆聽鳥兒嚶鳴、時而可以坐看平疇耕稼，甚至唧觸賦詩、吟哦新句，因此，如〈村居客過〉：「溪幽春更好，市遠隔塵氛。僻徑惟聞鳥，荒村獨過君。班荊談落日，倚仗看流雲。」〔註32〕〈寫懷七首〉其七：「守道存吾拙，遂與世俱違。門靜雲來慣，家貧客過稀。青山成隱癖，瑤草解忘飢。」〔註33〕〈和貫休山居十詠〉其七：「茆屋悠然依絕巘，情閒懶與世途通。披襟坐石聽湍瀨，倚樹吟詩納晚風。」〔註34〕等詩，所表達的內涵也都是這種村居愜意無擾的生活體現，尤有甚者，更將「城市」提煉爲「世

〔註28〕 詳見〔明〕周履靖：〈西湖歌〉，《閒雲稿》，卷三，收於氏編：《夷門廣牘》，頁 1136 上。

〔註29〕 〔明〕王思任〈長安不可居而可居行爲葉仲淵賦〉：「長安不可居而可居，茫茫滷處人如蛆。」詳見《爾爾集》，收於氏著：《王季重十種》（杭州：浙江古籍出版社，1987 年），頁 249。

〔註30〕 〔明〕袁中道：「燕市多颮風，常吹陌上塵。一層塵已去，一層塵又生。」詳見氏著：《珂雪齋集》（上海：上海古籍出版社，1989 年），卷五〈感懷詩五十八首之四十七〉，頁 205。

〔註31〕 詳見〔明〕周履靖：〈田居〉，《閒雲稿》，卷二，收於氏編：《夷門廣牘》，頁 1122 上。

〔註32〕 詳見同上註，卷一，頁 1113 下。

〔註33〕 詳見同上註，卷二，頁 1124 下。

〔註34〕 詳見〔明〕周履靖：〈和貫休山居十詠〉其七，《山家語》，收於氏編：《夷門廣牘》，頁 1251 下。

途」、「仕途」、「世情」、「利祿」等意象，那麼，選擇僻靜幽居的生活環境也可以是離塵脫俗、與世無爭的象徵意義了。

　　二則是唾手可得的田野風光。城居生活環境給人的印象往往在其華燈鬧市、屋比舍連，儘管其中仍不乏有名勝佳景之處，如黃鶴樓、岳陽樓、滕王閣等並立為江南三大名樓，就是登高眺遠的觀遊勝地，歷來相關故實屢屢滋生繁衍，而杭州蘇堤、白堤更是多少古代文人必遊之景，但是，若從個人生活居住的環境而言，卻又未必人人都可輕易獲致，若非憑靠主人自身的慧心靈思，大概難能如願的，如〔明〕鄧仲禮，其家住於京師之中，據記載：「其市廛闤闠所居之隙，構軒數盈，虛其中，以為圖書之室；敞其外以為竹木之地，既而題其軒之楣，曰『梅軒』。」〔註35〕雖處喧囂街坊之中，仍特意闢建竹園以供讀書閒暇之賞，或者如〔明〕張復調整自我心境，使身雖處朝市，亦可有山林意：「牆頭一箇鳥鳴，荒郊也是鳥鳴；竹下數聲犬吠，城居可作山家。」〔註36〕相較而言，村居的生活環境則多依山傍水，與其說是闢建了園亭，倒更像是自然風光的收攬，放眼所見，層巒疊翠的山峰奇巖、映帶連綿的山霞浮雲、晶光瀲灩的溪澗江流等，無一不可是園中麗景，如同〔明〕周履靖〈閒雲館漫興四首〉其三：

　　　　溪水碧於染，山雲澹若空。閒庭浮爽氣，淨几拂清風。丘壑情相洽，
　　　　池塘夢已通。晚來成獨酌，新月掛林東。〔註37〕

溪水、山雲、清風、丘壑、新月，除了是自然山川的景物現象之外，同時也可以是梅墟園林內的景觀要素之一，不必斧鑿、也毋須擬想，「園亭」與「自然」兩者是二也是一，隨時即可攬勝。

（二）景象結構與植栽

　　園林的造設結構，大抵可以分為「自然」與「人工」兩類，兩者主要是就材料性質的不同作區分，前者包括了各種花木泉石等景物建構，後者則是亭、臺、樓、閣、堂、池、橋、圃等人為處理的建制，彼此相映和合，開展出園林在時間與空間上的萬種風情，曹淑娟曾進一步地指出：「園林的空間性

〔註35〕詳見〔明〕王襃著，〔明〕王應鍾編：《王養靜全集》（台北：漢學研究中心景照明萬曆一六年序刊本），卷一〈梅軒記〉，頁 1 上。

〔註36〕詳見〔明〕張復：《張子遠先生謦下語》，收於《四庫全書存目叢書》（台南：莊嚴文化事業有限公司，1997 年），子部，第九十四冊，下卷，頁 282 下。

〔註37〕詳見〔明〕周履靖：〈閒雲館漫興四首〉其三，《閒雲稿》，卷三，收於氏編：《夷門廣牘》，頁 1129 下。

即由諸景象要素所決定，一方面通過並存關係表現出景象的豐富，一方面由景像本身所具有的上下、左右、前後的廣延性，通過導引而組織成景象結構；其時間性表現爲景象要素的四季晨昏不同型態的交替關係，以及景象導引程序的先後久暫的持續性。」〔註38〕如〔明〕祁彪佳的「寓山園林」設景六十一處、〔明〕王心一的「歸田園居」約莫五十四景，而〔明〕王世貞的「弇州園」可計數的景象至少也有四十九處，豐富的景觀使有限的園林空間可以區別爲多種觀賞區域，透過景與景的錯置安排，爲園林翻出身姿迭變的審美情感。

　　可是，〔明〕周履靖的梅墟園林卻似乎不循此徑，關於其建制形態，〔明〕李日華〈梅墟先生別錄〉：「閒雲館，先生之別業也。前俯白苧溪，溪水清淺，菰蒲蘋蓼，上下掩映。」〔註39〕〔明〕嚴紹峰〈梅墟書屋記〉：「廣藝花卉，土宜梅而種梅三之一。逸之構數椽爲書屋，列槿爲墉，編竹爲屏，繞垣皆梅。」〔註40〕〔明〕王寅〈梅墟記〉亦云：「去南湖數里，有梅樹百株，葱鬱而成林者，爲梅里，里中亭亭紆紆，集松蘿以爲門者，梅顚道人居也。」〔註41〕由此推想，其基本的格局大致是：在約莫三畝方圓的梅墟園林中，構設有數椽屋舍以爲日常坐臥活動的主要場所，題名曰「閒雲館」，環屋皆植梅樹，園圃並栽種有多種花卉植物，而屋外則有白苧溪旁流而過。其中更詳細的景致內容，可再配合〔明〕周履靖〈巖壑吟五十韻〉的描述作進一步地認識：

> 樹梅白苧鄉，結屋逼桃里。蒿草繞間籬，頹垣補綠杞。蓬門裊薜蘿，碧波映芳芷。溪靜少車蹤，村孤遠城市。軒後挺松杉，堂前羅桃李。翠竹長嫩枝，清流迴故址。幽花屋角榮，奇石臨悤峙。暄風搖古幹，微露浥新蕊。斜日上松顚，好鳥鳴樹底。石階封莓苔，空庭馥蘭蕙。枝頭吐紅葩，沼面浮赤鯉。紫燕繞湘簾，豐草眠麀麃。垂楊繫小舟，絕境辭騄駬。山鶴舞花陰，頹簷下馴雉。叢叢半畝

〔註38〕詳見曹淑娟：《流變中的書寫──祁彪佳與寓山園林論述》（台北：里仁書局，2006年），頁168。下引此書皆同此一版本，不另出詳註。

〔註39〕詳見〔明〕李日華：〈梅墟先生別錄〉，收於〔明〕周履靖編：《夷門廣牘》，頁920下～921上。

〔註40〕詳見〔明〕嚴紹峰：〈梅墟書屋記〉，《梅塢貽瓊》，卷五，收於〔明〕周履靖編：《夷門廣牘》，頁990下～991上。

〔註41〕詳見同上註，頁991下。

蔬，鬱鬱幾株梓。芳梅作比鄰，野雲共棲止。山家事事幽，林藪處
處美。〔註42〕

循此初步來看，梅墟的卜築可能並沒有進行過太多重大的人為建築工程，園
內除了閒雲館以及垂楊旁的一葉小舟外，其餘多半是由自然要素的搜剔疏
理、栽植豢養構成，同時，關於景區的命名、劃分與導覽規劃也都一併省略
了，較之一般極力造亭榭、設館閣、鑿泉澗、劃景區……等的園林而言，顯
然「質樸」許多，頗有老圃村園之味〔註43〕；又，只此一園，便涵容有池沼、
竹徑、奇石、湘簾、石階、空庭、蔬圃、小舟、松杉、幽花、蒿草、赤鯉、
紫燕、蘭蕙、紅葩、塵麑、駿駬、山鶴……等等，彼此錯落雜置，竹有竹的
勁、松有松的傲、花有花的嬌、赤鯉有其靈動、蘭蕙有其旖旎、奇石有其古
拙，若再加上環墟種植的百餘株梅樹，各自有著千姿萬態，繽紛相映，營造
出富麗的風光景致。

　　由此看來，「雜樹參天、繁花覆地」的風格顯然是梅墟的造景主軸，同時
又可與周匝的山、水、溪、岩等自然山川相為呼應、互融成一片明麗的大空
間，屢屢能成為〔明〕周履靖筆下書寫的重要印象之一，如：

◎樂此幽棲處，閒心對野鷗。遠山千疊翠，春水一溪流。苔遍蓬蒿
　徑，香生杜若洲。蘭樽隨所適，身外復何求？〔註44〕
◎欲屏塵囂跡，移家住白雲。情閒調野鶴，味澹煮香芹。春到梅枝
　好，秋來菊蕊芬。興餘還自酌，不覺醉斜醺。〔註45〕
◎自適丘園興，因成懶與疎。坐依行處石，眠枕讀殘書。明月三杯
　後，清風一榻餘。眼前無長物，山色在吾廬。〔註46〕

梅墟的地理位置，後依蓊鬱的青山，前又臨著一脈潺湲溪流與粼粼波光的鴛
湖，在朝雲夕霞中，當可折射出烟水雲山的悠澹蒼茫，這是它得天獨厚的天

〔註42〕詳見〔明〕周履靖：〈巖壑吟五十韻〉，《山家語》，收於氏編：《夷門廣牘》，
　　　頁1256上。
〔註43〕〈春日南園雜興八首〉其二：「數里郊墟外，孤村烟火賒。牛羊歸隴陌，雞犬
　　　隔鄰家。布穀春將晚，班荊口欲斜。田翁時過飲，相對話桑麻。」〈村樂〉：「十
　　　里江村隱者家，幾椽茅屋傍溪斜。須知力稼丘中事，豈羨浮名世上華？曉霽
　　　虹收千嶂雨，晚香風度一林花。西鄰野老成春社，此日酣歸月正嘉。」詳見
　　　〔明〕周履靖：〈村樂〉，《閒雲稿》，卷一、卷二，收於氏編：《夷門廣牘》，
　　　頁1108上、1122下～1123上。
〔註44〕詳見同上註，卷一，頁1108上。
〔註45〕詳見同上註，卷三，頁1130上。
〔註46〕詳見同上註，頁1138上。

然景觀；「眼前無長物，山色在吾廬」，並在山景水韻的交相輝映下，與園內不同的生態景觀互爲搭配襯托，既入景也入畫，「松茅覆屋枕滄浪，藤杖癯瓢伴石牀。一片青山圖畫裡，萬竿脩竹似瀟湘。」〔註 47〕無論是春梅的嬌媚、或者秋菊的清香，各自都可拼貼成極具美感的山光水色，而當年〔元〕吳鎮對瀟湘八景存在與否的懷疑，彷彿如今就眞實地具現於眼前一般〔註 48〕；自然地，「情閒調野鶴，味澹煮香芹」、「興餘還自酌，不覺醉斜醺」、「明月三杯後，清風一榻餘」，遊覽園亭的美景佳物也就會是園主暇日的重要休閒娛興。

（三）居室及相關建設

接著，要來談梅墟裡的居室建築。其實，若從梅墟的闢建、園內景觀結構與植栽的情形來看，〔明〕周履靖應當極爲用心於園林生活的經營，誠如他在〈螺冠子自敘〉云：「築舍鴛湖之濱，前引清渠，後薙畦圃，週遭種梅百餘株，玉麟點砌，鐵虬怒掌。」〔註 49〕語雖簡略，但是其背後所印證的，絕對是園主的深刻付出。然而，不知是有意或無意，就如同梅墟園林內相關的景象植栽描述一樣，〔明〕周履靖並沒有留下太多的著墨說明，對其規模的記述依然分散而片面，在閒雲館部分，如他的〈有客過訪不值〉云：「庭際開花落，階前碧蘚榮。虛堂明月在，悵望不勝情。」〔註 50〕另外，〔明〕李日華〈梅墟先生別錄〉：「先生既日坐一小閣中，惟焚香跏趺。左右圖書及古蹟數十卷、秦漢鼎彝、晉梁隱君子像而已。」〔註 51〕〔明〕屠隆〈梅花菴記〉：「宅有一軒，顏曰閒雲館，左圖右史，茗碗薰爐，雜貯犧尊、寶鼎、雲罍、龍蜼諸古玩。」〔註 52〕〔明〕嚴紹峰〈梅墟書屋記〉：「屋中之藏，緗帙滿架

〔註47〕 詳見〔明〕周履靖：〈山居十二絕〉其十一，《山家語》，收於氏編：《夷門廣牘》，頁 1258 上。

〔註48〕 〔元〕吳鎮當年在繪製故鄉嘉興的「嘉禾八景圖」時，曾經針對「瀟湘八景圖」提出這樣的疑問：「勝景者，獨瀟湘八景得其名，廣其傳。惟洞庭秋月、瀟湘夜雨，餘六景，皆出瀟湘之接壤。信乎？其爲眞八景者矣。」詳見氏著：《梅花道人遺墨》，下卷，收於《文淵閣四庫全書》（台北：台灣商務印書館，1983 年），頁 1。

〔註49〕 詳見〔明〕周履靖：〈螺冠子自敘〉，收於氏編：《夷門廣牘》，頁 944 下。

〔註50〕 詳見〔明〕周履靖：〈有客過訪不值〉，《閒雲稿》，卷一，收於氏編：《夷門廣牘》，頁 1117 上。

〔註51〕 詳見〔明〕李日華：〈梅墟先生別錄〉，收於〔明〕周履靖：《夷門廣牘》，頁 917 下。

〔註52〕 詳見〔明〕屠隆：〈梅花菴記〉，《梅塢貽瓊》，卷五，收於〔明〕周履靖編：《夷

百千卷，晉唐宋元法帖墨跡，參之左圖右琴。」〔註53〕配合前文的相關記述來看，梅墟園內大抵建有數間的屋舍，屋舍與屋舍之間是否相通抑或各自獨立，今已難考，其中，除了一般的起臥炊爨等屬於較爲私密的空間之外，閒雲館應是最爲顯著的人工建設了，主要是專門供作園主讀書賦詩的處所，館中四壁几閣間緗帙古玩恆滿，諸如史籍、法帖、墨寶、犧尊、寶鼎、雲罍、龍蜿、古琴、畫卷秘本等，其餘概無長物，環境風格大致偏向精簡素雅。〈巖壑吟五十韻〉曾如斯記其館中的日常活動：

> 高怋契海虹，閒身伴鹿豕。闔廬究黃庭，不受猿馬使。壁懸輞川圖，
> 亂披秦漢史。青萍掛牀頭，綠綺橫淨几。置身安樂窩，心追太古始。
> 垂簾得養和，靜履無遺□。神遊五岳間，身脫樊籠裏。荷芰紉輕裳，
> 誰羨衣羅綺。朗月豁雙眸，清風盈兩耳。……詩追杜甫魂，書逼義
> 之髓。猖狂發浩歌，意適幽懷喜。興至調黁麈，雲烟遍剪紙。石鼎
> 蓺沉檀，月下翻秘旨。研究得失機，悟徹淵微理。〔註54〕

閒雲館看似簡單精潔，其實也是豐富而又有意味的「安樂窩」，除了批閱史籍、吟誦詩曲、臨摹法帖外，又有朗月可豁人雙眸、清風可盈人兩耳，興至時，或調黁麈、或賞烟霞、或閱秘旨以悟微理，幽居其間，不必猿馬位祿或羅綺華衣的附會襯托，箇中自有趣味盎然橫生；對主人而言，閒雲館所營構的空間情境，大抵可分兩種層面：一則要在詩文書畫的覽讀創作、風月烟霞的品賞體驗等人事作爲中，得其閒適之趣，再則，由此閒適之趣作爲個人心靈的載體，使得有形的身軀得以超越外在時空樊籠的限制，可以遊五岳而歷古今、化有限爲無限，賦予館閣最爲寬闊的人文意義。關於園林的空間意涵，後文另有專節討論。

此外，〈夏日竹林閒坐〉、〈和沈觀察移榻〉二詩有云：

> ◎蕭蕭竹數叢，涼颷襲林莽。習靜高齋虛，欄杆振餘響。倏忽翳繁
> 陰，悠悠足心賞。一枕北窗間，如在義皇上。翛然屏俗氛，曠矣
> 絕塵想。茶烟散碧空，雲影飛蘿幌。唯諧素心人，高談入玄明。

> 〔註55〕

〔註53〕詳見同上註，頁991上。

〔註54〕詳見〔明〕周履靖：〈巖壑吟五十韻〉，《山家語》，收於氏編：《夷門廣牘》，頁1256上～下。

〔註55〕詳見〔明〕周履靖：〈夏日竹林閒坐〉，《閒雲稿》，卷二，收於氏編：《夷門廣

門廣牘》，頁990上。

◎竹閒開短楊，林下寄閒人。傲睨空孤眼，婆娑老此身。沈聽黃鳥

近，庭轉綠槐新。明月幽窗下，偏宜獨鶴親。〔註56〕

由詩中的描述看來，園中的竹林地裡應該還建有一簡單的臺閣，形制規格已
難考，只知主要是作爲平時習靜、消暑、眠憩的休閒場所。

除了閒雲館以及竹林臺閣之外，若從〔明〕周履靖的活動習慣來看，湖
岸邊的舟艇也可謂是梅墟的另一項建設，〔明〕鄭琰〈梅墟先生別錄〉記道：
「逸之常自云有山水癖，十日不泛舟登臨，則足疲。」〔註57〕此外，他自己
的詩文中亦有相關活動的吟詠，如〈清秋野泛〉：「秋江水碧淨連天，時有幽
人載月還。一曲滄浪歌未歇，沙頭驚醒白鷗眠。」〔註58〕〈江上〉：「一葉輕
帆江上流，依依雲樹望中稠。涼風野店炊烟起，落日山城露氣浮。……停棹
欲向漁郎問，何處滄浪好繫舟。」〔註59〕顯然地，泛舟湖上是他的喜好，也
是生活中重要的休閒活動，有時撥棹沿著鴛湖欣賞著湖濱的田園風光，有時
停舟湖中拋竿把釣，有時又似乎要尋覓那位滄浪漁父的步伐，學習著濯纓濯
足的隨意適趣，甚至任舟或東或西地隨意自流，情閒氣定，不拘來去，宛若
是秋江煙波上的世外漁父一般。

萬曆二十二年甲午（1594）深秋，〔明〕周履靖更曾駕其舟艇泛遊三泖，
爲期約莫月餘，期間創作有詩歌千首，合輯爲《泛泖吟》一卷，可以作爲這
段遊歷的一份記錄，後來可能爲了配合《夷門廣牘》的體製，故將千餘首詩
作又精簡成一百四十餘首〔註60〕。據〈序泛泖吟五十韻〉云：

甲午之深秋，梅顚性遨遊。鱸魚思味美，蓴菜愛香柔。筆牀伴茶
竈，情與龜蒙述。素琴囊靖節，海岳借虛舟。華亭訪玄鶴，桂檝泛
滄洲。白蘋如朔雪，紅蓼似山榴。遙盼天邊雁，驚□沙上鷗。楓杪
綴赤葉，柳底鳴斑鳩。漁唱聲欸乃，輕綸繫曲鈎。蘆汀隱白鷺，窺
魚迅爾偷。牧子歸東郭，農人鋤西疇。霞彩成掩映，寒烟靄欲浮。

牘》，頁 1118 上。
〔註56〕 詳見同上註，頁 1122 下。
〔註57〕 詳見〔明〕鄭琰：〈梅墟先生別錄〉，收於氏編：《夷門廣牘》，頁 925 下。
〔註58〕 詳見〔明〕周履靖：〈清秋野泛〉，《閒雲稿》，卷三，收於氏編：《夷門廣牘》，
頁 1132 上。
〔註59〕 詳見同上註，頁 1136 上。
〔註60〕 在筆者可見的各版《夷門廣牘》中，《泛泖吟》一卷所收詩歌均爲一百四十餘
首，但〔明〕周履靖於卷末的跋語有云：「梓成泛泖吟，詩約千餘首。焉能入
巨觀，聊將幽情剖。」故有此一推測。詳見氏編：《夷門廣牘》，頁 1278 下。

……〔註61〕

這段遊歷期間，一方面既欣賞了三泖江岸的沿途美景，如〈度泖〉、〈乘潮之泖〉、〈潮生〉、〈潮落〉、〈江岸即事〉等，寫到了江上萬頃波潮的浩渺、水天一際的青碧，以及釣磯蘆汀邊，野鷺白鷗迴翔眠憩的優閒；另一方面，則順道拜訪了諸位平暇往來的詩朋文友們，如〈登太沖前輩書樓玩史〉、〈訪孝廉何士抑〉、〈雲間訪小山楊君，出示篋中手著玄經一帙，以詩贈之〉、〈別雪居〉、〈別仲醇〉等，都當時遊訪別離時留下的詩句。但是有關舟艇的大小外型、舟中的設備等，卻一無相關說明。〔註62〕

三、小　結

　　對〔明〕周履靖而言，梅墟的卜築情緣與過程只是他書寫經驗中的一抹淡痕，無論是面對「親情倫理」與「山水園亭」兩種價值間，內心的掙扎與安頓，或園中植栽景面的疊合映照、方位組織的更替變化，或園林內地景結構的安排與設計、樓臺亭閣建築的詳細規劃等，全都輕筆帶過；倒是由梅墟空間情境所衍生出的個人心靈體驗，反而成為其書寫主軸，其中原因，筆者推測恐怕與梅墟的建制規模簡素有極大關聯，畢竟它不似〔明〕祁彪佳所經營的「寓山園林」或〔明〕鄒迪光所經營的「愚公谷」一般，動輒便可有數十餘景的規劃，過程中，可能並未耗費有過多的人力、物力或財力，致使有關梅墟在建構歷程上的記述是稍顯薄弱。然而，無論如何，透過園林空間以生發種種的心境情趣既是〔明〕周履靖的園林經驗中所特意強調者，那麼，從相關詩文的觀照解釋中，應當足以透析園主的某些情感特質。

　　循此，下文便切入「園林空間中的自我觀照」作進一步地討論。

第三節　園居生活中的自我觀照

　　文人的園居生活，除了強調外在名勝景觀的佈局與建築以達到悅人耳

〔註61〕詳見同上註，頁 1262 上。
〔註62〕上引諸詩，皆詳見於〔明〕周履靖：《泛泖吟》，收於氏編：《夷門廣牘》，頁 1263 上～1278 下。此外，對明代文人而言，旅遊不僅是遍覽名山勝水，更重要的是良朋佳友之交遊，如〔明〕秦鑣就曾向〔明〕錢謙益談到：「吾遊不獨好山水，以求友也。……今訪子于吳，訪袁小修于楚，訪曹能始于閩，歸而息影南陔，終身不復出矣！」詳見〔清〕錢謙益：《列朝詩集小傳》（台北：世界書局，1985 年），丁集下，「秦秀才鑣」，頁 682。下引此書皆同此一版本，不另出詳註。

目、滌人俗腸的意義外，也極為注重由景象的美感思維與人文的思想情志和合後，所創造出「外足於象，而內足於意」的抒情特質；誠如鄭文惠所指：「園林山水審美性格契入遊賞人的審美情感，造園景觀序列與遊賞視域之內構成一種自然的人化，這不僅是造園人意聚構境的寫意方式之呈現，也是遊賞人遊樂玩賞的抒情空間，是讀者與作者雙向交流的審美空間。」〔註63〕換句話說，園居生活中的山水不僅是客觀景態的存在而已，它同時也蘊含有園主乃至遊園者在人格理想、生活體悟、人生感觸等面向的寄寓與詮釋，於是，精神向度與物質向度相交融合，在園居經驗中映覆為園主的生命意識，使得園林藝術大可超越一般造園理論的原則性討論，體現其「個別性」與「獨特性」，案前引曹淑娟的說法，此即為中國古典園林中「充滿個人隱喻的生命空間」。〔註64〕

　　檢閱《夷門廣牘》內與梅墟經驗相關的詩文，多是疏於園林建制的歷程而詳於人事活動的記存，〔明〕周履靖與其他詩文題贈者不約而同地擷取其中的人事感懷以為理解的路線，如〔明〕鄭琰的〈梅墟先生別錄〉云：「逸之構草堂南湖之濱，湖上烟雲，朝夕變幻。逸之徜徉其內，顧以『閒雲』名其齋，豈直以浮雲視此芥子耶？」〔註65〕筆致中，不免揣測著「閒雲館」的命名，除了呼應湖上烟雲的變化莫測之外，是否也是主人對自我生命的一種期待呢？此外，《閒雲稿》卷一的〈詠懷〉一詩，亦如斯唱到：

> 四十總無聞，荏苒竟碌碌。功名日蹉跎，逡巡以混俗。獨鶴逐雞群，空瞻遠舉鵠。純鉤秘匣中，遺編徒自勗。出郭望古墓，但悲年命促。葳蕤秋菊芬，倏忽春草綠。榮華無定期，光景靜中矚。懶染洛陽塵，喜釣巖灘曲。蘭餘幽澤馨，鷗任滄洲浴。散髮晞朝陽，不受冠裳束。種柳學陶潛，誅茅傍愚谷。桑樞暫曳門，苫茨聊當褥。何妨陋巷瓢，不羨高騑騄。行歌拾遺穗，恥貸監河粟。漸以卻煩囂，常能守幽獨。爐香靜自焚，澄心袪所欲。掃葉焚枯魚，攜壺招

〔註63〕詳見鄭文惠：〈明代園林山水題畫詩之研究——以文人園林為主〉，《國立政治大學學報》第六十九期（1994年6月），頁34。另外，關於文人園林中的「寫意」意涵，可以參閱王毅：《中國園林文化史》（上海：上海人民出版社，2004年），第十五章〈「寫意」在中國古典園林中的運用〉，頁343～351。下引此書皆同此一版本，不另出詳註。

〔註64〕詳見曹淑娟：《流變中的書寫——祁彪佳與寓山園林論述》，頁9。

〔註65〕詳見〔明〕鄭琰：〈梅墟先生別錄〉，收於氏編：《夷門廣牘》，頁924下。

近局。驟然引夜杯，明月何需燭。石牀一枕高，竇牖三竿旭。無事
到江城，庶免殆與辱。五畝種瓜田，此生聊自足。顧俗寡所諧，南
華可三復。〔註66〕

詩的開頭先爲自己作了一番嘲弄：四十年載的光陰荏苒，竟庸庸碌碌地「逡
巡混俗」，至今依舊無所名、無所聞，這豈非是自己蹉跎了功名縉紳之業？話
鋒一轉，表明這是自身不甘徒淪爲舉業功名的階下囚，「何妨陋巷瓢，不羨高
騄驥。行歌拾遺穗，恥貸監河粟」的氣魄，更是他期待能在山野林溪的生活
中，摸索出自我生命的眞誠情志，於是，梅墟的園居生活空間下的山水人事，
包括「純鈎秘匣中，遺編徒自扃」、「葳蕤秋菊芬，倏忽春草綠」或者「爐香
靜自焚，澄心袪所欲」等等的活動，無一不是緊密地與人事相扣合，傳遞有
〔明〕周履靖個人情感特質的投射與價值表徵。

一、城市與山林──世外桃源的折映

前有論及，梅墟的地理位置座落在嘉興城東南數里遠的地方，遠離了繁
華熱鬧的都城，沒有了人聲市集的囂嚷，對外聯繫上，陸路交通蜿蜒曲折難
以通達，唯其瀕臨鴛湖，水路聯通尚堪稱便利。這樣的地理結構恰似那「不
知有漢，無論魏晉」的世外桃源，成了〔明〕周履靖認取園居意義的一個面
向。例如〈春日南園雜興八首〉其三：

綠樹村邊繞，清溪檻外紆。閒披高士傳，頻灌小園蔬。晝靜聞山鳥，
林深少客車。欲知逃世網，脩竹是吾廬。〔註67〕

環園皆爲綠樹包覆，園旁並有白苧溪屈曲回饒而過，奠定了梅墟的基本腹地
與格局；其中，「綠樹村邊繞，清溪檻外紆」寫的是園林的地理結構，「閒披
高士傳，頻灌小園蔬」則是人事層面的作爲，「晝靜聞山鳥，林深少客車」既
寫出園內日常景況，也是「欲知逃世網，脩竹是吾廬」的前提，因爲林深隱
密而少有人跡客車前來拜訪，梅墟猶如是一塊未曾爲人造訪的桃花源地。

此外，《山家語》當中有一組詩，是〔明〕周履靖賡和僧人貫休〈山居十
詠〉所得，其內容主要也是針對梅墟的「世外桃源」意義進行演述〔註68〕。

〔註66〕詳見〔明〕周履靖：〈詠懷〉，《閒雲稿》，卷一，收於氏編：《夷門廣牘》，頁
1109 上～下。
〔註67〕詳見同上註，頁 1108 上。
〔註68〕該一組詩收於〔明〕周履靖編：《夷門廣牘》，頁 1250 上～1252 下。未免行文
蕪雜，下面引文僅說明賡和之詩序，不另再一一作註。

如其三：「性逸每期玄鶴共，情高欲與古人齊。採芝洞口芒鞋濕，踞石磯頭野鳥啼。三月絳桃燃曲徑，漁郎錯認武陵溪。」結屋鴛湖之濱的梅墟，林深境幽，暇日之時可在庭前調玩玄鶴，或者到磯頭巖灘邊聽野鳥啼鳴，這種愜意無累、悠澹自如的生活，不免也使人誤作是那夾岸桃林的世外天地了。又如其六：

> 山深樹密晝冥冥，萬箇琅玕入牖青。江燕哺雛簷畔語，野猿攜子澗
> 邊經。潛身世外逃名姓，寄跡巖阿適性靈。卻笑塵中名利者，任渠
> 長醉我還醒。

其十：

> 陰陰碧樹澗邊排，跡混麏麚鹿豕諧。默坐苔磯垂淺釣，戲調山鶴舞
> 閒堦。繁花冉冉迷芳塢，輕靄霏霏護斷崖。高臥山中無一事，此心
> 應與世情乖。

二詩內容雖然仍舊著眼在園林生活中的悠閒適意，但也明確地指出梅墟不同於世塵的意義所在。梅墟的闢建主要是在原有的山林地貌上作了微幅的增建與更動，基本上仍多保有原來的樣態，無論是冉冉的繁花、霏霏的輕靄，或者是江燕野猿們哺雛攜子的溫馨畫面，這些原都只是該處亙古恆存的恬淡風光，如今，它們卻反而參與了梅墟的園林生活，成為其中的一份子，或點綴、或借景，甚至以其悠閒逸態與園主的心靈輝照相映、互為對話，此所謂「繁花冉冉迷芳塢，輕靄霏霏護斷崖」、「潛身世外逃名姓，寄跡巖阿適性靈」，由世外溪山的美麗景致襯托園林，並寄託個人性靈適趣。但是，人事上的情懷感受哪裡又能與景觀環境相關聯，處巖阿以適性靈，說穿了，其實不過是園主以心著物、藉審美的客體彰明主體的情志。最後，並以俗世塵氛對比於園林的自然山水，「卻笑塵中名利者，任渠長醉我還醒」、「高臥山中無一事，此心應與世情乖」，點出此一「世外桃源」的真正精義；自古世事浮華的起衰聚滅一再地重複上演，屢屢化為歷代文人筆下的無聲嗟嘆與感懷，例如〔唐〕李白在蘇臺月影下的發抒：「舊苑荒臺楊柳新，菱歌清唱不勝春。只今惟有西江月，曾照吳王宮裡人。」〔註69〕或是〔唐〕殷堯藩的〈館娃宮〉也有著同樣嘆息：「宮女三千去不回，真珠翠羽是塵埃。夫差舊國久破碎，紅燕

〔註69〕詳見〔唐〕李白：〈蘇臺覽古〉，收於〔清〕乾隆本《全唐詩》（北京：中華書局，1986 年），第六冊，卷一八一，頁 1846。下引此書皆同此一版本，不另出詳註。

自歸花自開。」〔註70〕在時間的洪流中，我們只是匆匆的過客，迅然即逝，
無法把持也不能主控，一時間的分別差異或有執都只會徒增形累，所謂的帝
王英雄或鄙夫俗子，在事過境遷後，通通都淹沒於其流波當中，可是，月依
舊有其圓缺、花仍然按時開闔，並不隨境遷滅，那麼我們是否也該放下人事
上的執著、紅塵裡的羈絆，試著在溪山園亭的生活中追求一份消遙與自在？
再如其四：

> 紉草爲衣不用紗，潛身巖穴只飧霞。興持綠醑吟詩句，閒泛清溪鼓
> 釣槎。逸叟每臨開草閣，高僧見訪煮山花。悠悠世外舒青眼，睥睨
> 人情似亂麻。

當年〔晉〕陶淵明筆下的漁人欲復尋桃源蹤跡時，便已消失在世界的輿圖
中，成了永遠的烏托邦。可是，〔明〕周履靖所架設的人間桃源卻開放向眾
人，隨時供人前來領納這裡的天光雲影，包括如〔明〕文彭、〔明〕姚玄
嶽、〔明〕李日華等文士都是當時的常客，並留下許多與主人唱和互動的詩
文作品。

另外，〈採芝曲〉也有同樣旨趣：

> 山深多白雲，樹杪懸飛瀑。中有採芝人，長歌行帶索。烟蘿紗紗遙
> 躋攀，清泉脈脈聲潺湲。玄猿古洞常哀嘯，自是仙界非人間。山頭
> 嵐氣濕，紫芝大如笠。振衣長嘯向天風，拂石因之覽篇什。醉聽楚
> 調碧雲中，仙客相逢一長揖。烟霞靀靀滿林藪，堪嗟萬物皆芻狗。
> 傲視人間名利徒，浮雲變幻吾何有。〔註71〕

詩歌是由一採芝人的所思所感以理解梅墟的桃源意義，詩中提出兩層對「世
外桃源」與「人間名利」價值的再思索；地僻人稀的深林中，飛霞縹緲、嵐
氣氤氳，身處其間，時而可以靜聽溪泉的潺湲或觀覽烟霞的幻變、時而悠閒
地憑石閱覽篇牘或者向天呼嘯長歌，它是天地造化跨越古今百代開放給人們
所共同享有的人間仙境，然而當下此刻，卻也是屬於採芝人所獨有的世外桃
源，這是第一層意義；再者，詩云：「烟霞靀靀滿林藪，堪嗟萬物皆芻狗。傲
視人間名利徒，浮雲變幻吾何有。」面對廣宇長宙底下的山川大地，無論是
日月的運行、山岳的聳峙或江川的潺流，大概都不易在時間的沖汰下有所攜

〔註70〕詳見〔唐〕殷堯藩：〈館娃宮〉，收於〔清〕乾隆本《全唐詩》，第十五冊，卷
　　　　四九二，頁5575。
〔註71〕詳見〔明〕周履靖：〈採芝曲〉，《閒雲稿》，卷二，收於氏編：《夷門廣牘》，
　　　　頁1118上。

朽，較之於人身短短數十載的遷滅生死，是「常」與「變」、「存」與「滅」的對應關係，如果可以穿透其中的本質意義，那麼，我們又何需攀附汲營於人間的龍池金麟、名利權勢呢？毋如自居世外一隅，獨享這大自然所賜與的恒定風景，這是第二層意義。

順上所述，梅壚可說是天地造化呈現於嘉興城外的一處桃源仙境，它不但是人間實有的存在，即使滄海桑田、人事變遷，它依然也是大自然脈絡下的一景一物，〔明〕周履靖領受「順隨造化」、「超越常變」的意義，使它的桃花源象徵深植於每一個人的心中，並且擁有跨越時空存在的智慧啓發。

二、居憩與躬耕——安居片土的體認

如果，梅壚作爲「地方」〔註72〕的空間意蘊是「世俗凡塵」與「世外桃源」間的一道界域，那麼，居處桃源境內的人們應該如何認取這片土地的意義？進一步地說，〔明〕周履靖由「世外桃源」的意義理解梅壚時，基本上已經預設有另一種與之對立的空間內涵（俗塵、名利）作爲反襯，然後，藉由外在客體的自然美景以彰明主體「我」的隱逸情志，基本上這是著重「人」的存在價值而言。可是，許多人文主義地理學家也經常提醒我們：「地方也是一種觀看、認識和理解世界的方式。我們把世界視爲含括各種地方的世界時，就會看見不同的事物。我們看見人與地方之間的情感依附和關連。我們看見意義和經驗的世界。」〔註73〕因此，人與土地的關係，恐怕不僅僅是仕／隱、俗塵／山水的二分區隔就能全然道盡，至少，兩者之間相映相涵的依附與關連便是一個無法忽略的層面。例如〈桃花源記并詩〉裡的一段描述：

> 土地平曠，屋舍儼然。有良田、美池、桑竹之屬，阡陌交通，雞犬

〔註72〕所謂的「地方」，據（英）段義孚表示，它含有安定和永恆的意象。是人文性的空間，是建立價值體系寧靜的中心。詳見氏著：《經驗透視中的空間和地方》（台北：國立編譯館，1998 年），頁 25、49。另外，其他人文主義地理學者亦表示，因爲一切意識均不可能是單純的某事物的意識而已，而必須是在某地方生發的某事物的意識，因此，所謂「地方」即是通過意向的聚焦，而使一客體含具其意義，在大地上擁有一個確定的區位，也同時擁有明晰的形式特徵，而且這樣的明晰形式在其區位中具有持續不變的性質。詳見潘朝陽：〈空間・地方觀與「大地具現」暨「經典訴說」的宗教性詮釋〉，《中國文哲研究通訊》第十卷第三期（2000 年 9 月），頁 178。下引此書皆同此一版本，不另出詳註。

〔註73〕詳見（美）Tim Cresswell，徐苔玲、王志弘合譯：《地方：記憶、想像與認同》（台北：群學出版有限公司，2006 年），頁 21～22。

相聞。其中往來種作，男女衣著，悉如外人。黃髮垂髫，並怡然自
樂。〔註74〕

這是〔晉〕陶淵明當初所構設的理想田園世界，其中，「土地平曠，屋舍儼然」
是空間的向度，而「有良田、美池、桑竹之屬，阡陌交通，雞犬相聞」乃至
「往來種作，男女衣著，悉如外人」，則是構成該一空間的諸多元素，表面上
看來，它可能是描繪一幅極為尋常的田園風光罷了，然而，真正牽動後人可
以不絕如縷地歌詠、嚮往，並且成為後代描寫田園風光典範的主因，實是文
字背後所涵納的那份怡情與悅樂——「黃髮垂髫，並怡然自樂」，這是人與土
地之間同情共感所交織的欣趣〔註75〕，同時，也是「與萬物共存的生命安頓
之所」。〔註76〕

　　循此觀之，對〔明〕周履靖而言，梅墟的園林空間作為是他個人的意義
空間，其中，依附於土地的那份情感關懷可說是來自一種「安居片土」的體
認。試讀〈春日南園雜興八首〉其七：

　　棲雲恒自足，學圃謝無能。游心為竹素，抱甕汲寒澄。堂北萱堪樹，
　　溪南石可憑。應知會心處，魚鳥是良朋。〔註77〕

幽居於梅墟，「棲雲恒自足，學圃謝無能」是身體主體轉向園林的開展，而「游
心為竹素，抱甕汲寒澄」、「堂北萱堪樹，溪南石可憑」所描述者，則是園中
景象與人事活動的交併，較之一般園林的生活情況而言，並沒有太大差異，
比較值得注意的，應是詩中「棲雲恒自足，學圃謝無能」與「應知會心處，
魚鳥是良朋」的呼應，它意味了園居的安居意義乃定位在親附斯土並與萬物

〔註74〕詳見〔晉〕陶淵明著，龔斌校箋：《陶淵明集校箋》（上海：上海古籍出版社，
　　　　1999年），卷六，頁402～403。
〔註75〕縱然說「桃花源」係陶氏所虛構的香格里拉，但誠如高友工所說：「藝術不論
　　　　它的最初創造時的表現方式為『代表』抑為『體現』；在成為藝術品以後卻沒
　　　　有問題地是原有美感經驗的環境的重現。有了這重現的材料，我們才能想像
　　　　一種原有經驗的重現。」顯然，外在的空間環境作為生活的經驗場域，經由
　　　　詩人的內心感受而行諸於詩文的描述，乃是傳達過去所經驗過而且存在於記
　　　　憶的事物，此種經驗仍係詩人一己之經驗所及之範圍而致。詳見王文進：〈陶
　　　　謝並稱對其文學範型流變的影響——兼論陶謝「田園」、「山水」詩類空間書
　　　　寫的區別〉，《東華人文學報》第九期（2006年7月），頁97。
〔註76〕詳見蔡瑜：〈試從身體空間論陶詩的田園世界〉，《清華學報》第三十四卷第一
　　　　期（2004年6月），頁158。
〔註77〕詳見〔明〕周履靖：〈春日南園雜興八首〉其七，《閒雲稿》，卷一，收於氏編：
　　　　《夷門廣牘》，頁1108下。

同存共息的認同感當中，這也是浮動的心靈得以安定的表徵〔註 78〕，若藉人文主義地理學者對存在空間意蘊的理解：因為認同並且擁有安穩的歸屬感，使得梅墟可以是〔明〕周履靖的存有和意義凝聚的主要空間中心——一個真正屬於「我」的地方；這種存有的根基所在（rooted place）可謂是「家」（home）或「居家」（at-home）論點的提揭，也唯有立足在「家」的根基上，「我」才能感覺對專屬空間加以「擁有」和「掌握」，這也就是人在世存有而在大地上真正具體的領域〔註 79〕，包括如：「生平山水癖，麋鹿伴行蹤」〔註 80〕、「夙耽丘壑臥，甘與麋鹿親」〔註 81〕等，都是這層意涵的彰明。對此，我們可以在〔明〕周履靖〈和歸園田居〉這一組和詩中得到更具體而完整的論述，茲先羅列全詩如下：〔註82〕

> ◎性與俗寡諧，所志在青山。幻身被俗羈，倏忽五十年。羨鳥栖高枝，欣魚潛深淵。猛追夙所好，犁原成秫田。結茅臨碧澗，門徑通谷間。檀栵遠蘺茂，槐柳陰簷前。悠悠鮮人跡，樹靄茶竈煙。野猿掛古木，獨鶴唳松巔。村杳無塵轍，客同白雲閑。昔爲風塵驅，今喜情脩然。（其一）

> ◎村幽多鳥聲，林遠絕塵鞅。茅堂垂湘簾，晝寢忘夢想。起來日欲

〔註78〕 這種心靈漂泊後重獲安定的歸屬感，尤其展現在〈和還舊居〉一詩，云：「去家忽六載，倦游始言歸。松菊半凋落，俯視令人悲。田園喜猶昔，世事已覺非。盤桓鄰巷曲，野老弗我遺。會晤話親故，歡然情相依。歲月如順息，昇沉旦暮推。對景追歡笑，莫待朱顏衰。遠卻塵中網，壺觴盡日揮。」詳見〔明〕周履靖：〈和還舊居〉，《五柳廣歌》，卷三，收於氏編：《夷門廣牘》，頁 1058下。

〔註79〕 潘朝陽並進一步說明：「家」即空間上令其有所著根而獲得安穩，且提供了一個中心的根基，使它能夠從這個空間中心出行且返回；有「家」安居的人，他是一個可以自由出去外界且又回返內面的主體人，他所安居的「家」，就是一個獨特的地方，提供他在大地上來去自由的根柢。所以，「家」乃是存有活動的永恆穩定的中心點，人須立定其腳跟於這一點上，他才有可能在空間中發動全方位的運動的矢向，且一如連線的風箏，可以從容地歸返到不動的永恆穩定點上而獲得安息。詳見氏著：〈空間・地方觀與「大地具現」暨「經典訴說」的宗教性詮釋〉，頁 169～170。這種觀念的應用與延續，可以參閱曹淑娟：《流變中的書寫——祁彪佳與寓山園林論述》一書，具有精細的詮解。

〔註80〕 詳見〔明〕周履靖：〈寫懷七首〉其一，《閒雲稿》，卷二，收於氏編：《夷門廣牘》，頁 1124 上。

〔註81〕 詳見同上註，頁 1128 上。

〔註82〕 該一組詩共六首，收於〔明〕周履靖編：《夷門廣牘》，頁 1028 上～1029 下。爲免行文蕪雜，下面引文僅說明賡和之詩序，不另再一一作註。

晴，扶節竹徑往。散步茂林中，喜見稚筍長。心無俗事干，情閒
志亦廣。靜几且繙書，衡門翳草茶。（其二）

◎鋤秫陟北磵，徑僻人語稀。禽聲伴幽獨，倚鋤看雲歸。情高忘日
暮，不覺月滿衣。自適田中趣，世路總相違。（其三）

◎身膺台府貴，莫若田家娛。桑麻茂首夏，青翠盈郊墟。澄流迴古
岸，綠樹遶村居。屋後竹萬竿，門前柳幾株。幽然日無事，臥起
常晏如。畫永恍似歲，地窄閒有餘。處世類萍蹤，斯言豈爲虛。
倏忽風波興，飄蕩總歸無。（其四）

◎採芝登高岡，陟巘穿徑曲。歧路翳松陰，踞石聊憩足。忽遇負薪
叟，釋擔相對局。情高已忘還，山月嶺頭燭。歸家醉壺觴，醒來
天忽旭。（其五）

◎雨過豆苗肥，新水盈南陌。歡然茆茨下，開樽情自適。傾倒樂妻
拏，酏□已終夕。身世等浮漚，流光駒過隙。嗤彼世途人，空將
幻軀役。豆熟得炊餐，桑長得絲績。塵事更紛忙，歸田誠有益。（其
六）

這六首詩乃是賡和〔晉〕陶淵明的〈歸園田居〉所得，陶詩從井然有序的林
野活動節奏與日常生活裡，投射出個人生命中的閒澹（其一：「戶庭無塵雜，
虛室有餘閒。」）、欣愉（其四：「久去山澤游，浪莽林野娛。」）、無奈（其
四：「人生似幻化，中當歸空無。」）與知足（其三：「衣沾不足惜，但使願無
違。」）等，配合〈閒情賦〉、〈桃花源記并詩〉、〈歸去來兮辭〉諸作，架構出
人與田園之間交滲互感的空間意義。〔明〕周履靖便是延續這種精神，進行
了同感相應以及自身經驗的省思。

　　詩歌大抵將人的安居涵括在「居息」與「躬耕」兩部分。

　　前者約莫可分三個層次。首先是從這片安居空間──梅墟的具現談起，
「結茅臨碧澗，門徑通谷間」（其一）、「村幽多鳥聲，林遠絕塵鞅」（其二），
點出其座落之相對位址乃是遠離塵鞅、近於山林泉壑，呼應了「鋤秫陟北磵，
徑僻人語稀」（其三），另外，「槿枳遶籬茂，槐柳蔭簷前」（其一）、「澄流迴
古岸，綠樹遶村居。屋後竹萬竿，門前柳幾株」（其四），屋宅四周爲溪流、
綠樹所包覆著，門前與後院則有細柳綠竹的錯雜交疊，放眼所可望見的茶竈
炊煙，劃出梅墟與其他鄉鄰居舍間可親可疏的距離，除了偶爾在山道僻徑上
與村樵野叟的巧遇外，概無塵轍浸染，此爲該一安居仰息場所的大致視域。

進而，在詩中提舉了居處其中的人事活動，諸如「扶節竹徑往」（其二）、「散步茂林中」（其二）、「靜几且繙書」（其二）等，暇日間，或晏然地倚仗散步於竹徑中，或漫然隨意地覽讀古籍異書，開展出情性閒澹並且不受俗事干擾的恬靜世界，〈其四〉對此並進一步地點出：「晝永恍似歲，地窄閒有餘。」「倏忽風波興，飄蕩總歸無。」換言之，凡此「餘閒」之事其實都已超越了一般認知的時空脈絡，它們既是生活閒情的感發，也可以是閒靜心靈的一種寄託。同時，梅墟也是屬於魚鳥走禽棲游安居的大地片土，所謂：「羨鳥棲高枝，欣魚潛深淵」（其一）、「禽聲伴幽獨，倚鋤看雲歸」（其三），在園中，枝頭有飛鳥棲息、淵潭有群魚潛游，形塑一道閑美的空間氛圍，而「羨鳥」、「欣魚」與「禽聲伴幽獨」更是傳達出物我互為感知的訊息，可以說，魚鳥的和樂安適即是「我」的身心安樂，其中包孕了一種「人」與「萬物」分享自然、同息共存的閒心逸趣。

於是，〈和歸園田居〉由一若即若離空間的描繪到人事活動上的悠閒恣意再到物我同歸同息的生命感知，層次分明地呈現出居息俯仰的意義，主體的「我」與客體的「萬物」彷彿是可以相互定義、彼此詮釋，衍為某種「對話」的關係，一步步地深化了梅墟作為〔明〕周履靖個人園林生活中安居片土的體認。

再者，安居還不僅是「住」的閒樂狀態，也包含有「從事工作」的意涵〔註83〕，因此，〔明〕周履靖的安居每每也體現在他「居家何所事，耕織以為端」〔註84〕的實際躬耕生活當中。例如「猛追夙所好，犁原成秋田」（其一）、「採芝登高岡，陟巘穿徑曲。歧路翳松陰，踞石聊憩足」（其四）、「雨過豆苗肥，新水盈南陌。歡然茆茨下，開樽情自適」（其五）的農務情形，是其規律化的日常節奏與動線，構成梅墟中的另一意義性「地方」，而「自適田中趣，世路總相違」（其三）、「豆熟得炊餐，桑長得絲績」（其五）則是躬耕生活中帶來的期待，尤其「踞石聊憩足」、「開樽情自適」的身心感受，更昭顯出稼穡田園、司職片土所擁有的充實與滿足；同樣地，這種體認在〈和勸農〉六首的組詩中，繼續揭示了「朝耕暮織，子女匹耦」〔註85〕的農事風土。

〔註83〕詳見（德）海德格著，彭富春譯：《詩・語言・思想》（北京：文化藝術出版社，1991年），〈IV.建築、居住、思想〉，頁133。

〔註84〕詳見〔明〕周履靖：〈和庚戌歲九月於西田獲早稻〉，《五柳廣歌》，卷三，收於氏編：《夷門廣牘》，頁1057上。

〔註85〕詳見同上註，卷一，頁1024下。

另外，我們還可以參照〈和癸卯歲始春懷古田舍〉二首：〔註86〕

◎素志懷西疇，閒身今始踐。荷鋤意不違，簑衣豈能免。稼穡情所
諧，榮祿無心緬。枝頭鳴鶬鶊，茅屋亦稱善。土膄桑柘肥，村幽
塵自遠。始得農家樂，徜徉何肯返。處世固非難，但愧我才淺。（其
一）

◎禾稼稔畎畝，農家豈謂貧。秋深滿場圃，因知春務勤。朝犁驅黃
犢，晝餇犬近人。桔槹逢薄暮，樹杪月色新。碧水平畦岸，盈盈
意自欣。肩車歸茅屋，漁艇渡潦津。索魚問蓬底，賞酒過北鄰。
歲晚徵輪畢，逍遙太古氏。（其二）

此二詩頗爲有趣，雖然旨是和詠梅墟園林的躬耕生活，然除了「朝犁驅黃犢，
晝餇犬近人」（其二）一句簡單帶過之外，〔明〕周履靖在詩中並不著意描寫
其參與農務的詳細情形，包括田圃作物、栽植過程、得獲狀況、去返路徑……
等，概無所論，所呈現者，相當程度上是田圃的「地方」與「人」的互動，
諸如「荷鋤意不違，簑衣豈能免。稼穡情所諧，榮祿無心緬」（其一）、「桔槹
逢薄暮，樹杪月色新。碧水平畦岸，盈盈意自欣」（其二）等，以及「人」與
「人」之間的往來關係，如「肩車歸茅屋，漁艇渡潦津。索魚問蓬底，賞酒
過北鄰」（其二）。顯然，他所架構的田園空間其實也就是自我心靈座標的延
伸，景物事態的點染鋪陳大抵皆係抒情性、象徵性內涵，是故，由此構成的
意向性氛圍成了理解〔明〕周履靖安居內涵的核心，酌引人文主義地理學者
瑞夫（Relph. E）的觀念，云：「一個地方就是一個意向、行動的中心；亦即，
它是那個空間的焦點，在那裡，我們經驗到在我們存有中的有意義的事項。」
〔註87〕本來田圃也不過是梅墟園林中的一塊丘隴荒墟，就本質而言，純然只
是園林空間中的一景一隅，經過人爲的墾植之後，不但在實質上有維繫生活
炊餐不虞匱乏的價值，尤其重要者，是主體「我」對該一「地方」有機意義
的認取，包括「土膄桑柘肥，村幽塵自遠。始得農家樂，徜徉何肯返。」（其
一）中對於農家在盈疇耘籽所得欣樂之趣的追求與嚮往，或是「歲晚徵輪畢，
逍遙太古氏」（其二）中自比爲上古羲皇唐虞之民，在「日出而作，日落而息」
的規律作息中，體會到恬澹無慮的田園生活。凡此「意向」，往往都使「人」

〔註86〕詳見〔明〕周履靖：〈和癸卯歲始春懷古田舍〉，《五柳賡歌》，卷三，收於氏
　　　編：《夷門廣牘》，頁 1054 下～1055 上。
〔註87〕詳見潘朝陽：〈空間‧地方觀與「大地具現」暨「經典訴說」的宗教性詮釋〉，
　　　頁 178。

與「土地」獲得更進一步地融匯，並且強化了園主與這片土地的認同感、親附感。

三、妻息與親朋——園居空間的共享

從今日所能掌握的相關資料來看，〔明〕周履靖的生涯其實頗富戲劇性變化，從他早年的攻讀舉業、爵秀觀的幽棲遁跡、家務生計的綜理，乃至散貲代其從兄家治棺撫孤或爲相鄰百姓抗顏請命，幾度徘徊於「入世」與「出世」之間，最後，在家業復廢時，旋即向眾鄉鄰發表了「人生且暮耳，願以生事聽之，奴以蠹簡終吾殘生。」〔註88〕的宣言，選擇棲隱梅墟，以此終老餘生。

乍看之下，〔明〕周履靖退隱梅墟的生活彷彿是謝息一切人倫世務與交遊後，可以瀟瀟灑灑地領受林野丘壑間的逍遙與自適，但事實上，人世間仍有許多事物關係所牽涉到的錯綜糾葛層面，並不是單單一句「奴以蠹簡終吾殘生」就能分明劃開，例如前文所談到的躬耕生活，其實有一部份因素也可能是生生之資的來源考量〔註89〕；另外，即使他的父母已先後離世，但妻兒子嗣依舊健在，家庭骨肉的那份人倫血緣與責任將是任誰終其一生也都無法切割，而〔明〕周履靖顯然並不規避，甚至積極地經營。一方面是夫妻關係，〔明〕周履靖前後共有兩任妻室，與他們之間的生活互動，在其詩作中並沒有留下較多、較具體的描述，並以第二任妻室——〔明〕桑貞白的相關記錄爲夥，其中比較明顯者，大概就是「傾倒樂妻拏，酡□已終夕」〔註90〕、「山月照我懷，荊妻攜酒至。花下謾盤桓，暢飲倏爾醉」〔註91〕、「稻粱登場圃，妻拏欣在茲。還從勸苦得，昊天信無欺」〔註92〕等，多是集中寫夫妻之間關於農桑、飲樂活動的情事，語雖簡略，但至少尚能看得出夫妻倆的互動極爲密切，而〈和詠貧士〉其五：「老萊耕蒙山，榮利何肯干。楚王幸車駕，

〔註88〕詳見劉鳳：〈螺冠子傳〉，《梅墟別錄》，附錄，收於周履靖編：《夷門廣牘》，頁 948 上。

〔註89〕例如〈和雜詩〉其八：「郭外數畝秫，屋後幾株桑。桑長能成織，秫登免糟糠。」詳見〔明〕周履靖：〈和雜詩〉其八，《五柳賡歌》，卷二，收於氏編：《夷門廣牘》，頁 1040 上。

〔註90〕詳見〔明〕周履靖：〈和歸園田居〉其六，《五柳賡歌》，卷一，收於氏編：《夷門廣牘》，頁 1029 下。

〔註91〕詳見同上註，頁 1033 上。

〔註92〕詳見同上註，卷三，頁 1052 下。

妻子阻其官。不爲人所制，飲水甘菽糗。採葳能充腹，績毛可禦寒。富貴非我願，生平無憂顏。」〔註93〕據《列女傳》的記載：老萊子原先與其妻室一直耕隱蒙山，向來就過著「俗塵利祿不與我」的世外生活，但就在楚王駕車親幸招聘之時，老萊子經過幾番推託後選擇接受，爲此，其妻極爲不諒解，強烈地表明受人官祿即要爲人所制的想法，不願步其後塵，隨後逕自離去，老萊子回追其妻，從此便一直安居於所至之處，不再受祿出官〔註94〕。故事原典意在強調婦人剛毅堅決的歸隱情志，但對〔明〕周履靖而言，似乎也是用以說明夫妻間的志趣相投、精神相交，而《閒雲稿》卷四所收錄的五首悼妻詩，其中所吐露的那份琴瑟斷絃之痛，更可見到兩人用情之深刻、眞摯。除此之外，地方志中亦尚留有諸多詳略不一的記載，以《〔光緒〕嘉興府志》爲例：

　　【桑貞白】

　　號月窗，處士周履靖繼室，有《香奩詩草》。《靜志居詩話》：「周履靖處士作詩，不暇持擇，宜其閨人亦然，然紙閣蘆簾，倡予和女，偕隱太平之時，亦樂事矣。」

　　案《橋李詩繫》：貞白，字月妹，纂組之外，亦留心典籍，有月窗詩稿，茅鹿門序之。〔註95〕

再如《〔崇禎〕嘉興縣志》：

　　桑貞白，字月妹，處士周履靖之繼室也。能詩。所著有《香奩集》、《二姬唱和稿》。〔註96〕

據此可知，桑貞白（生卒年不詳），字月妹，號月窗，乃〔明〕周履靖的第二任妻室〔註97〕，夫妻二人在暇日之時，常相共同和詩綴句，並且以此引爲生

〔註93〕詳見同上註，卷二，頁 1042 下。

〔註94〕詳細故事內容，詳見〔漢〕劉向著，張靜註譯：《列女傳今著今譯》（台北：台灣商務印書館，1994 年），頁 83。

〔註95〕詳見〔清〕許瑤光等修，吳仰賢等纂：《〔光緒〕嘉興府志》，卷七十九，「列女‧才媛」，收於《中國方志叢書》（台北：成文出版社，1970 年），第五十三冊，頁 2426 下。

〔註96〕詳見〔明〕羅炌修，黃承昊纂：《〔崇禎〕嘉興縣志》，卷十四，「詞翰‧附閨秀」，《日本藏中國罕見地方志叢刊》（北京：書目文獻社，1991 年），頁 613 下。

〔註97〕在《〔萬曆〕秀水縣志》也指出，桑氏共有《香奩稿》（即《香奩詩草》）二卷以及《二姬唱和稿》二卷，並在〈藝文志〉卷八當中，收有詩作數首，其

活樂趣，著有《香奩詩草》與《二姬唱和稿》各兩卷，前者已為《夷門廣牘》收錄，透過詩歌為梅墟賦予不同立場的空間感受與情味，後者目前筆者則仍未能察見。

反倒是在與子嗣們的互動上，詩文中則有較多的記述，例如〈和飲酒〉其九：「孤山逢臘日，踈梅的爍開。稚子持松醪，滿斟愜我懷」〔註98〕、「月臨溪畔樹，奈子腹尚饑」〔註99〕、「稚子沽鄰醞，山妻芼園蔬。悠然南軒下，高懷與酒俱」〔註100〕等，但更能情真意切地表達出他對兒子們之間的親密情感，大概要屬〈和責子〉、〈和命子〉等詩了。〈和責子〉云：

> 清霜侵髮毛，有子匪云實。四男在膝前，不能親硯筆。兆隆雖二
> 六，質鈍世無匹。夢雷方五齡，勉強為儒術。夢震年四春，杯酒十
> 飲七。阿科方二週，弗乳即嗽栗。奈何未成人，奚必貪世物？〔註101〕

不同於〔晉〕陶淵明〈責子〉中，面對兒女的無智無巧，他選擇「天運苟如此，且盡杯中物」的坦然態度，只要可以無憂無慮地安穩生活，即使貧苦亦然足以甘之如飴。〔明〕周履靖在詩中似乎多了一份「恨鐵不成鋼」的嗟嘆，膝前雖有四男，卻都不好筆硯，若非質鈍便是好取口腹之欲，即使有再多的鼓勵、期待，往往也只能徒呼奈何。這種殷殷企盼的心理，在十首的〈和命子〉詩中有極為淋漓盡致的表述，如下引二詩：〔註102〕

> ◎藝優入仕，惟恐不及。自幼勵勉，三十乃立。百凡庶務，訓嗣為
> 急。少而弗學，老大徒泣。（其七）

> ◎一歲之功，惟在春時。文字之奧，妙於靜思。夙興夜寐，從事於
> 茲，子如仲謀，方遂心而。（其八）

雖然在〈和責子〉詩中有著無可奈何的嘆息，但〈和命子〉十詩終究難掩父親慈愛子女的心情，自剖心中獨白，期勉子嗣們能夠孜孜不息地黽勉努力，

中諸如〈羞母亭〉、〈觀海和聖姬韻〉、〈整衣歌〉、〈勉女歌〉等幾首詩，並不見收於《香奩詩草》，推測可能是《二姬唱和稿》中的作品。詳見〔明〕李培等修，黃洪憲等纂：《〔萬曆〕秀水縣志》，《中國方志叢刊》（台北：成文出版社，1970 年），第五十七冊。

〔註98〕詳見〔明〕周履靖：〈和飲酒〉其九，《五柳廣歌》，卷一，收於氏編：《夷門廣牘》，頁 1032 上。

〔註99〕詳見同上註，卷二，頁 1041 下。

〔註100〕詳見同上註，頁 1043 下。

〔註101〕詳見同上註，卷三，頁 1062 下。

〔註102〕詳見同上註，卷三，頁 1026 上。該一組詩主要見於頁 1025 上～1026 下。下引該組詩僅標示其順序，不再一一註明。

諸如「自幼勵勉，三十乃立」（其七）、「少而弗學，老大徒泣」（其七）、「子如仲謀，方遂心而」（其八）等，說來都是極為懇切，「學希孔孟，時尊夏商」（其一），希望他們能夠在學業上下苦功以步循孔孟聖蹤、文顯藝林，甚至可以「身顯名揚，祖父褒封」（其三）、「姓氏登庸，宗祖冥喜」（其六），學就大業以入仕宦，不但可免於將來老大傷悲的徒泣，從宗族血脈的繼承關係來看，這何嘗不也是一種光宗耀門的機會〔註103〕。總此觀之，〔明〕周履靖在詩中對膝下子女的勉勵期盼，從一個父母親的立場而言，自然可以體會，只不過，他本身極力於追求恬淡自適生活、並且屢屢言道：「脩竹蕭蕭茅舍境，幽栖隱几傲公侯。」〔註104〕竟然會以士家大夫的成就作為子女們的相期之事，其中的心態、觀念著實令人費疑。

再者，儘管〔明〕周履靖口口聲聲地說：「自甘原憲終負貧，委巷蕭條少客尋」〔註105〕、「徑僻有攜杖，門閑無過車」〔註106〕、「余心甘寂寞，靜裡看浮沉」〔註107〕，但我們其實在其他詩作中還是可以讀到不一樣的聲音，例如：

◎一別音容已隔春，如何魚雁久沉淪。白雲望斷天涯目，芳草頻傷夢裡神。客路春光堪共惜，燈窗夜雨向誰親？相逢未卜知何日，忽動相思淚滿巾。〔註108〕

◎衡門薪水至，訪棹久淹期。聽鳥遷春思，看花憶故知。長風五柳徑，明月習家池。何日攜尊酒，同酣倒接䍦？〔註109〕

顯然地，梅壚並不幽僻，〔明〕周履靖本身也未必真的甘於寂寞、離群索居，至少在這兩首詩中徹底表露了他對友朋知交的重視與珍惜，在雲意悠澹、花

〔註103〕〔明〕桑貞白亦有〈寒窗課子〉詩，云：「課程須曉晚，篤志在窮經。時希康映雪，日仿胤囊螢。華屋雙眉白，寒燈十載青。文章歸翰苑，春信浪中聽。」詳見氏著：《香奩詩草》，收於〔明〕周履靖編：《夷門廣牘》，頁1296上。

〔註104〕詳見〔明〕周履靖：〈山居十二絕〉其二，《山家語》，收於氏編：《夷門廣牘》，頁上1257。

〔註105〕詳見〔明〕周履靖：〈書懷〉，《閒雲稿》，卷二，收於氏編：《夷門廣牘》，頁1122上。

〔註106〕詳見同上註，卷三，頁1135上。

〔註107〕詳見〔明〕周履靖：〈五言律清嘯〉其八，《野人清嘯》，上卷，收於氏編：《夷門廣牘》，頁1157下。

〔註108〕詳見〔明〕周履靖：〈寄懷友人〉，《閒雲稿》，卷四，收於氏編：《夷門廣牘》，頁1146上。

〔註109〕詳見同上註，頁1147下。

草芳菲的爛漫春光下，總希望能有三五好友同酣杯中、同和詩文，其他諸如
「琴攜叔夜誰同調，舟泛王猷吾獨思。漫寄城南舊知己，可無佳興赴春期」
〔註 110〕、「不見徐卿久，相思勞夢魂。君能乘剡棹，我已守衡門」〔註 111〕等
亦同此意，甚至在自己的自傳〈螺冠子自敘〉中，更是一口氣連列六十餘位
有所往來者所題贈的詩文，彷彿是要藉此證明自己的交遊廣闊。〔註 112〕

此外，又如《繪林題識》：

◎【周隱君天球】

當閱古人圖畫，皆在描寫胞中山水、世外人物，至於目送斷鴻兎
汀烟渚，惟留其名，不擬其迹，多爲筆底造化工也。嘉禾逸之周
君，倏一日過齋頭，袖出《繪林》示余，欲續前代、紹益後來，
且逸才爽朗有淵明、和靖之態，丙余跋其今古不盡之興，覽者勿
云狗尾續貂耳。〔註 113〕

◎【王隱君靈嶽】

丙申秋仲，余養痾□螟寄登懸青閣，望五湖、兩洞庭自遣，會檇
李梅顛道人周逸之操輕舠遠過，持攜其所捐繪林石刻數冊見示，
乞余題語。逸之能書善畫喜聲詩，精一切古玩，尤嗜梅，因自號
梅花顛也。〔註 114〕

《繪林題識》一書，主要是由〔明〕汪顯節編輯四十二位名流文士贈與〔明〕
周履靖的畫冊題語而來，從他們的相對年齡來看，固然有別，年紀較長者如
〔明〕文嘉（1501～1583）、〔明〕皇甫汸（1498～1584）、〔明〕劉鳳（1519
～1600）等，年紀較輕者如〔明〕申時行（1535～1614）、〔明〕董其昌（1556

〔註 110〕詳見同上註，卷一，頁 1112 上。
〔註 111〕詳見同上註，卷二，頁 1125 上。
〔註 112〕在當時，並不只有〔明〕周履靖如此，〔明〕李維禎在〈贈工部員外郎朱公
墓表〉中，記列〔明〕朱察卿的交遊時，也是一口氣連列有二十五位名賢勝
流。對此現象，〔明〕曾異就大表不滿，曾撰〈送林守一重遊吳越序〉一文
云：「今之所謂遊者，我知之矣，其卑卑曳裾者無論，高者挾一冊一卷，往而
師一先生，謁當世大人數輩，投刺名人士數輩，歸而索贈言十數通，評文滿
紙，揭揭然，建鼓而號於人曰：『某，吾師也；某，吾友也。』今世之所謂遊
者，如斯而已矣。」詳見〔清〕黃宗羲輯：《明文海》（北京：中華書局，1987
年），卷二九六，頁 3077。
〔註 113〕詳見〔明〕汪顯節編：《繪林題識》，收於〔明〕周履靖編：《夷門廣牘》，頁
440 下～441 上。
〔註 114〕詳見同上註，頁 442 下。

～1637）、〔明〕陳繼儒（1558～1639）等，但就身分而言，若非一時文壇勝流即是權高位重者。這些人不約而同地爲逸之的畫冊留句題冕，其中的內容當然不乏就其畫工技巧、入畫題材等大加稱許一番，但值得注意的是，在這些題語的字裡行間所透露的題作因緣，除了引文中〔明〕周天球與〔明〕王靈嶽所題文字之外，或如〔明〕張獻翼：「周徵士拾其《繪林》示余。」〔註115〕〔明〕汪顯節：「繪林墨刻，橋李周梅墟先生所著也。……一日，以《繪林》卷見余。」〔註116〕〔明〕吳惟貞：「予友梅墟周君嗜學好古，法書繪事靡不精善。……因丐余一言以述其意。」〔註117〕等，顯然有一大部分的題語應該是文人來遊梅墟，或者〔明〕周履靖遊訪他人時主動示求的情況下所得；這種夾圖自隨，向名流文士展其畫作／畫像以索求題贈的風氣，在明清時期的文人文化圈極爲盛行，例如自號坐隱先生的汪廷訥，是明代戲曲家，才華並非特出，但卻能擠身進入文苑藝林的因素，主要還是靠著依附文壇名流所題贈的墨寶詩文以抬高自我身價而來，而〔清〕徐電發的一幅〈楓江漁父圖〉，畫成後，極力地四處向當時的文壇勝流示意索題，前後共邀得七十餘則畫像題詠，凝塑成一組眾聲喧嘩的龐大對話記錄，它們一方面既是徐氏人際網絡互動的具現，另一方面也在無形中拉抬了畫主的文譽名氣、標榜出個人潔淨意識〔註118〕；那麼，對〔明〕周履靖而言，挾帶畫作以求索諸此題識，是自薦的工具嗎？抑或是要拉抬個人文學聲譽呢？無論如何，《繪林題識》早已嗅得一股由梅墟的園居空間所投射出的濃厚社交意味了。其他諸如《梅塢貽瓊》、《鴛湖倡和》、《毛公壇倡和詩》等等，概皆有此特徵。於是，在嘉興城外數里遠的一處園林內，園主透過遊歷、唱和、傳記、像贊……等等不同方式，

〔註115〕詳見同上註，頁442上。
〔註116〕詳見同上註，頁443下。
〔註117〕詳見同上註，頁444上。
〔註118〕近年來，毛文芳致力開闢明清文人肖像畫作的文化意義，對於其中所交織的迎送磬折的人事社交關係尤其關注，並給予筆者甚多啓發，非常值得作爲相關研究的參考，其文諸如：〈園林：圖繪、文本、慾望空間〉，收於氏著：《物・性別・觀看——明末清初文化書寫新探》（台北：臺灣學生書局，2001年），頁222～225；〈一則文化扮裝之謎：清初〈楓江漁父圖〉題詠研究〉，《清華學報》第三十六卷第二期（2006年12月），頁465～521；〈卷中小立亦百年——清初〈張憶娘簪華圖〉之百年閱讀〉，《第五屆通俗文學與雅正文學——文學與圖像研討會論文集》（台中：中興大學中文系，2005年），頁291～331；以及〈「拂拭零縑讀艷歌」——清代〈張憶娘簪華圖〉題詠再探〉，《中正大學中文學術年刊》第六期（2004年12月），頁1～28。

許多文學傳播活動正悄悄上演著。

　　經過上文的分析後可以發現，對〔明〕周履靖而言，梅墟不僅是他精心營構的桃花源或者安居片土的體認，隨著不同人事上的活動，也展現出多重性的空間意義。一方面既照映出家族情感的基質，成為他延續人倫親親之情的場域，甚至延伸其他親族，如《閒雲稿》中的〈君實姪讀書白苧村〉，以及《香奩詩草》中所收〈表妹許訪不值〉、〈懷姪婦李夫人〉等詩，都可見到這份人倫情感的實踐。另一方面，園主透過直接或間接的方式，邀請了一批文人名士紛紛環繞著梅墟及其相關內涵展開各種文藝性活動的交流與對話，成為一處極具社交意義的文化據點，關於這點，下一節將會再作進一步地闡釋。

第四節　結　語

　　本章旨在探討梅墟的經營以及園主如何藉此園居空間以觀照自我。首先，在園林經營方面，筆者由〔明〕周履靖生涯的出世、入世過程開始觀察，思索他如何在「親情倫理」與「山水園亭」之間安頓自我，發現到：他巧妙地以「是家以復廢」作為個人生命經驗的兩重劃分：此前，選擇接受親情倫理，以積極入世姿態經營家務，除了可以維繫家庭生計外，某種程度上也可說是把握天倫之樂、珍惜手足之情的一種表現形式；此後，他告歸鄉里父老，全心全意地投入闢園造景、遊山攬水的閒隱生活。其次，透過其詩文作品的訊息，盡力地捕捉梅墟園林的地理位置、景象、植栽、居室建制等空間佈設，以見園主的經營規劃。最後，筆者從人文主義地理學的觀念出發，視園居的生活為一主體性空間的建構歷程，發現到：園主透過具體實存的空間感受，賦予了梅墟擁有「世外桃源」、「安居片土」以及「空間共享」等多重面向的生命意識。

　　綜合來看，梅墟除了是通過實務實行的積極擘劃，成為一方恰能滿足園主個人感官娛樂興味的自然空間外，同時，在園主以詩文對應空間的詮釋互證之下，儼然逐漸形塑為一個充滿了個人生命隱喻的文化空間。

第二章　園居經驗的書寫與對話

第一節　前　言

　　一如前文所論，若將園林視爲是「世俗紅塵」與「世外桃源」的一道分隔，自然是會形成相對封閉、隱匿性略強的地域空間，亦所謂的「白雲深處關柴門，竹木陰陰互短垣。地僻更無車馬到，時聞牧笛過前村。」〔註1〕然而，學界在探討中國古典園林的文化意義時，均已注意到：園林除了有實存地理空間上的「隱／僻」特質之外，它同時也反映出園主與其它文人群體宴會交遊的社會性格〔註2〕、是現實社會中藉由藝文活動的開展所別營之美學世界〔註3〕、在朋友雅聚中標榜清高理想的文化空間〔註4〕，甚至某些園林更解構了原始桃源的想像，在有意無意間，招攬了許多賓朋遊人前來造訪，使一個原本極具私密性的空間逐漸公開透明化，並留下大量的品題歌詠之作〔註5〕；

〔註1〕 詳見〔明〕朱鉒：《魯藩別乘》（台北：漢學研究中心景照明刊本），卷二〈山家〉，頁21。

〔註2〕 詳見曹淑娟：《流變中的書寫──祁彪佳與寓山園林論述》（台北：里仁書局，2006年），特別是頁186～207。曹教授並將這些善於體認寓山園林藝術美感者，視爲是祁彪佳的園林知音、生命知音，而書寫寓山的文字工程可以說是一場知音的追尋活動。

〔註3〕 詳見王鴻泰：《流動與互動──由明清間城市生活的特性探測公眾場域的開展》（國立台灣大學歷史所博士論文，1998年11月），頁67～70。下引此書皆同此一版本，不另出詳註。

〔註4〕 詳見鄭文惠：〈明代園林山水題畫詩之研究──以文人園林爲主〉，《國立政治大學學報》第六十九期（1994年6月），頁32～33。

〔註5〕 詳見毛文芳：《物・性別・觀看──明末清初文化書寫新探》（台北：臺灣學

換句話說，人與人或者是人與空間的對話交流，委實也是理解園居經驗的另一個側面，特別是其中經常發生之文藝性社交活動的內涵最是值得注意，有如〈姚玄嶽見訪〉一詩：「獨臥松林下，蕭然戶久扃。鶴鳴知客到，琴響愛雲停。入竹堪題句，看花數落英。虛窗成晤對，明月過巖屏。」〔註6〕初始，〔明〕周履靖透過景物建設的安排以及詩文表述，將個人的審美思維與情感特質挹注於梅墟園林的空間當中，之後，遊訪者又以其遊園的審美經驗回應園主或者應和這片空間，在一來一往的頻繁互動中，彷彿就是園居生活的閱讀與反應，逐漸將抽象的空間意涵落實為具體有形的文字詩句，儼然成了某種小眾團體內的「文藝」雅集，並且推展出繁複的「社會」交往活動。那麼，探掘其中流遞的文化訊息及其所佈設之文藝社群網絡的意義，必然也足堪為園居生活與人事經驗上的一個註腳。

再者，「叢書」既是由不同書籍的叢輯所得，在形式上而言，的確容易予人一種叢湊、多元的既定印象，但除了少部分是冀求多售牟利下的商業性產物之外，其他，無論是如何的「雜」輯「繁」搜，總應該還有著編者本身的纂輯動機與方式貫串其中。如同前文所言，《夷門廣牘》全書雖有十三種牘目，但我們若依其「創作來源」則還能再分兩類：其中，「閒適牘」、「觴詠牘」內諸書以及《繪林題識》、《梅墟別錄》、《梅塢貽瓊》等，主要是收錄〔明〕周履靖以及其他文友題贈的詩文作品，將此劃歸為一類，其餘各牘收錄歷代之奇書異冊，則又另歸一類；從「文化」的角度觀察，前者乃是環繞於梅墟的生活體認與文學聚會所開展之文本空間，後者則是編者依其個人意識型態、文化品味、情感意志所架構的知識系統，對〔明〕周履靖來說，一是動態的交流詮釋，一是靜態的文本規劃，兩者邏輯相似，形成某種特殊的異質互涉關係。

據此，如果我們肯定梅墟園林是一個昭顯園主情志的有意義空間形式，那麼，〔明〕周履靖與不同類型、身分、階層的遊園者所構成的對話模式，無非就是一種介入園居經驗的書寫，而其中所涉及之「人際交遊」、「景觀審美」與「文學聲譽」等，都是顯而易見的重要議題。因此，圍繞在這一個涵容有主體性價值的園居空間所開展之活動內容、主題呼應與心理認知，皆可

生書局，2001 年），頁 186〜188。

〔註 6〕 詳見〔明〕周履靖：〈姚玄嶽見訪〉，《閒雲稿》，卷一，收於氏編：《夷門廣牘》，頁 1114 下。

謂是一種經驗的感受及參與，筆者均統視之爲梅墟的「園居經驗」的書寫與
建構。

　　本章前已先針對〔明〕周履靖的園林經營過程與導覽、園居生活的自我
觀照兩部分，進行了初步的考證與探索，下文便繼續延伸園居經驗的觀察，
議題大致穿梭在「題詠群體」、「詮釋本事」與「社交聲譽」三種層面上，將
討論的重心置於園主與賓朋訪客之間的詮解與對話，較不側重在詩文美感
的評賞，希望透過現存留下的文字記述與題詠，理解其中所包蘊的社會文化
內涵。

第二節　園居經驗的參與者

　　在〈螺冠子自敘〉中，〔明〕周履靖曾經這樣形容自己：「懶拙成癖，念
與世人隔絕久矣，而好事者草木臭味，謬有題贈，久之遂盈篋笥」〔註7〕，之
後便不厭其煩地臚列平日相互題贈往來者六十餘人，頗具矜誇意味，但姑且
不論交情深淺，我們從《夷門廣牘》所收錄之各種唱和題贈的詩文判斷，與
他有所往來者至少可達百餘人之多，彼此的關係有的是叔姪、有的是師生、
有的是社友、有的是傾慕者……等等，其中生平傳略可考者約佔半數以上
〔註8〕，他們或題識、或贈詩、或唱和、或撰序跋，甚至是以記、贊、贈、
答、賦、歌、傳、評、題壁……等不同形式，與〔明〕周履靖進行對話、彼
此補充，由此交織成一張縱橫相連的想像社群、人際網絡。以下，就可察知
的人物資料中，分從身分、年齡、籍貫與集體稱譽四個類項進行解析，藉以
釐清這一社群網絡的組成結構。

一、身　分

　　就現有所能掌握的人物傳略資料來看，依其身分大抵可分成「公卿權
臣」、「文壇勝流」、「禪師羽客」以及「溪山逸客」四類：

　　公卿權臣者，指的是他們在當時多能受任朝廷要職或地方要官，如：
〔明〕歐大任（1516～1595，順德人），嘉靖時，以貢生歷官國子博士，終於
南京工部郎中；〔明〕徐中行（1517～1578，長興人）於嘉靖二十九年封進
士，後授刑部主事，並累官至江西左部政使；〔明〕沈啓源（1526～1591，

〔註7〕詳見〔明〕周履靖：〈螺冠子自敘〉，收於氏編：《夷門廣牘》，頁944下。
〔註8〕詳可參閱文後附錄四：〈周履靖交遊往來資料簡表〉。

秀水人）於嘉進三十八年封進士，授南屯部郎，累官至陝西按察副使；〔明〕韓世能（1528～1598，長洲人）於隆慶二年封進士，曾授編修世宗、穆宗實錄，充經筵日講官，官至禮簿佐侍郎；〔明〕姚宏謨（1531～1589，秀水人），曾歷江西參政、國子祭酒，官至吏部侍郎；〔明〕王錫爵（1534～1610，太倉人），曾爲嘉靖會試第一、廷對第二，萬曆初授掌翰林院，累官禮部尙書兼文淵閣大學士，後改禮部尙書；〔明〕包檉芳（1534～1596，嘉興人），嘉靖三十五年進士，授魏縣令，遷刑部主事，累官至禮部郎中；而〔明〕申時行（1535～1614，長洲人）曾歷左庶子掌翰林院事，萬曆中，更累官至吏部尙書一職；其他如〔明〕宋應昌（1536～1606，仁和人）、〔明〕管志道（1536～1608，婁江人）……等等，在〔明〕周履靖活躍的嘉靖、萬曆期間，皆可謂是一時輦下諸公。

　　文壇勝流者，固然有一部分人亦曾授任官職，然衡諸文名才氣則又更勝者，例如〔明〕文彭（1489～1573，長洲人），〔明〕文徵明長子，詩、文、書、畫與篆刻無一不善，並富於藏書、精於鑑別，有《博士集》傳世；〔明〕皇甫汸（1498～1584，長洲人），七歲即能作詩，輒有奇句，文人名士時相過從酬和，冠蓋翕習其門，著有《百泉子緒論》、《皇甫司勳集》等書；〔明〕文嘉（1501～1583，長洲人）爲文徵明次子，善於詩，書畫的創作、鑑賞亦精，有《和州集》、《書畫紀》傳世；〔明〕黃姬水（1509～1574，吳縣人）乃〔明〕黃省曾之子，生而穎敏，幼時，〔明〕黃省曾出入輒同攜之，每有酬和必令同賦，其書法學於〔明〕祝允明，頗得其筆法之精要，法帖書畫作品更屢屢稱善一時，除了《夷門廣牘》所收〈貧士傳〉一文之外，另外尙有《白下集》、《高素齋集》；〔明〕莫是龍（1537～1587，華亭人），十歲即善屬文，有聖童之稱，工於書畫，詩歌分韻唱和更是援筆立就，頗有八步倚馬之才，極受〔明〕皇甫汸、〔明〕王世貞激賞，著有《石秀齋集》、《莫廷韓遺稿》、《畫說》等；其他如〔明〕屠隆（1542～1605，鄞縣人）、〔明〕董其昌（1556～1637，華亭人）、〔明〕李日華（1565～1635，嘉興人）、〔明〕胡震亨（1569～1645，海鹽人）……等等，亦皆極具才名，並與〔明〕周履靖有所往來。

　　禪師羽客者，雖爲世外之人，但不少人同時也具備文才，與當時的文學、文化潮流發展相應和，尤其是佛教叢林的詩僧畫僧，更在明末清初的文壇掀起一股風潮，而〔明〕湯顯祖與〔明〕紫柏眞可或〔明〕方以智與

〔明〕覺浪道盛之間的思想傳承與互動，更是廣受緇素尊仰，他們認為：固然精神心靈的修練是最高義，但高超的文字技巧也是光明心地的一種反映，儘管反對一味地鑽汲文字修辭，但也堅持心性修練在文學創作過程的重要性〔註9〕，其中如〔明〕智舷（嘉興人，自稱黃葉老人），居於秀水金明寺的湖天海月樓，參禪之餘也從事吟詠創作，詩名遍天下，並兼善草書，許多士大夫常慕其名，造謁效顰者相繼接踵而至，更有好事者就長箋橫幅以傳鈔其詩，輯爲《黃葉庵詩》傳世；〔明〕方澤（嘉善人，號冬谿），乃秀水精嚴寺僧人，才學極高，秉性穎拔，無論是詩歌或偈語的創作，皆能下筆無礙，一時名士如〔明〕唐順之、〔明〕方豪等人，極爲禮重之，著有《冬谿內外集》八卷；〔明〕斯學（字悅支，號庚山），初入海鹽慈會寺，後隱靈祐道林庵，著有《幻華集》二卷；〔明〕戒襄（字子成，號平野），海鹽天寧寺僧，有《平野集》傳世；其他，尚有一部分是身分難考者，包括〔明〕松窩子、〔明〕百瓢道人、〔明〕達觀可道人、〔明〕釋定湖、〔明〕鏡池、〔明〕慧乘、〔明〕賓梧……等。他們與〔明〕周履靖也都有極爲頻繁的詩文互動，如〔明〕松窩子有〈梅顛道人素有出塵之想，志趣與余頗諧，故成一詩招之，欲爲世外交也〉、〈白嶽山逢梅顛道人賦此以別〉，〔明〕賓梧有〈賦贈梅墟先生二律〉，〔明〕平野有〈寄懷梅墟高士〉……等等。

　　另外，還有部分成員與〔明〕周履靖同樣是溪山逸客，如〔明〕俞允文（1513～1579，崑山人）、〔明〕沈明臣（1518～1587，鄞縣人）、〔明〕張鳳翼（1527～1614，長洲人）、〔明〕張獻翼（1534～1601，長洲人）、〔明〕王穉登（1535～1612，號玉遮山人，吳郡人）、〔明〕陳繼儒（1558～1639，號眉公，華亭人）……等，其他尚有許多生平不詳或不見傳記記載者，如〔明〕王崑崙、〔明〕仇俊卿、〔明〕方大年、〔明〕朱象衡、〔明〕汪子建、〔明〕嚴從節、〔明〕徐弘澤、〔明〕鄭琰、〔明〕鄔佐卿……等等，筆者推斷，這些人極可能都是嘉興一帶的山林布衣或非仕文人，挾地利之便而參與了〔明〕周履靖園居經驗的書寫，只因未曾制舉爲官，故所獲知生平資料亦相對較爲稀薄。

〔註9〕關於明末清初佛教叢林好尚文藝的現象與文化圖像，可以參閱廖肇亨：〈第一等偷懶沙門——雪嶠圓信與明末清初的禪宗〉，《東華漢學》，創刊號（2003年2月），頁229～259，尤其是頁238～239；〈明末清初叢林論詩風尚探析〉，《中國文哲研究集刊》第二十期（2002年3月），頁263～301。

二、年　齡

　　在一般所見的文獻或研究資料中，一旦談及明代山人周履靖時，大概也都僅停留在「活躍於嘉靖、萬曆期間」的簡單印象，然而，更詳確的生卒年資料，若非付之闕如便是不明參引所據，即使是有所標示，由筆者看來恐怕也是大有問題〔註10〕，因此，在分析這些參與者年齡結構前，不得不先將〔明〕周履靖的生卒年問題釐清。依目前筆者掌握的古籍文獻資料中，比較清楚標示出〔明〕周履靖「年齡」方面資訊者，應該要屬〔明〕陳繼儒〈梅顛稿選序〉中所言：

　　　　情性流行，不呼號以為豪，不呻嘆以為幽，不狂搜險覓以為新……
　　　　飄然多逸，群□俗之。想（享）年八十有四逝矣。〔註11〕

另外，〔明〕周履靖的姪兒〔明〕李日華在其《味水軒日記》亦云：

　　　　十九日。梅墟周表叔七旬誕日，扶家君、率兒子往稱觴，以陳白陽
　　　　畫古檜水仙圖為壽，家君題其上曰：「老檜煙霞骨，幽花冰雪姿。本
　　　　根互被覆，枝葉相扶持。如我老兄弟，白首同棲遲。露滴天酒味，
　　　　雲含碧蘚滋。收為萬年藥，笑傲樂清時。」是日雨。〔註12〕

這是萬曆三十九年（辛亥，1611 年）的日記，裡頭清楚記載了：該年八月十九日乃〔明〕周履靖七十歲壽誕，〔明〕李日華一家前往慶壽。那麼，往前推算七十年，〔明〕周履靖約莫就生於嘉靖二十一年（壬寅，1542 年），若再搭配前段引文的訊息，可知，其生卒年大致是在「1542～1625」之間，而《夷門廣牘》編成付梓於萬曆二十五年（丁酉，1597 年），是時，〔明〕周履靖年

〔註10〕在目前筆者所管見的研究資料中，試舉數例：一為邵曼珣在「明代文人小傳表」中，將其生卒年註為「1542～1611」，詳見氏著：《明代中期蘇州文人生活研究》（台北：東吳大學中文所博士論文，2001 年），頁 275；一為鄭幸雅在「晚明重要文人生卒及傳作刊行年表」中，標列其生卒年為「1542～1632」，詳見氏著：《晚明清言研究》（嘉義：中正大學中文所博士論文，2000年），頁 393；另一則是張德建在〈山人現存文集版本提要〉中，標示其生卒年為「1524～？」，詳見氏著：《明代山人文學研究》（長沙：湖南人民出版社，2005 年），頁 379。這三筆資料在筆者後文所引的第一手文獻來看，恐怕皆難以成立。

〔註11〕詳見〔明〕周履靖著，〔明〕陳繼儒編：《梅顛稿選》，收於《四庫全書存目叢書》（台南：莊嚴文化事業有限公司，1997 年），集部，第一八七冊，頁 333下。

〔註12〕詳見〔明〕李日華：《味水軒日記》，卷三，收於《續修四庫全書》（上海：上海古籍出版社，1995 年），史部傳記類，第五五八冊，頁 360 下。

五十六歲。

　　循此相互比較後明顯看出，這些參與梅墟園林經驗的人，其年齡層分布的幅度可謂相當廣；長於二十歲以上者包括有〔明〕彭輅（生卒年不詳，約長周履靖三十餘歲，周履靖業師）、〔明〕張之象（1507～1587，又稱張王屋、王屋山人，吳縣人）、〔明〕黃姬水、〔明〕陸樹聲（1509～1605，華亭人）、〔明〕侯一元（1511～1585，號二谷，樂清人）、〔明〕茅坤、〔明〕俞允文、〔明〕周天球（1514～1595，太倉人）、〔明〕歐大任、〔明〕徐中行、〔明〕文肇祉（1519～1587，長洲人）、〔明〕劉鳳（1519～1600，長洲人）等，甚至如〔明〕文彭、〔明〕文嘉、〔明〕皇甫汸、〔明〕項元淇等，更比〔明〕周履靖年長有四十餘歲之多，而長於十至二十歲之間者包括有〔明〕吳國倫（1524～1593，號南嶽山人，興國人）、〔明〕項元汴（1525～1590，號墨林山人，嘉興人）、〔明〕沈啓源、〔明〕王世貞、〔明〕張鳳翼、〔明〕韓世能、〔明〕姚宏謨（1531～1589，浙江秀水人）、〔明〕孫克弘（1533～1611）等，長於十歲以內者則有〔明〕王錫爵、〔明〕包檉芳、〔明〕張獻翼、〔明〕申時行、〔明〕宋應昌、〔明〕管志道（1536～1608，婁江人）、〔明〕莫是龍、〔明〕錢允治（1541～1624）、〔明〕黃洪憲等。

　　另外，年紀小於十歲以上者包括有〔明〕翁正春（1553～1626，號青陽，侯官人）、〔明〕董其昌、〔明〕陳繼儒、〔明〕李日華、〔明〕胡震亨（1569～1645，海鹽人）等，而年紀小於十歲以內者則有〔明〕馮夢禎（1542～1605，秀水人）、〔明〕何士抑（1550～1624，華亭人）、〔明〕邢侗（1551～1626，臨清人）等。

　　從年齡的分部區塊來看，大體而言，以年長或同儕中較有聲望的賢達勝流者居多，而年幼的後生晚輩所佔比例則是較為少數的，筆者推測：或許對〔明〕周履靖來說，年輕一輩的文人才子在具備一定聲名或社會地位前，尚未有資格同其他名士尊賢參與這場文藝饗宴。我們若再進一步地將這些往來交遊者的「年齡」與「身分」交叉比對，則可以發現，年長者多為地方賢達、名僧或者文壇上已頗有聲譽的人居多，如〔明〕王世貞乃後七子之首，〔明〕文彭、〔明〕文嘉的書畫更是當代文壇的一時之傑；年幼者，則以朝廷權臣政要、權臣賢士為夥，如〔明〕翁正春曾經官至禮部尚書、〔明〕沈自邠曾入翰林授檢討、〔明〕申時行累官至吏部尚書，或也有地方雅儒，如當時「傾

動寰宇」〔註13〕的〔明〕陳繼儒即是顯例。

三、里　籍

　　除了交遊者的身分、年齡之外，我們還可以從這些參與者的里籍居住地來觀察他們的分佈情形。〔明〕周履靖本身是浙江嘉興人，檢視所交遊題贈者的里籍，在可考的一百二十餘人當中，主要是集中於浙江、南京一帶，其中又以嘉興所佔最夥，約有三十二人之多，如〔明〕項元淇、〔明〕項元汴、〔明〕包檉芳、〔明〕黃洪憲、〔明〕李日華、〔明〕沈思孝……等等，其他尚包括華亭有十九人、海鹽有十二人、長洲有十人、太倉有六人、秀水有四人，其他如嘉善、平湖、長興、歸安、仁和、鄞縣、歙縣、蘭溪、樂清、常州、無錫、吳江、丹徒等較為零星單獨者，約有三十一人；另外，在河南、山東、福建、廣東等外省較遠之處也有十餘人。

圖一：明代嘉興府及其鄰近地域圖

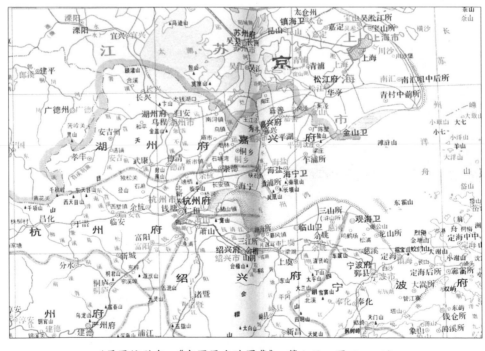

（原圖摘引自：《中國歷史地圖集》，第七冊，頁 68～69）

〔註13〕　〔清〕錢謙益云：「眉公之名，傾動寰宇。遠而夷酋土司，咸丐其詞章，近而酒樓茶館，悉懸其畫像。」詳見氏著：《列朝詩集小傳》，丁集下，「陳徵士繼儒」，頁 637～638。

圖二：明代應天府與蘇州府

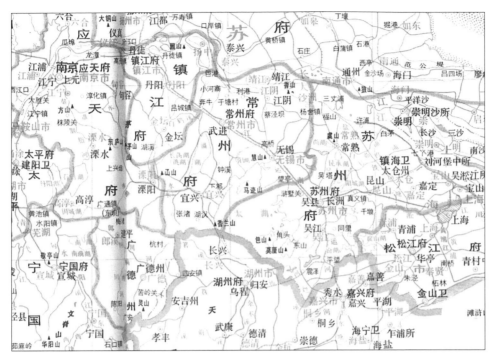

（原圖摘引自：《中國歷史地圖集》，第七冊，頁 47～48）

　　按明代地圖的分布情形而言，〔明〕周履靖的交遊對象幾乎橫跨了華中、華南的地域，就地緣關係來看，嘉興、華亭、秀水、海鹽、平湖等地的文士，距離梅墟園林較近，除了他們親自造訪梅墟之外，〔明〕周履靖也極有可能曾經前往遊訪，例如萬曆二十二年（甲午，1594 年）秋，他就曾駕舫行遊三泖，途經海岳、華亭、滄洲等地，留下了〈登太沖前輩書樓玩史〉、〈夜宿仲醇齋頭〉、〈秋日過訪陳仲醇徵君〉、〈夜酌士抑池亭〉、〈訪孫雪居先生〉等即時詩篇〔註 14〕，太倉、長洲與嘉興有運河聯通，而金陵所在的應天府也正是刊印《夷門廣牘》的荊山書林設置之處，同時，萬曆三十六年（戊申，1608 年），南京的〔明〕陳邦泰（生平不詳）也曾在此刻印〔明〕周履靖所著戲曲《錦箋記》，故筆者推測：〔明〕周履靖很可能也曾經遊歷過金陵一帶，因而有機會與當地文人賢達結交唱和，並維繫著不錯的互動情誼；其他如廣東的順德、福建的晉江、山東的德平或河南的武安……等地，距離〔明〕周

〔註14〕這些詩作悉收入《泛泖吟》，收於〔明〕周履靖編：《夷門廣牘》，頁 1260 上～1278 下。

履靖居住的嘉興都已經非常遙遠,依照筆者現在掌握的有限資料仍難遽斷他是否曾經來此遊訪過,更何況,從他遊覽過程中往往也會留下不少詩文的習慣來看,恐怕更大程度的可能是這些文士們慕名前來探訪。

　　總此而言,我們或許可以從較寬泛的角度概略指出,與〔明〕周履靖有較密切互動往來者,主要集中於華中、華南交際的地理位置,尤其是在江蘇(南直隸)與浙江之間,傳統觀念中屬於吳文化的一環,換言之,參與〔明〕周履靖園居經驗的書寫與建構者,可說是以蘇杭一帶的精英群體為主軸。

四、集團譽稱

　　揆諸中國文學史,向來就有一種「集體譽稱」的傳統,大凡文學風格相近、生處同一世代、互動往來頻繁並有相當程度的影響力者,往往容易獲予如此雅稱,例如「竹林七賢」、「初唐四傑」、「唐宋八家」、「文章四友」、「南宋四大家」等,降及明代,這種風氣仍是盛行不衰,著名者如:「復古派前後七子」、「吳中四傑」、「雲間五子」、「公安三袁」等,其中原因大概與當時文壇發展景況有關,據研究:

> 明人的文學批評,有一股潑辣辣的霸氣。他們所持的批評姿態,是盛氣凌人的,是抹煞一切的。因其如此,所以只成為偏勝的主張;而因其偏勝,所以又需要劫持的力量。這二者是互為因果的。因其有劫持的力量,所以容易博取一般人的附和;而同時也因其得一般人的附和,所以隨聲逐影,流弊易見,而也容易引起一般人的反抗。我們統觀明代的文學批評史,差不多全是這些此起彼仆的現象。易言之,一部明代文學史,殆全是文人分門立戶標榜攻擊的歷史。〔註15〕

郭紹虞指出,因為分門別戶的偏勝潑辣特質,形成人人無不亟欲偕求知音、同志的附和以攻訐他者。恐怕也因為如此,才造成了明代文學標榜與集團組織風氣的盛烈。回視參與梅墟園林經驗的書寫者,有許多人也曾分別出現在這波風潮當中,如〔明〕沈明臣與〔明〕朱應龍、〔明〕葉太叔、〔明〕盧澤並稱「明州四傑」;〔明〕皇甫汸與沖、涍、廉三兄弟並為「皇甫四傑」;〔明〕張鳳翼、〔明〕張獻翼與其弟〔明〕張燕翼並稱為「三張」;〔明〕王

〔註15〕詳見郭紹虞:《照虞室古典文學論集》(上海:上海古籍出版社,1983年),上編〈明代文學批評的特徵〉,頁 513。下引此書皆同此一版本,不另出詳註。

世貞與〔明〕李攀龍、〔明〕謝臻、〔明〕宗臣、〔明〕梁有譽、〔明〕徐中行、〔明〕吳國倫六人是爲復古派「後七子」，此外，他與〔明〕汪道昆又並稱「二司馬」；另外，〔明〕歐大任與〔明〕梁有譽、〔明〕黎民表、〔明〕吳旦、〔明〕李時行並爲「南園後五先生」。這些文學稱譽的標榜不但強化了群體互動的緊密度，同時，〔明〕周履靖邀請了其中部分成員參與其園居生活的書寫與建構，其實在無形中也正不斷地積累著他個人的文學聲譽。

第三節　書寫型態

　　座落於嘉興城郊的梅墟園林，既是〔明〕周履靖的個人住所，同時，它也是一處文學氣息濃厚的人文活動空間，園主利用種種的方式，聯繫起一批文人名士紛紛參與了他所架設的人際網絡，形成某種文學社群的詮釋關係。其中，除了是在〔明〕周履靖所編撰的作品留下序跋題冕之外，尚包括有各類贈答詩文、歌賦、書信、唱和酬酢等，甚至是〔明〕李日華、〔明〕鄭翰卿、〔明〕劉鳳等人爲他所作的生平傳記，透過語文活動的運作，不但促成了文學才藝的切磋交流，也有助於深耕彼此情誼的厚度。以下便從這些題詠唱和作品來談，藉此一窺他們的書寫型態及其可能衍生的文化意義。

一、書畫題識——以《繪林題識》爲主

　　一如前文所述，由於〔明〕周履靖本身精擅於書墨、石刻與繪畫等，嘗攜其繪林書畫作品遊走索題於公卿名臣或文壇賢者之間，或者友朋文士前來探訪梅墟時，題字於書畫作品上，累積而得四十餘篇的題詠小文，集結爲《繪林題識》一書。其中，一部份文字固然帶有矜誇應酬之嫌，但細究其中的內容，這些題識者仍不乏有各自依其自身經驗，進行不同向度的對話或認同表述，包括有從彼此關係層面發聲者，如〔明〕皇甫汸曾與〔明〕周履靖有過一段師生情誼，題文中便是從業師的立場談起：「周梅顚從余遊者數年，詩法法唐，書法法晉，又轉而游心繪林，搜討古人之筆。」〔註16〕肯定周氏精善的書畫功力，足堪爲博雅君子之列，筆下不乏有著一份對學生成就的驕傲；有帶詼諧筆致者，如〔明〕陳泰交則刻意將〔明〕周履靖與〔晉〕陶淵明並置比較，兩人雖有著極雷同的人生志趣與詩文風格：「梅墟雅慕五柳先生，每

〔註16〕詳見〔明〕汪顯節編：《繪林題識》，收於〔明〕周履靖：《夷門廣牘》，頁436下。

捧和陶韻一帙，掀髯自嘻，謂千古可兩。……居久之，得周氏繪林，梅墟筆底何殊武庫哉？五柳先生今日輸一著矣！」〔註17〕語帶諧謔地預示著，繪林書畫作品的出現，恐怕其才力又更勝陶氏一籌了，而〔明〕孫克弘從「癖嗜」類型來談：「周逸之有梅癖、有船癖、有山水癖、有書畫屁，又有金石癖，癖何其多也。雖然不寧愈於馬癖、錢癖者呼？」〔註18〕也有完全離開「周履靖」作為討論核心，題識彷彿只是他們個人繪畫文藝觀展演的另一座場域，如〔明〕袁黃藉由對〔明〕周履靖書畫作品的品評以發抒自己的繪畫見地：「世人皆貴假而賤真，如山川人物花木鳥獸之屬，睹其真境，漠如也。及善繪者，貌其形似，倘爾肖真則愛之、稱之、賞而玩之，爭相售矣，豈繪士之體物顧勝於造化之賦形耶？」〔註19〕或是〔明〕沈懋孝則專論繪畫一事的品第問題：「繪事之家蓋其似耳，似者非真，必據真摹之，真者漸似，似者漸真，久之，猶若不能□合也。……夫是以能自千古之至人大聖，一點一畫，與天無極，此亦繪家神品之說也。」〔註20〕其他如〔明〕陸樹聲、〔明〕王世貞、〔明〕李日華……等人所題〈石刻蘭亭圖跋〉、〈石刻一十八尊阿羅跋〉、〈黃庭經跋〉、〈道德經跋〉……等等〔註21〕，或寫觀畫經過、或談當代畫風、或述畫作技法……，雖然內容多半只是寥寥數語的品評小文，但是〔明〕周履靖的畫作彷彿是個多面的稜鏡，題詠者相繼立於不同的書寫角度，既映射出畫主的性格與才能，也展現了題詠者的思想與情感，畫主、畫作、題詠者三者之間，更在一則又一則的題詠詩文中，關建出藝術創作的對話腹地，並因不同理念、立場而產生了紛繁的詮釋策略。

由此看來，透過藝術作品及其所縮結的各式風雅活動深入文人的思想內涵，一方面，在書畫相關活動的頻繁與交互連結下，形成一個對於繪畫有高度意識的言說場域／閱讀團體，繪事穿透社會生活，尤其，配合書面傳播的力量，使它具有能見度、議論性及各式價值意義，在某種程度上，其實也已經進入了廣義的文學批評領域〔註22〕，另一方面，這些題識的來源，乃是

〔註17〕詳見同上註，頁 446 下。
〔註18〕詳見同上註，頁 440 上。
〔註19〕詳見同上註，頁 439 下。
〔註20〕詳見同上註，頁 439 上～下。
〔註21〕諸此題跋詳見〔明〕汪顯節編：《梅塢貽瓊》，卷六，收於〔明〕周履靖編：《夷門廣牘》，頁 994 下～1009 上。
〔註22〕透過人際網絡所形成的認知或討論是藝術知識流通以及藝術論述形成的一條途徑，其中，最引人注意者就是「繪事」成為中上階層普遍談論或思辨的對

〔明〕周履靖以索文的低姿態向名流之士徵求而得，那麼，這些題識不啻爲一種「文學聲譽」的來源。

二、詩文唱和

　　所謂的「詩文唱和」，作爲一種寫詩的形式而言，本身便具有悠久的淵源，如《詩經・鄭風・蘀兮》便有云：「叔兮伯兮，倡予和女。」而〔晉〕陶淵明也有〈和劉柴桑〉、〈和郭主簿〉、〈和張常侍〉等一系列和詠詩作；此外，〔漢〕許愼《說文解字》這樣解釋：「唱，導也。」「和，相應也。」〔註23〕以爲「唱」者爲先導，「和」者再以聲相應。對此，學界其實已多有討論，大抵而言，可以分爲兩種層面：就其體例而論，「唱詩」與「和詩」固然別爲兩種不同意義的作品型態，但是此唱彼和、相互呼應踵接，可以聯結爲一組「意相應」且「聲相和」的「和意」、「和韻」關係。就其內涵而論，此類型詩歌的產生並非孤立而創，它與「贈答詩」、「同題詩」、「擬古詩」之間具有程度不一的內在聯結關係，作爲文人間彼此交往的一種文學形式，它同於贈答詩；同題而詠，無論寫事、抒情或出意，唱和相一，此又兼具有擬古詩、同題詩的特徵。〔註24〕

　　以下，將藉由上述關於「詩文唱和」的基本理解來觀察梅墟園林經驗中的唱和活動，包括有《群仙降乩語》、《鴛湖唱和》、《毛公壇唱和詩》以及少部分收錄於其他集冊中的作品。首先是《群仙降乩語》。這是一部十分特別的唱和詩集，原始唱詠的詩歌來自一段奇特的緣由，充滿靈異氛圍：

　　　　常（疑作嘗）讀南門子眞仙集，盛陳其附乩拈筆之語……（南門子）
　　　　數數爲余陳其大凡，輒口雅而心吻之，曰：雖然徒虛語耳！又常以

　　　　象，無論口說或書寫，關於繪畫的知識、見解與言說在公眾場域中尋著流通的管道競爭、轉換或消解，並形成若干固定的談論模式或議題，如董其昌的《畫旨》本是他題於書畫捲軸上的各種序跋，在友朋聚會的場合中寫下，經由口語交談，流傳於文士交遊圈，甚至透過刊刻出版的方式，將其見解傳遞廣佈於更多地區。詳見王正華：〈從陳洪綬的〈畫論〉看晚明浙江畫壇：兼論江南繪畫網絡與區域競爭〉，《區域與網絡——近千年來中國美術史研究國際學術研討會論文集》（台北：臺大藝術史研究所，2001年），頁343～346。
〔註23〕詳見〔漢〕許愼撰，〔清〕段玉裁注：《說文解字注》（台北：洪葉文化出版事業公司，1998年），頁57。
〔註24〕詳見趙以武：《唱和詩研究》（蘭州：甘肅文化出版社，1998年），頁1～17；李立信：〈從「和賦」看賦的文體屬性〉，收於《第三屆國際辭賦學學術研討會論文集》（台北：政治大學文學院，1996年）下冊，頁685～697。

符籙招致之方授余，余漫藏之箱篋中，不啻吐核奚。今年春，余外
從子李生讀書齋中，生少年凤慕黃白之事，數之海上望蓬萊諸山，
與諸黃冠者游，謂石室風雨之遇可立至回，更號烟霞生，言頗誕不
可馴，及是發余所藏，狂頓號嘅，遂援乩試之。〔註25〕

對於符籙召仙之術，〔明〕周履靖向來是不感興趣，甚至視之為無稽之談，
不料竟在姪子〔明〕李日華依咒召引下成眞了，許多神仙往哲一一踵至現
形，包括如孫登、蘇軾、秦觀、吳鎮、八仙、無上宮主，乃至於若干往昔仙
逝友朋如多溪、祝枝山等，他們紛紛或作詩以贈，「往往有贈余之作……其間
留名而不詩者、詩而不知其名者、名而不見往牒者，不可枚計。」或對坐暢
飲交談，「甚有呼酒舞筆作狂態。」「烟不絕炷，酒不絕浮。」「几下亦往往灑
灑，有聲如零雨狀，不知其何神也。」〔註26〕猶如是一場仙／人的雅集宴會。
隨後，約近不惑之齡的〔明〕周履靖又以此組群仙贈詩遊示於諸名公盛流
間，將它導入一個更為龐大的和詠團體當中。一開始，由〔明〕周履靖率先
以四首五言律詩和詠群仙，所用的五種韻腳（名、笙、聲、針／鶯），作為其
他詩友和韻的依據，接著，包括〔明〕彭輅、〔明〕文嘉、〔明〕皇甫百泉、
〔明〕仇俊卿……等三十餘位文友輪番接力地次韻賡和，完成了近五十首的
詩歌，如：

◎莫是龍：君抱烟霞癖，超然物外名。臨風歌玉露，對月拊瓊笙。

梅萼臨窗影，松濤帶澗聲。一塵渾不到，隔葉與黃鶯。

◎朱象衡：仙靈知爾降，借問幾留名。五夜青霓仗，雙童白玉笙。

人間遊客夢，天上步虛聲。髣髴神將去，空村聞亂鶯。

◎莫爭能：鮮□逃世網，仙侶亦知名。墨妙鍾王筆，情諧鸞鳳笙。

高山琴裏調，流水夢中聲。一醉頹簷下，醒來聽谷鶯。〔註27〕

其中以關於梅顛絕塵隱跡的歌詠佔最大宗，其他，分別還有仙靈神蹟一事的
提問、個人人生態度的體悟……等等，眾聲喧嘩，為這卷奇異的贈詩更添
風雅。

然而，群仙和韻之說終究還是稍顯離奇特殊，使得這場仙／人聚會的眞
確性難免引人臆測，對此，〔明〕周履靖似乎也頗表無奈地說道：「天下事有

〔註25〕詳見〔明〕周履靖：〈群仙降乩語序〉，收於氏編：《夷門廣牘》，頁1084下。
〔註26〕上引諸句，詳見同上註，頁1085上。
〔註27〕詳見同上註，頁1093下、1094下、1095下。

絕奇而不可理性者，又較然明著而不容不信者，語曰：『神仙無憑，蓋難言之矣！』〔註28〕神仙之說無憑無據，的確難以證明，不過〔明〕彭輅倒也為此緩頰地表示：

> 周子梅墟運乩招仙而仙集，各贈之篇章，何以故？周子固修修湖海，超然塵溢，而平生躭詩嗜字，無一日廢詠，是以得仙且得詩，其氣所符合然也。俗夫營營睥販，仙將遠引而避之，寧肯為之下乎？〔註29〕

他認為是〔明〕周履靖平日修養以及勤奮作詩之故，使其氣格頗有不凡仙韻，顯然，對於群仙降乩贈詩一事，他是持正面肯定的態度。無論如何，至少透過群仙題贈的靈異奇聞，確實引起了文壇不小的討論與注意，「城中好事者靡不傾動，無俟余之衿張。」〔註30〕「今至倡和成集，為藝林一佳話，涼爽心哉！」〔註31〕許多文士陸續加入對話行列，擴大了梅墟園林經驗的傳播。

　　而《鴛湖倡和》則可以說是一場後設性的文學唱和。起先，原僅是〔明〕何士抑、〔明〕孫世聲與〔明〕沈孺休三人相約遊歷雲間名勝時，隨著沿途的風光景致，依韻相聯酬唱，得詩數餘首。隨後，又與當地文士朋儕邂逅傾談，包括有〔明〕朱朝貞、〔明〕陸萬言、〔明〕董其昌、〔明〕陳繼儒、〔明〕郁大年、〔明〕范國泰、〔明〕范應宮……等二十餘人，皆為文壇一時之美，彼此相邀共泛鴛湖江渚，並且登臨湖濱的煙雨樓上繼續聯詩詠句，儼然頗有江左風流、蘭亭雅聚之性。會後並輯眾人詩作為《鴛湖唱和詩》一卷，資作一場文學盛宴的紀念冊，前有〔明〕包文衡作序，詳述其中的前後因緣。

　　這場聚會從開始到結束，〔明〕周履靖全然未及知悉，反而是在一次與〔明〕陳繼儒促膝酣歌的偶然機會下，才得知此事：

> 放棹華亭，訪友餐鱸，因逢仲醇試觀世聲籬菊，開便三徑，欣閱人目。主人乃置酒花畔，笑歌促膝，酣後語及疇昔鴛湖泛舟倡和之興，出示漫稿索余追和，持歸倚韻賡之。〔註32〕

〔註28〕詳見同上註，頁 1084 下。
〔註29〕詳見同上註，頁 1083 下。
〔註30〕詳見同上註，頁 1090 下。
〔註31〕詳見同上註，頁 1097 下。
〔註32〕詳見〔明〕周履靖：〈鴛湖唱和識〉，收於氏編：《夷門廣牘》，頁 1243 上。

不過，畢竟這場風雅聚會已經事過境遷，觸詠佳期難續，未能及時參與的遺憾，在〔明〕陳繼儒的熱情邀約下，也只能透過事後賡和勉強彌補。於是，他根據當時唱和之稿一一和詠，其賡和的內容有時彷彿是與詩主對話，頗具搭唱意味，如〈和沈孺休七絕〉之二：

> 原韻：中宵月色爲誰留，散髮狂歌醉未休。亦有遊人來欲避，爭言
> 　　　無奈晉風流。
> 和韻：波光月色爲吾留，綠酒尊前吸未休。莫羨玉京蓬島客，還輸
> 　　　我被謫仙流。〔註33〕

另外，十首的〈和孫世聲七絕〉也同樣存有這樣類型的對話關係；有時則像是與文人競技一般，依韻而作，彼此對話，強調形式對應與內容契合，考驗著詩人應和的訊息處理能力，如〈和陳仲醇遊鴛湖四首〉、〈和董玄宰遊烟雨樓〉、〈和題煙雨樓聯句〉等；有時又不免在詩中流露出未克參與聚宴的憾恨，如：

> 當年勝賞缺經過，爲上漁舟衣綠蓑。欲釣江魚忘盛會，只今追和恨
> 還多。〔註34〕

當年爲了泛江垂釣而錯過了這場藝文盛宴，即使還能透過賡和方式追詠，在他心裡終究還是難掩悵然之情。和詠完畢，他似乎仍意猶未盡，另外又各作一詩寄贈當年這場文學盛宴的每一參與者，閒談起這段唧杯題詩的幽情雅意，並且附上了個人詠煙雨樓舊作二十五首，輯成今日《夷門廣牘》所見之《鴛湖唱和》。如此看來，〔明〕周履靖大費周章、用盡心思地介入文本，與其說是他企求追步這場文學饗宴以增添優雅情韻，毋寧說是文藝活動與人際交遊的密切結合下，藝文社交風氣趨於熾熱並且習然成風，恐怕他也清楚地意識到僑流標榜所可能帶來的社會效應，例如「社會身分」的經營即是一例〔註35〕，而個人人際版圖的擴張可能是其中最基本的掌握徑路。

　　另外，《毛公壇倡和》的產生，基本上與《鴛湖唱和》的性質大致類似，據〔明〕李仲芳在〈毛公壇詩序〉所言，毛公相傳是漢代宗室子劉根，曾隱於洞庭湖西山鍛氣煉丹，吳中方志或史書俱未見有其相關事蹟的記載，然而，關於他煉氣飛仙一事卻在文壇傳得沸沸揚揚，尤其是他修煉之處，「聞其中巖

〔註33〕詳見同上註，頁 1235 上。
〔註34〕詳見同上註，頁 1238 上。
〔註35〕關於明代文人對「社會身分」的經營，可以參閱王鴻泰：《流動與互動——由明清間城市生活的特性探測公眾場域的開展》，頁 204～244。

谷林藪，烟雲泉石，窅冥出沒，不可僂指數也。」〔註36〕因而引起諸文士趨前探訪此一福地，並且留下豐富的登壇詩詠〔註37〕。〔明〕周履靖在卷首序文便談到：

> 有壇在焉，壇故稱毛公，毛公且數千載化去……紫霞丹鼎毋有存焉，箕距蒼莽間，聽秋山猿鶴啾啾，令人淒然，覺此身爲贅。歸來取諸賢登壇詩，各和一章以暢企懷，所謂未能乘鶴，聊復續貂，眞可發一大笑也。〔註38〕

顯然他也是慕名而來，想像著一位千年前的高人，如何在這群鳥嚶鳴、千巖競勢的山林僻野中，凝心靜氣地煉氣成仙，並取諸賢才名士登壇詩作續和，約莫二十餘首，由此構織成龐大的吟詠文本；然而，包括〔明〕周履靖在內的數十位登壇和詠者活躍的年代，事實上距離毛公的時空已相當久遠了，但後代讀者卻又各自依所掌握之有限信息，導入不同的觀看角度：如〔明〕勞遜膚、〔明〕謝尚玄、〔明〕董用威等人以宗教性觀想理解，〔明〕茅坤、〔明〕袁福徵等人著意在丹霞泉石的離塵氣氛，〔明〕王世貞、〔明〕李嘉言、〔明〕鄭琰、〔明〕李日華等人則顯露出歷史憑弔後今非昔比的詠歎；一段已脫離歷史現場的古老傳說，竟如此神奇地在千年後同一地點滋生出異樣的文化氣氛。〔註39〕

　　如果將《毛公壇倡和》與《鴛湖唱和》、《群仙降乩語》並置比較，將會突顯出兩種現象：一方面足見當時文人對於往來文藝活動或和韻聯詩參與的熱烈情況，另一方面，《毛》、《鴛》二詩集是〔明〕周履靖據《鴛湖唱和詩集》

〔註36〕詳見〔明〕董伯念：〈毛公壇詩後序〉，收於〔明〕周履靖編：《夷門廣牘》，頁1280上。
〔註37〕李仲芳：「壇爲福地之一，漢之宗室子劉根嘗鍊氣於此，後生綠毛，因以名之。今年春，余擔簦赴社，與諸君子過之。徘徊瞻顧以冀向之所謂毛公者，馭飆輪而下授以長生之術，而卒不可遇，特所遺寢宮頹然於霜露榛莽間，遂纍欷不能自己，各賦詩弔之。」詳見同上註，頁1279下。
〔註38〕詳見同上註，頁1279上。
〔註39〕明清文人遠離歷史現場後的題詠賡和所挾帶之文化心理，主要參閱毛文芳：〈卷中小立亦百年——清初〈張憶娘簪華圖〉之百年閱讀〉，《第五屆通俗文學與雅正文學——文學與圖像研討會論文集》（台中：中興大學中文系，2005年），頁291～331；〈「拂拭零縑讀艷歌」——清代〈張憶娘簪華圖〉題詠再探〉，《中正大學中文學術年刊》第六期（2004年12月），頁1～28；〈遺照與小像：明清時期鶯鶯畫像的文化意涵〉，《文與哲》第七期（2005年12月），頁251～291。

及諸賢登毛公壇所留詩作的賡和，雖然無緣參與宴會或者與其他文人雅士同時賦詩和韻，竟也可以巧妙地藉由事後「添筆」的方式，想像自己曾與諸文士共同追隨唱和，聊抒幽情，而《群》書則是在流通傳閱的過程，名人雅士紛紛就某一主題發抒己見，逐步和詠，他們共同創造的是一種虛擬的對話場域，彼此作詩當下未必謀面，卻能夠透過酬唱的文本不斷擴大延伸，形成某種想像的和詠。

三、魚雁往返

人際間密切的往來互動，不僅可以透過詩文的吟詠題識來強化彼此關係，藉由魚雁的迴還往復以傳遞「人／我」情感與需要，也成了晚明社會大眾所熱衷的活動方式，而晚明社會中以書信交流往返的熱烈程度，或可從當時來華傳教的利瑪竇所記錄的一段文字作爲說明：

> 幾個人在一起談話，即使說得很清楚、很簡潔，彼此也不能全部準確地理解對方的意思。有時候不得不把所說的話重複一次或幾次，甚至得把它寫下來才行。……這樣的情況更經常地發生在有文化的上流階級談話的時候，因爲他們說的話更純正，更文謅謅並且更接近於文言……甚至是住在同一城市而且離得很近的朋友，也常是書信往返，而不見面談話。〔註40〕

在利瑪竇眼中看來奇特、異常的現象，其實都只是文化風情的不同所致，姑且不論他對於中國文化的理解究竟眞確與否，僅從「甚至是住在同一城市而且離得很近的朋友，也常是書信往返，而不見面談話」的描述來看，恰好說明了當時藉書信以爲人際往來之重要觸媒的熾熱景況〔註41〕。其中，除了是

〔註40〕詳見利瑪竇著，何高濟譯：《利瑪竇中國札記》（北京：中華書局，1983 年），頁 21～22。

〔註41〕古代書信又稱「尺牘」，吳承學指出：「中國古代的尺牘寫作有悠久的歷史，宋代的蘇、黃，更是把尺牘的藝術發展到極致，但到了晚明時代卻是尺牘小品最爲興盛的時代，……其主要的原因在於這種文體與晚明文人的審美情趣比較合拍。尺牘本來是一種實用性很強的文體，但到了文人的手中，它便成爲書發性靈，表現個性的工具了。」詳見氏著：《晚明小品研究》（南京：江蘇古籍出版社，1999 年），頁 303～304；趙樹功更直指「經過嘉靖至萬曆年間的醞釀，中國尺牘文學迎來了它最輝煌的時期。」詳見氏著：《中國尺牘文學史》（石家莊：河北人民出版社，1999 年），頁 381。其中所談雖是尺牘小品的創作爲主，但若非具有一定程度的書信往返風氣是很難支撐起這種文學體裁的。

因為商業性郵務系統的成熟外，更重要的，在這書信往返的過程中所背負的社會性意義，亦即在書信的寫作中，書寫者向某一受文者傳達出思念、慰勉、表示感懷、嗟嘆流光等等，單就這點著眼，其實就已經達到某種程度上的「溝通」了，若受文者據此回應，恰能演繹成更密實的人際交流關係。〔註42〕

同樣地，〔明〕周履靖也經常透過書信的寄贈往來與詩朋文友們溝通交流、聯繫彼此，其中，以《燎松吟》、《泛泖吟》兩卷收錄較多；前者據其〈燎松吟自序〉的說明：

> 乙未嘉平，朔風慘雪，蓬室蕭颯，不能出戶。日與二三幼稚攤衾暖閣，燎松酌酒，興至嘆詠几投，寄贈別五七言諸什，共計百餘首。
>
> □春，彙成細帙，語致淺率，不堪入選，徒憶爐煙縹緲、簪筆呵凍、肌粟欲裂，聊志野人一時清況，不敢忘五大夫之力耳。〔註43〕

可知，他是在一個饒雪寒齋、束熅乞溫的日子裡，燎松酌酒，竟夜寫詩寄友以志個人一時意況，前後約莫得詩百餘首，並寄贈了三十餘人，友人〔明〕陳奇謀言之：「隱君迺重念，故知拾松枝煨煖閣，題械呵凍，吳越故人各各寄唱，若面若膝，至於河梁送別，情見乎詞。」「交道絕矣！友誼衰矣！隱君力維之，庶幾有古人風。」〔註44〕而後者則誠如前文所提及，乃是〔明〕周履靖於甲午深秋買棹泛江遊歷時，途中漫興而發之作，除了覽賞三泖風光外，期間並拜訪數位平生好友，留下數十餘篇的寄贈詩作，如〈寄童閏谷期約〉、〈寄楊隆源索佳製〉、〈寄海鹽悅支上人〉等等。其他如《梅塢貽瓊》中〔明〕王沂陽的〈寄懷逸之〉、〔明〕袁太沖的〈次韻奉答逸之徵君泛泖還後，見懷之什二律〉、〔明〕李日華的〈寄梅墟叔〉、〔明〕王寅的〈寄懷周逸之難交別業，逸之善書，常寫經勒石〉等，又或是《尋芳詠》中〔明〕周履靖的〈春日寄友〉、〈新春寄西城李培之〉等。

這些寄贈交流的詩文，就其書寫的內容、目的來看，約可劃分為幾種不

〔註42〕這種書信往返交流的過程與中國文學中的「贈答詩」，頗具異曲同工之妙；梅家玲研究漢魏六朝的贈答詩時曾指出，它所以被寫作，當係作者意識到人我有別，並欲藉此向投贈者傳情達意。無論是贈詩者或答詩者，其實都先後從事了「寫作」和「閱讀」兩項工作，因而也兼具「作者」和「讀者」雙重身分，那麼，乍看之下，詩作往返之間，伴隨閱讀美感經驗而生的，當然也就是具體的人／我互動了。詳見氏著：《漢魏六朝文學新論——擬代與贈答篇》（台北：里仁書局，1997年），頁255～256。

〔註43〕詳見〔明〕周履靖：〈燎松吟自序〉，收於氏編：《夷門廣牘》，頁1171上。

〔註44〕詳見同上註，頁1170下。

同的類別，而不同的類別間，其「人／我」的往來互動意義自然也各異其貌；
其中，最爲普遍的當屬「憶舊感懷」之辭了。試看下面三首詩：

　　◎遙憶僧房會晤時，月明窗下幾相思。曾將騷句題梅樹，不見文車
　　　過竹籬。……何時掃榻山堂下，共對芳樽化別離。〔註45〕

　　◎深秋一爲別，不覺近春時。遙憶花前醉，還追月下期。君情多眷
　　　戀，我意愜幽思。題卻山人句，吳門寄故知。〔註46〕

　　◎久不到禪栖，詩懷更欲迷。束書尋酒伴，鼓棹混鳧鷖。因訪華亭
　　　鶴，無心過虎溪。遠公多逸思，寄問幾新題。〔註47〕

詩中，〔明〕周履靖毫不保留地表達了對於友朋的相思顧念之情，「不見文車
過竹籬」、「遙憶花前醉」、「久不到禪栖，詩懷更欲迷」，還望他們亦能時時記
得前來拜訪，再續觥籌賦詩的佳期幽性。其他如〈寄友〉：「憶昔河梁送別時，
兩經春草隔佳期。……不知何日思歸期，對爾同吟月下詩。」〔註48〕〈寄朱
文夫〉：「月有清輝臨北牆。……與爾相期攜手處，鱸魚江上待秋風。」〔註49〕
對於這樣的知交感懷，誠如前文所提到，自然是有感於對友朋結交的重視，
無論是「僧房會晤」、「花前醉月」，或者期待相約再聚，無一不是營結他個人
密實的人際網絡的實際作爲，也因爲如此，藉詩感懷往昔相聚共宴或別後懷
念的題材，往往成了這種書信寄贈作品的最大宗。其次，有一類書信的內容
則是帶著某種功利性色彩，欲藉書信的投寄向他人求索品題，如下二例：

　　◎寄去周顒泛泖吟，爲求何遜攪閒心。品題編首千行字，收拾詩囊
　　　抵萬金。〔註50〕

　　◎泖上吟成索品題，君家應是愛幽栖。可將新句編端品，爾我清名
　　　播浙西。〔註51〕

顯然，〔明〕周履靖寄詩的目的，有一部分因素乃是冀求獲得文壇名士或有
主導能力者的題筆褒言，爲他的作品增添光彩，「品題編首千行字，收拾詩囊

〔註45〕詳見同上註，頁 1173 下。
〔註46〕詳見同上註，頁 1175 下。
〔註47〕詳見同上註，頁 1269 上。
〔註48〕詳見〔明〕周履靖：〈寄友〉，《閒雲稿》，卷二，收於氏編：《夷門廣牘》，頁
　　　　1122 上～下。
〔註49〕詳見同上註，頁 1138 下～1139 上。
〔註50〕詳見〔明〕周履靖：〈索何士抑吟序〉，《泛泖吟》，收於氏編：《夷門廣牘》，
　　　　頁 1275 下。
〔註51〕詳見同上註，頁 1275 下。

抵萬金」、「可將新句編端品，爾我清名播浙西」；就圖書出版的市場機制而言，這猶如是一種名家的推薦、品質的保證，足以吸引消費者購買閱讀，但若就〔明〕周履靖本身而言，則書寫者拉攏各方文人雅士爲其背書、肯定，無形中不但可以連繫彼此交誼，同時，在儕流標榜、交往薦引的互動過程裡，也突顯了人際互動中的「價值意義」，片言褒賞往往便能令人聲價驟起，恐怕《夷門廣牘》中不少作品的序跋也都是由此而來〔註 52〕。換言之，魚雁往返的社交活動也可以是建立個人聲名的手段。此外，尚有一類書信內容屬於「自我形象的剖白」，藉由書信的撰寫向受文者表述自我情志、談論個人近況，如下：

> ◎俠氣隨年去，棲遲未遂謀。世情頻轉易，歲月不羈留。解慍爲斟酒，忘寒仗散裘。悠然成隱逸，白首臥林丘。〔註 53〕

> ◎閒吟神自愜，長嘯思多豪。獨坐寒窗下，焚香讀楚騷。世情空繭楮，富貴亦鴻毛。不用貧相較，何如醉濁醪。〔註 54〕

信文中，內容既不見有憶舊感懷之思，也不具任何請薦品題之意，反倒多著墨在陳述〔明〕周履靖個人的自我幽居生活情態，閒吟長嘯、焚香讀書、悠然隱逸、臥坐林丘。某種程度上，這無非也可說是要藉此以求得他人的認識、了解，文字表述的背後往往隱含有「自我形象」的表徵意義，換言之，〔明〕周履靖很可能是間接地在書信往來的字裡行間，承載其志趣並寓託了個人形象於其中，尤其當他又積極投贈諸文友後，而受信者若又繼續公開傳述，爲人知曉，如：「秋日，有人復持其所詠燎松吟如（若）干首視余。」〔註 55〕這等於是擴充了〔明〕周履靖與眾人的人際聯繫。那麼，書信的往來就不僅是作爲交往溝通的管道，或許也是用以創造個人人際網絡的有利媒介。

　　不過，必須說明的，關於書信寄贈詩文的探討，事實上必須立基於「寄贈」與「答覆」皆明確、完整保留的前提，始能更有意義。然而，目前《夷門廣牘》所見到的，卻多以〔明〕周履靖寄贈詩文爲夥，受信者的回應答覆

〔註 52〕《明史·文苑傳》：「世貞始與李攀龍狎主文盟，攀龍歿，獨操柄二十年，才最高，地望最顯，聲華意氣籠蓋海內，一時士大夫與山人詞客、衲子羽流，莫不奔走門下，片言褒賞聲價驟起。」詳見〔清〕張廷玉等撰：《明史》（台北：鼎文書局，1975 年），卷二八七〈列傳·文苑〉，頁 7381。

〔註 53〕詳見〔明〕周履靖：〈寄羅陽劉先生〉其二，《燎松吟》，收於氏編：《夷門廣牘》，頁 1175 下。

〔註 54〕詳見同上註，頁 1177 下。

〔註 55〕詳見同上註，頁 1170 上。

大多數是收錄於《梅塢貽瓊》當中，並且只有極少數如〔明〕袁太沖所作〈次韻奉答逸之徵君泛泖還後見懷之什二律〉，據詩題與內容可知，乃是就〔明〕周履靖所作〈寄袁太沖〉的「答覆」。這實可說是今日我們試圖透過書信，進一步地了解〔明〕周履靖與其他友朋之間詳細互動涵義的一道難題。

四、生平傳記──以《梅墟別錄》為主

不僅詩文的往來唱和酬酢，就連〔明〕周履靖本身的「生平傳略」也成了梅墟園林經驗的重要書寫型態，其中，除了〔明〕周履靖自己所撰〈螺冠子自敘〉、〈梅顛道人傳〉屬於「自傳」外，其餘一律為「他傳」，包括有〔明〕包檉芳的〈梅顛道人小傳〉與〔明〕劉鳳的〈貧士傳〉，收於《梅塢貽瓊》第五卷，〔明〕李日華與〔明〕鄭琰所作〈梅墟先生別錄〉二篇以及〔明〕劉鳳的〈螺冠子傳〉，則收於《梅墟別錄》。

關於「傳記」的理解，已有學者指出：傳統觀念中傳記作家一絲不苟地記錄人物史實的意義已退居其次，他們更關注的其實是「傳達主體的精神寫實」──亦即「他是一個怎樣的人」，以及讀者的後設閱讀反應。〔註56〕

一如〔明〕周履靖的個人傳記，在〈螺冠子自敘〉中，前半部簡單聊述了平生志趣與日常閒暇活動後，一連串地大篇幅徵引數十餘位文友同人題贈之詩文以及個人所有著作，然而，傳主本身自幼至壯、從小到老的生命歷程或重要經歷卻完全抹消；其次，〈梅顛道人傳〉共有兩篇，分別收錄於《閒雲稿》與《五柳賡歌》當中，其撰寫體例顯然是模仿〔晉〕陶淵明的〈五柳先生傳〉，該二文固然與一般史傳一樣有敘有贊，但傳主詳細的姓名、里籍、家世、履歷等，一律付之闕如，同時，傳文所涵蓋的內容也以靜態事實描寫居多，諸如「恬澹寡言，厭趨祿利」、「成小詩自娛，少暢所志」、「性嗜梅，種梅幾百株，環墟皆梅也」等，加之篇幅精短，實難詳究傳主生平如何；而〔明〕李日華的〈梅墟先生別錄〉可能是這一系列傳記書寫中較為詳盡者，舉凡〔明〕周履靖的家庭背景、讀書進學、為鄉里抗顏請命、築園梅墟、書畫藝術造詣、日常休閒、交遊往來過程……等，皆一一細述，但猶如〔明〕李日華所言：

> 余以近而昵知先生（周履靖）詳然，以卑幼而游揚大人，且謂余倍

〔註56〕詳見（美）宇文所安：〈自我的完整映像──自傳詩〉，收於陳玨等編：《北美中國古典文學研究名家十年文選》（南京：江蘇人民出版社，1996年），頁111。

其譽也，故特筆其所睹記者一二於左。〔註57〕

換言之，他所詳載的內容其實也僅是「其所睹記者一二」，而非傳主整體人生的回顧；其他包括〔明〕鄭琰的〈梅墟先生別錄〉、〔明〕劉鳳的〈螺冠子傳〉、〔明〕包檉芳的〈梅顛道人小傳〉或〔明〕劉鳳的〈貧士傳〉等，所記敘之事大抵也都不出李文的內容架構〔註58〕。對〔明〕周履靖而言，這些傳記所呈顯的「他」看來都只是攫取其生命經歷的某一片斷加以書寫罷了，合而觀之，恐怕也不過是他複雜人生的一個模糊輪廓。

然而，傳記的意義本就不是提供作爲個人生平年表的考證，相反地，它的書寫活動往往必須依憑記憶的追溯，但記憶並不保證可以詳盡地記存所有過去訊息，只可以選擇性地強化傳主的某些個人特質或者代表性經歷，因此，傳記總被視爲是一種「虛構的文本」，主要乃是作傳者以今之觀點重新進行傳主過往的「再詮釋」。〔註59〕

那麼，我們不妨可以將〔明〕周履靖相關的這一系列傳記書寫看作是一方人際互動的場域，作爲傳主的「周履靖」（過去）、當下作傳的「周履靖」（現在）以及其他書寫者、題贊者相互的對話、影響與詮釋，「淑人君子苟有清誼奇節、動人企慕者，則必思其言語、思其嗜好。……今跡先生所操，誠不止是然，即是，豈不足以見先生一二者？」〔註60〕「樂哉梅顛，岸幘翩翩，閒雲在館，興寄詩篇。」〔註61〕「予爲之傳，裨後有太史氏續逸民傳，庶幾備考訂而不落莫也。」〔註62〕從社會文化的角度而言，彷彿是提供他人

〔註57〕詳見〔明〕李日華：〈梅墟先生別錄〉，收於〔明〕周履靖編：《夷門廣牘》，頁916下。

〔註58〕如〔明〕劉鳳〈螺冠子傳〉文末有〔明〕周履靖的一小段說明，云：「余性嗜詠，而從吳門羅陽劉先生門下士，恒命題聯句，盡日通宵甚爲。……先生惕然嘆曰：『志念俱善，何其淹蹇。嗟哉嗟哉！』欲爲余作傳，乃索表姪李日華著梅墟別錄參考。」詳見同上註，頁949上～下。

〔註59〕詳見川合康三：《中國的自傳文學》（北京：中央編譯出版社，1999年），頁9。另外，胡適在〈南通張季直先生傳記序〉也說道：「傳記的最重要條件是記實傳眞，而我們中國的文人卻最缺乏說老實話的習慣。對於政治有忌諱，對於時人有忌諱，對於死者有忌諱。聖人作史，尚且有什麼爲尊者諱，爲親者諱，爲賢者諱的謬例，何況後代的諛墓小儒呢！」詳見氏著：《胡適書評序跋集》（長沙：岳麓書社，1987年），頁328。

〔註60〕詳見〔明〕李日華：〈梅墟先生別錄〉，收於〔明〕周履靖編：《夷門廣牘》，頁923下。

〔註61〕詳見同上註，頁949下。

〔註62〕詳見同上註，頁989上。

作爲觀察、理解傳主的書寫活動，也可說是傳主本身「閱讀自我」的文本空間，其筆調有時是反省，有時是自箴，有時是感懷，有時是讚頌，有時則是愧嘆，交織成多元、眾音的入寫角度，尤其，配合出版與閱讀的炒作之下，「周履靖」宛如是一個熱門話題，不斷地被討論、被閱讀，進而巧妙地聯繫起一個以傳主／周履靖爲中心的人際網絡，如〔明〕鄭琰的一則跋語便如此表示：

> 余蓋未嘗過從梅墟，讀九疑別錄，夢寐其爲人。所謂學士有道，仁
> 人非歟？夫梅墟於世，烟火無寸而泉石有尋跡，其行誼若楚塞夜鴻、
> 秦關曉鶴，清警一聲，心骨俱爽。〔註63〕

原先，他並未識得〔明〕周履靖，而是透過〔明〕李日華所作〈別錄〉的傳播、閱讀才知其人、識其趣、愛其才、慕其行，然後開始有了較爲密切的往來活動，甚至還起而效尤地爲他寫傳記。

循是，我們或許也可以說，〔明〕周履靖生平傳記所引起的一系列詮釋活動，其實已跨越了回憶、記錄、辯解、垂訓子孫、身名俱滅之虞等記敘傳統〔註64〕，而是一種帶有「個人形象」以傳遞社交意味的書寫活動。

五、其他：題、歌、貽、贈、答等體裁

除了上述幾種書寫型態之外，其實《梅墟貽瓊》尚有不少較爲特殊的類型，包括如〈題梅墟隱處〉、〈梅墟先生結茅白苧村，春日過閒雲，題一絕於館壁〉、〈題梅墟別業〉、〈題梅墟周君閒雲館〉、〈題梅墟周山人閒雲館〉等，它是一種刻於閒雲館壁上的「題壁詩文」，形式不拘，這類型文體原來是文人對亭臺樓閣或名勝風景等表達個人悠然欣羨之情，具有強烈的紀念性質，但由於是發表在一個公開場合，可供人閱讀欣賞，使它的創作其實也帶有某種傳播或彰人之美的意味〔註65〕，如〔明〕李日華〈題閒雲館壁二首〉其二：「點

〔註63〕詳見同上註，頁 924 上。

〔註64〕如〔元〕顧仲瑛〈金粟道人顧君墓志〉、〔明〕楊廷楨〈自狀文〉、〔明〕姚舜牧〈自敘歷年〉等，是欲藉傳記以留跡；〔明〕楊士奇〈東里老人自志〉、〔明〕王直〈自撰墓誌〉、〔明〕繆昌期〈自敘〉等，是欲藉傳記以垂訓子孫；〔唐〕劉禹錫〈子劉子自傳〉、〔清〕王韜〈弢園老民自傳〉等，則是出於爲自己辯護而撰。上述文獻資料，詳見郭登峰：《歷代自敘傳文鈔》（台北：台灣商務印書館，1965 年）、杜聯喆：《明人自傳文鈔》（台北：藝文印書館，1977年）。

〔註65〕羅宗濤認爲，若是將題壁視爲一種文學發表的方式與傳播手段，則應採其廣

點花隨流水，雙雙鳥落平蕪。人間別有天地，世外悠然丈夫。」〔註66〕或〔明〕彭輅〈題逸之閒雲館五首〉其一：「出入青山岫，無心任往還。不逐風和雨，終朝伴客閒。」〔註67〕這些信筆所題的詩文，猶如園景的一種點綴，供人欣賞／閱讀；而〈梅顛仙人歌〉、〈採芝歌、〈種梅歌〉、〈梅墟歌〉、〈臨池歌贈周逸之〉、〈訪逸之梅墟隱居，賦此長歌以寄興〉等屬歌行體，主要是藉由長歌體式以進行賦詠寄興；〈梅墟詩贈逸之周君〉、〈貽周君逸之〉、〈贈梅墟先生一律〉、〈贈梅顛道人〉、〈答梅墟周隱君春來枉訊山中一律〉、〈次韻奉答逸之徵君泛泖還後見懷之什二律〉、〈答秋潭上人過村居觀梅和韻〉等贈答詩，則涵蘊有人際間的交際往來；其它如「記」、「賦」、「詠」、「寄」、「序」、「跋」、「傳」……等等，或是《山家語》、《尋芳詠》、《千片雪》等詩文集，也都或多或少記存著〔明〕周履靖園居經驗的相關書寫訊息，型態上可謂自由多樣。

六、小　結

　　無論如何，我們從書畫題識、詩文唱和、書信往來、生平傳記到《梅塢貽瓊》所收的書寫型態來看，以〔明〕周履靖爲主導所開展之「園居經驗」的書寫顯然是極其豐富而熱鬧的，猶如是一場場頻繁而熱絡的雅集活動，「綺筵集嘉賓，高談多逸思。簾外鳥聲清，座中人未醉。」〔註68〕「步入郊墟訪隱淪，花香竹色更宜人。雲棲幽館天分景，水繞平沙地隔塵。茶散青烟醒鶴夢。」〔註69〕「新釀乘春熟，庭花映日開。清風松牖至，逸客剡溪來。細切金盤膾，旋傾玉蠡醅。」〔註70〕他們或者彈琴賦歌、或者飲酌共樂、或者只是靜靜地覽賞這片天造地設的山水風光，並將當下的興味與感受訴諸文墨，

義範圍，即題於牆壁之外，舉凡題於石壁、石上、雪地、門、戶、扉、窗、軒、楹、柱、樑、屏風、詩板、榜子等等的公開處所，有公開發表，具有流傳意圖，皆屬題壁的範圍。詳見氏著：〈唐人題壁詩初探〉，收於《唐代文學研究》（桂林：廣西師範大學出版社，1992年），第三輯，頁56～57。

〔註66〕詳見〔明〕李日華〈題閒雲館壁二首〉其二，《梅塢貽瓊》，卷四，收於〔明〕周履靖編：《夷門廣牘》，頁984上。

〔註67〕詳見同上註，頁982下。

〔註68〕詳見〔明〕周履靖：〈春宴〉其一，《尋芳詠》，上卷，收於氏編：《夷門廣牘》，頁1190下。

〔註69〕詳見〔明〕陳龍川：〈過周逸之閒雲館讌集〉，《梅塢貽瓊》，卷三，收於〔明〕周履靖編：《夷門廣牘》，頁979下。

〔註70〕詳見〔明〕周履靖：〈對酒〉，《閒雲稿》，卷一，收於氏編：《夷門廣牘》，頁1115下。

斐然成章地完成了一則又一則的詩文，「岸幘梅千樹，彈琴月九秋。新詩凡幾帙，燦爛賁園丘。」〔註71〕「春草生幽徑，寒梅發故墟。有時歌白雪，和客每停車。」〔註72〕如：

　　◎〈梅墟貽佳刻，見戲賦之〉

　　　山林幽致寄閒人，寓目方知品物真。鼎篆留題今似古，文章遺像舊還新。驪珠吐煥篇篇富，花露含芳字字春。一覽頓開胸次廣，山高水闊自怡神。〔註73〕

　　◎〈遊白岳山與松窩子、百瓢道人聯句〉

　　　一天秋色淨，（松）萬里白雲空。（百）高歌天地外，（梅）結侶煙霞中。（松）臨泉迎野鶴，（百）拂袂御天風。（梅）……〔註74〕

　　◎〈同吳少君李君實集閒雲館探得閒字〉

　　　別館俯澄灣，柴門盡日關。地連青野曠，人對白雲閒。行酒花陰下，題詩桐葉間。共憐朋好在，言嘆欲忘還。〔註75〕

透過讌集、唱和、贈答、序跋或是書信往來等方式，時而是品評書畫藝術、時而聯句賡和、時而又較勁詩藝，形成有趣的文學活動型態，對參與其中的人們而言，一方面既可以透過切磋文才藝能以強化彼此知交情誼之外，同時，〔明〕周履靖亦會不定時地將這些遊園造訪心得或藝文交流成果纂輯成冊、刊印出版。於是，伴隨著傳播的力量，勢必也將形成一股無形的召喚力量趨人前來，帶動一波又一波園居經驗的參與風氣。

第四節　對話內容

一、山水景象

　　〔明〕陳仁錫曾經這樣表示過：

　　　文字，山水也；評文，遊人也。夫文字之佳者，猶山水之得風而鳴，

〔註71〕詳見〔明〕真諰贈詩（未題詩名），《梅塢貽瓊》，卷二，收於〔明〕周履靖編：《夷門廣牘》，頁968下。

〔註72〕詳見同上註，頁968下。

〔註73〕詳見同上註，頁979下。

〔註74〕詳見〔明〕周履靖：〈遊白岳山與松窩子、百瓢道人聯句〉，《閒雲稿》，卷三，收於氏編：《夷門廣牘》，頁1137下。

〔註75〕詳見〔明〕黃帷楫：〈同吳少君李君實集閒雲館探得閒字〉，《梅塢貽瓊》，卷二，收於〔明〕收於〔明〕周履靖編：《夷門廣牘》，頁968下。

得雨而潤，得雲而鮮，得游人閒懶之意而活者也。遊人有一種閒懶
之意，則評文之一訣也。天公業案，惟胡亂評文字爲最，何也？山
水遇得意之人固妙，遇失意之人亦妙；緣其人閒懶之意而山水活者，
亦不必因其人憔悴之意而山水即死，總於山水無損也。〔註76〕

他以文字喻作「山水」、以評點喻作「游人」，換句話說，在明人的經驗中，「風
景」其實也可以落實爲一種可讀可寫的詩文字句，於是，人遊山水猶如是在
閱讀評賞一篇篇的佳文妙作，某種程度上可說是建構一種「文本化」的世界
觀〔註77〕；而泛覽山水的遊人或評賞文章的讀者在遊歷的過程中，透過文字
開啓一系列的詮釋與理解，「文字之佳者，猶山水之得風而鳴，得雨而潤，得
雲而鮮，得游人閒懶之意而活者也。」無論得意或失意，各有各的領會，並
能依其所思所感去完成一次次的山水審美：「山水遇得意之人固妙，遇失意之
人亦妙」。如同〔明〕周履靖與其賓朋詩友們同遊梅墟後，復以詩文記存了當
下的園居經驗，於是，梅墟園林彷彿成了可以閱讀的「文字園林」，並且在主
體「我」的心理特質與客體的山光水色交疊相映之下，既建構了梅墟的空間
性格，也呼應了園主的主體性意義，茲舉數例說明：

◎倚杖入郊墟，看雲意自舒。平沙落鴻雁，清水映芙渠。亭午風初
靜，林秋葉已踈。南榮堪偃息，不放酒尊虛。〔註78〕
◎蕭然一室築松陵，卻恨塵蹤未易登。深澗魚吹青藻葉，閑門樹繞
紫蘿藤。南山種□歸明月，北寺攜筇訪老僧。休向聖明知處住，
恐令天使鶴書徵。〔註79〕
◎知君自是塵外人，素心久與雲霞親。閒居時隱烏皮几，臨風獨岸

〔註76〕詳見〔明〕陳仁錫：〈昭華琯序〉，收於〔明〕陸雲龍等選評：《明人小品十六
家》（杭州：浙江古籍出版社，1996年），頁521。
〔註77〕楊玉成在探討唐五代「如畫」觀念時也有類似討論：如畫可說是將世界文本
化了，在某種程度上是一種認識論的轉向，這種觀念隱含一種危險，世界成
爲一種終極虛構，某種幻影，隱含一種解構眞實哲學的擬像論述，可以說，
意境論在出現之時就隱含自我解構的因素了，詳見氏著：〈世界像一張畫——
唐五代「如畫」的觀念系譜與世界圖景〉，《東華漢學》第三期（2005年5月），
頁124。
〔註78〕詳見〔明〕周履靖：〈閒雲館漫興〉其三，《閒雲稿》，卷三，收於氏編：《夷
門廣牘》，頁1129下。
〔註79〕詳見〔明〕周履靖：〈甲午春遊白岳邂逅徐，孤雲黃冠野服，潛居松林石室，
幽然有方壺閬風之境，以詩二律贈之〉其二，《山家語》，收於氏編：《夷門廣
牘》，頁上1258。

蓮花巾。清宵夢覺羅浮月，紙帳殘燈半明滅。坐上常飛硤石雲，
簷前亂落梅花雪。林深不聞雞犬聲，日暮但有漁樵行。興來淨几
弄筆硯，手書道德黃庭成。藏書滿架且爲樂，種秫連疇豈云薄。
結侶還歌招隱詩，耽玄絕勝楊雄閣。房櫳窈窕閒且清，春山雨後
聞啼鶯。村間飽喫青菰飯，門外常過載酒盟。醉眠不知塵世事，
甘作梅顛老先生。〔註80〕

◎一墟耽野癖，萬點落梅深。不入逃墟徑，誰知避世心。閒雲疑列
陣，流水似鳴琴。我欲辭簪弁，幽棲日可尋。〔註81〕

◎買斷南林十畝賒，半栽脩竹半梅花，月明彷彿瀟湘夜，疑是羅浮
仙子家。〔註82〕

對〔明〕周履靖而言，周匝以梅、竹環抱的園林內，白雲悠悠、澗水淙淙，
磯頭邊有數點鴻雁或憩或翔、碧池上有荇藻芙渠相亂，這是梅墟所獨有的美
感空間，但文中同時也帶出了「南榮堪偃息，不放酒尊虛」、「休向聖明知處
住，恐令天使鶴書徵」的心境體認：面對眼前這片自然美景，他進一步地反
省到「世塵名利」與「丘壑烟霞」的去取，前者永遠要在競逐、汰擇中確
認其價值，後者卻是不分彼此、時時供人取受分享，也因爲如此，故云驅馳
汲營於世祿俗情終究不比棲遲園林更能獲得身心的愉快與自在，而這始終
也是〔明〕周履靖人生經歷中從未改變過的主體意志。就此而言，梅墟園景
儼然呼應了他的生命情感。而〔明〕張之象、〔明〕沈自邠、〔明〕平野等
人大體都是在這樣認知情感的基礎上，繼續由梅墟的園林景致發揮所可能
涵容的各種意蘊，「結侶還歌招隱詩，耽玄絕勝楊雄閣」、「不入逃墟徑，誰知
避世心」、「月明彷彿瀟湘夜，疑是羅浮仙子家」，或似〔漢〕揚雄當年耽思
玄理的草閣、或似武陵溪畔的桃花源、或似世外的羅浮仙境，各有各的解讀
取向。

於是，通過閱讀、吟詠、書寫等文學活動的進行，彷彿是將梅墟園林的
山水景象切割成數餘種理解視角，不但是園主以「詩」註解了它的空間特質
與意義，許多紛至沓來的山水知音亦循著園主的詮釋步伐，持續開展出多元
的理解思維，同中有異，異中有同，形成了熱鬧非凡的對話空間。

〔註80〕詳見〔明〕張之象：〈過周子別業閒雲館〉，《梅塢貽瓊》，卷一，收於〔明〕
周履靖編：《夷門廣牘》，頁957上。
〔註81〕詳見同上註，頁965下～967上。
〔註82〕詳見同上註，頁987上。

二、典範形塑

　　站在一個後來者的立場而言，任何一種文學形式的書寫都很難全然地離開傳統文獻所建立的「典範」，無論是作者或讀者，都可能從某些已經實際發生而具示範性的文化典例中，明確地找到自我的主體意識與認同價值。對此，（德）姚斯（Jauss Hans Robert）就曾表示：

> 一部文學作品，並不是一個自身獨立、向每一時代的每一讀者均提供同樣的觀點的客體。它不是一尊紀念碑，形而上學地展示其超時代的本質。它更多地像一部管弦樂譜，在其演奏中不斷獲得讀者新的反響，使本文從詞的物質形態中解放出來，成為一種當代的存在。〔註83〕

另外，學者蔡英俊亦云：

> 透過認同作用所伴隨的對於過往經驗的借代與解釋，不論「擬古」或「用事」在在顯示出古典作家試圖把時間上的「過去」拉向「現在」的一種自覺，使得「過去」能與作家當下所屬的「現在」具有一種「同時代性」（contemporaneousness），並且以此喚起造就一種文化上的集體意識。〔註84〕

一如《詩經》與《楚辭》，在中國文學的發展體系所立下之「風雅比興」及「悽楚鬱結」色彩，透過經驗的借代與情感的認同作用，每每都易為後代文人在言說勸諫或鬱悶難遣等相似情境中，最佳的「理解標誌」；換言之，固然任一後來詮釋者與《詩經》、《楚辭》等「過去」的文學作品有著一定程度的時空隔閡，但就是因為有了過去的「先在經驗」牽繫，兩者自然是可以安置在同一發展脈絡上理解，甚至許多的「當代」文學活動都必須倚恃過往經驗所開創之「文化上的集體意識」，才能徹底理解其中的深度底蘊，例如學者鄭毓瑜選擇從「典律化」角度，探索明清之際辭賦文學作品中的「哀江南」論述，他指出，這一系列的書寫活動乃是藉助楚騷體系的話語情志，在國破家

〔註83〕詳見〔德〕姚斯（Jauss Hans Robert）：〈文學史作為向文學理論的挑戰〉，收於周寧、金元浦譯：《接受美學與接受理論》（遼寧：遼寧人民出版社，1987年），頁26。

〔註84〕詳見蔡英俊：〈「擬古」與「用事」——試論六朝文學現象中「經驗」的借代與詮釋〉，收於李豐楙主編：《文學、文化與世變——第三屆國際漢學會議論文籍文學組》（台北：中研院文哲所，2002年），頁75。下引此書皆同此一版本，不另出詳註。

亡的亂世裡，作爲當時在政治或社會上的實踐與反思，它們猶如是不時歸返的回音，在一個融合放逐之苦與鄉關之思、失志之怨與亡國之悲的文體典式中，敲扣自我安置的音聲，可謂是《楚辭》傳統巨流在明末掀起的一波浪頭〔註85〕。此外，從書寫的審美功能或意義而言，這些異代相從的詮釋或呼應所積蘊之豐厚歷史氛圍，一方面既明確地指示了書寫的「主軸」與不可改變的對象內容，另一方面也提供了後來詮釋者擁有更多的文學想像、衍伸、改造空間，譜製成一曲清濁高低各異的文學樂章。〔註86〕

從〔明〕周履靖與其賓朋文友之間的往來對話中，可以發現到，其中有不少的主題便是扣繞在前代的某些文學典範詮釋上頭，諸如〔明〕周履靖的〈春日南園雜興〉其五：「晨起寂無事，居然思獨惺。臨池摹晉帖，隱几閱玄經。酒向樽中綠，山當雨後青。誰憐嵇叔夜，懶慢臥柴桑。」〔註87〕學習〔魏〕嵇康的愜意疎懶，閒暇之時，或臨池寫書、或憑几讀書、或倚石醉臥，眼前一片美好的烟霞風光適足以潔志滌凡；〈秋懷擬陶〉：「棲遲三徑間，況值黃花節。清露浥芳叢，涼颸吹欲徹。坐弄無絃琴，傷彼知音絕。好鳥拂簷過，閒雲當戶列。」〔註88〕詩中呈顯出一幅村居靜謐祥和、與世無爭的田園圖景，期待著如〔晉〕陶淵明一般能有一種不受羈絆束縛的生命安頓；〔明〕彭輅〈贈逸之高隱城南別墅〉：「暫屏塵喧跡，湖南小結廬。繁梅幽傍谷，疎柳半垂渠，彷彿陶潛徑，依稀蔣詡居。雲霞春色瑛，蘿薜夏陰舒。屢習嵇康懶，常臨逸少書。庭留佐舞鶴，池蓄樂遊魚。」〔註89〕則是以〔晉〕陶淵明與蔣詡的隱逸雅事作爲理解〔明〕周履靖的角度。

而這種以「典範形塑」作爲園居經驗的對話主題，依其書寫的重點，大抵可以將它分成兩個類項。一則是透過文學典範的丰采比擬梅墟的園居景況，如：

◎春來風雨遍林丘，寂寂空齋動客愁。草徑絕人閒仲蔚，漆園傲吏

〔註85〕 詳見鄭毓瑜：〈明清之際辭賦作品的「哀江南」論述〉，收於氏著：《文本風景──自我與空間的相互定義》（台北：麥田出版社，2005 年），頁 135～191。
〔註86〕 詳見蔡英俊：〈「擬古」與「用事」──試論六朝文學現象中「經驗」的借代與詮釋〉，頁 74。
〔註87〕 詳見〔明〕周履靖：〈春日南園雜興〉其五，《閒雲稿》，卷一，收於氏編：《夷門廣牘》，頁 1108 下。
〔註88〕 詳見同上註，頁 1131 上。
〔註89〕 詳見〔明〕彭麓：〈贈逸之高隱城南別墅〉，《梅墟貽瓊》，卷四，收於〔明〕周履靖編：《夷門廣牘》，頁 981 上。

寄莊周。枝間好鳥催杯盡，野外名山作臥遊。漫倒床頭新釀酒，
不如且學醉鄉侯。〔註90〕

◎周郎少年不慕仕，鳳隱龍蟠養高志。考槃樂只梅之墟，幽閒迴出
塵囂世。飄然逸興懷五湖，拓落常吟林壑徒。彈琴命酒且為樂，
傲睨天地何須居。……嗟余忽發子猷興，一葉扁舟時可命。深林
遠扣逋仙居，叢竹全迷蔣生徑。清夜高談煮雪茶，嘉晨雞黍敦相
敬。人生離聚安可期？歲月不待浮雲移。〔註91〕

語境的背景是梅墟，卻又屢屢以「草徑絕人閒仲蔚，漆園傲吏寄莊周」、「深
林遠扣逋仙居，叢竹全迷蔣生徑」理解，其實就是要將〔明〕周履靖的絕塵
逸興、梅墟的超然物外，與前代文學典範相提並論，藉以突顯其園居生活的
遺世與絕俗。其他如「梅花繞一墟，勝絕武陵居。清世惟躬稼，閒情半逐漁。
秋山當几淨，夜月映窗虛。最是臨池暇，為應擅草書。」〔註92〕或「縱酒偏
成癖，耽書不廢貧。他時桃李月，宛是武陵春。」〔註93〕乃是以武陵桃源喻
梅墟；「竹下欣逢嵇阮流，棕鞋席帽相追逐。周君自是煙霞侶，採摘時時丹岫
裡。採得華芝任飽食，逍遙出世同黃綺。」〔註94〕以魏晉正始時期、日茹藜
藿的嵇阮之流，喻指了〔明〕周履靖生活的逸淡閒散。另一則是藉文學典範
以寄託個人情志，如：

◎雅志辭塵鞅，臨波把釣竿。紅蝦供野酌，青鯽作宵餐。孤艇沙邊
艤，群鷗渚上看。漫追志和興，蕩漾過前灘。〔註95〕

◎啣杯思便狂，欲使生雨翮。願學張志和，成真泛一席。〔註96〕

◎暇日欲尋真，遙聞隱逸人。梅花千樹玉，楊柳萬條春。臨帖還宗
晉，哦詩若有神。依稀和靖志，彷彿似逃秦。〔註97〕

〔註90〕詳見〔明〕周履靖：〈雨後讀高士傳〉，《閒雲稿》，卷一，收於氏編：《夷門廣
牘》，頁1112下。
〔註91〕詳見〔明〕莫是龍：〈訪逸之梅墟隱居賦此長歌以紀興〉，《梅塢貽瓊》，卷一，
收於〔明〕周履靖編：《夷門廣牘》，頁958下～959上。
〔註92〕詳見同上註，頁965下。
〔註93〕詳見同上註，頁968下。
〔註94〕詳見同上註，頁955下。
〔註95〕詳見〔明〕周履靖：〈五言清律三十首〉其三，《野人清嘯》，上卷，收於氏編：
《夷門廣牘》，頁1157上。
〔註96〕詳見〔明〕周履靖：〈和張士抑〉，《鴛湖唱和》，收於氏編：《夷門廣牘》，頁
1234下。
〔註97〕詳見〔明〕翁正春不題詩名，《梅塢貽瓊》，卷二，收於〔明〕周履靖編：《夷

〔明〕周履靖在詩中藉「漁父」遁跡江湖的隱逸意涵，表達了自身將告別塵鞅、決定避世以求閒的志趣，只是，不同於《莊子・雜篇》中與孔子對辯著禮樂人倫之用的神祕智者，或《楚辭》中那位通曉世情的江澤隱客，循循善誘地闡明了消極避世、明哲保身的道理；反而是效法青笠綠蓑的張志和，逍遙自足於眼前大好風光，在沙渚邊的一葉孤艇上，靜靜地拋鈎垂綸，伴著岸邊群鷗戲水，釣起了一竿風月與無限烟霞。〔明〕翁正春則從「林和靖」、「陶淵明」的思路展開觀察，從植梅種柳到臨帖哦詩，頗有忘懷世事、作物外遊之意，視〔明〕周履靖的梅墟園林生活乃是其追步前人之興、從而自我期勉的體現。其他包括「興縱淵明桑落酒，閒臨逸少鶴銘書；我儕亦有離塵想，卜築清溪共爾居」〔註98〕、「嗟嗟周君，結廬梅墟，閒雲是適，鷗鷺與居，則與和靖孤山幽致寧有殊哉」〔註99〕、「何意在城市，倏然無俗情」〔註100〕等等，亦皆如此。

有時甚至為了能夠更適切地結合「古」（文學典範）「今」（周履靖）以映照人生，園居經驗中的對話也會挪引鎔鑄相關的代表性詩文或典故以達到「傳心」效果，如「幾樹梅花繞石扉，暗香風外襲人衣」〔註101〕、「清癯幾樹傍茅齋，枝幹橫斜鑑外排。海嶠銀蟾明似晝，坐看疎影暢襟懷」〔註102〕，語出〔宋〕林和靖〈山園小梅二首〉其一：「疎影橫斜水清淺，暗香浮動月黃昏」〔註103〕；「何遜當年愛藝梅，日登東閣手擎杯」〔註104〕、「寄言何遜知消息，興賞良辰莫負期」〔註105〕，是關於〔梁〕何遜植梅、愛梅軼事，主要見於《古今圖書

〔註98〕詳見同上註，頁979上。

〔註99〕詳見〔明〕翁正春：〈鴛湖倡和後跋〉，《鴛湖唱和》，收於〔明〕周履靖編：《夷門廣牘》，頁1247下。

〔註100〕詳見〔明〕黃洪憲不題詩名，《梅墟貽瓊》，卷二，收於〔明〕周履靖編：《夷門廣牘》，頁966上。

〔註101〕詳見〔明〕周履靖：〈孤山慨古〉，《閒雲稿》，卷三，收於氏編：《夷門廣牘》，頁1136上。

〔註102〕詳見〔明〕周履靖：〈和茅舍梅〉，《千片雪》，下卷，收於氏編：《夷門廣牘》，頁1211下。

〔註103〕詳見北京大學古文獻研究所編：《全宋詩》（北京：北京大學出版社，1991年），第一〇六卷，頁1218。

〔註104〕詳見〔明〕周履靖：〈和東閣梅〉，《千片雪》，下卷，收於氏編：《夷門廣牘》，頁1208上。

〔註105〕詳見同上註，頁1213上。

（前一頁續）門廣牘》，頁971上。

集成・草木典・梅部》的〈梅部紀事〉所引杜甫詩注：

> 何遜爲揚州法曹，廨舍有梅樹一株，時吟詠其下。後居洛，思梅，
> 請再往，從之。抵揚，花方盛開，對花徬徨終日。〔註106〕

〔梁〕何遜在梁武帝天監年間，曾於揚州短暫作建安王的水曹行參軍兼記事，閒暇之時，經常徘徊吟詠於官舍旁的一株梅樹下，甚至在遷調洛陽後，因爲思梅而請求再度回調揚州，日日詠嘆其下而不忍離去；「扁舟放清流，一望波紋綠。……漁父成故知，幻身何拘束。爲愛滄浪波，寄跡滄浪曲。垂釣不厭頻，得魚盈一籠」〔註107〕、「寄言朝省垂纓者，贐有滄浪濯足翁」〔註108〕，則是引自《楚辭・漁父》裡的一段吟唱：「滄浪之水清兮，可以濯吾纓；滄浪之水濁兮，可以濯吾足。」〔註109〕

　　綜合以上，在梅墟園居經驗的交流過程中，參與者屢屢「搬請」前代文學典範以爲對話主題，其中固然不乏有「昔人日已遠，典型在夙昔」的宣示意味，但是對〔明〕周履靖乃至整體的園居空間而言，這也是一種足以傳情達志的有效策略，不但可以投射個人心思，以此建構出自己與前代賢哲在文化系譜上的傳承關係，獲得他人的認同，同時，也爲園居空間尋找到合適的文化定位；這頗爲類似（德）班雅明（Walter Benjamin）所謂的「星座化歷史觀」，如此的比喻大抵有兩種涵義：首先，我們看到的所有星光都是當下的視覺感受，雖然實際上可能是千萬光年遠的星星在不同時間的遠古發出的；其次，星座之間各個星星的聯繫並不是它們本然有的，只是觀察者賦予的，因此只對觀察者有意義〔註110〕。同樣地，梅墟園林經驗中的星星——或是「採菊東籬下」的〔晉〕陶淵明、或是獨自拋竿垂綸的漁父、或是低吟《詠懷》的〔魏〕阮籍、或是爲梅解吐婉媚辭的〔唐〕宋璟，突然間，彷彿都抹去了具體的時空情境，「古」與「今」同存於現時水平，並且收編爲特定的組織方

〔註106〕詳見〔清〕陳夢雷編：《古今圖書集成》（台北：漢珍圖書經銷，2004 年）網路版，頁 12。

〔註107〕詳見〔明〕周履靖：〈鴛湖晚釣寄城南諸社友〉，《燎松吟》，收於氏編：《夷門廣牘》，頁 1174 下～1175 上。

〔註108〕詳見〔明〕周履靖：〈詠漁〉，《閒雲稿》，卷四，收於氏編：《夷門廣牘》，頁 1146 上。

〔註109〕詳見〔宋〕洪興祖：《楚辭補注》（台北：大安出版社，1995 年），卷七〈漁父〉，頁 278。

〔註110〕詳見楊小濱：《否定的美學——法蘭克福學派的文藝理論與文化批評》（台北：麥田出版社，1995 年），頁 87。

式，成為共時語境中可以理解的一種形式、體系（即「星星」→「星座」），對詮釋者的心理認知而言，這可說是一種經過轉換的「心領神會」。換言之，透過宿昔典範風采「轉譯」／「挪引」為梅墟的園居生活，又將這種園林生活賦予「文學化」的歌詠題贊，尤其在《閒雲稿》卷四更收錄有不少的古人題贊，如〈王右君贊〉、〈陶靖節贊〉、〈李太白贊〉……等等，於是，現在的「我」與過去的「宿昔典範」彷彿超越了古今，得以互見風采，彼此成為可以同情共感的抒情對象。

三、逃名復藉名？

　　這批前仆後繼地前來參與梅墟園林活動的賓朋知音們，除了有從「園林景象」以及「宿昔典範」上進行詮釋、理解之外，對於〔明〕周履靖所引領的「梅墟風潮」究係涵括了什麼樣的心態，亦嘗試提出不同的詰問，如：

　　　◎誰道菰蒲裡，才華有墨卿。玩世還超世，逃名復藉名。梅花千樹
　　　　白，玉笛一腔清。薄晚臨池倦，看雲散漫行。〔註111〕

　　　◎盧室帶烟蘿，幽人思若何。琴樽江雨細，枕簟岫雲多。詠罷看黃
　　　　鵠，書成羨白鵝。由來常閉戶，名姓達鑾坡。〔註112〕

梅樹千株環繞，盧室掩映松蘿，有時伴著玉笛引吭詠唱、或閒看白雲漫漫而行，果然是位遺世的幽人逸客乎？〔明〕周履靖屢屢有言：「那羨塵中問姓名，且從木石寄餘生。墟中梅樹逢春放，鐺內茶芽掃雪烹。」〔註113〕「栽梅偏傍竹，此地可逃名，溪靜時垂釣，堂虛夜弄笙。」〔註114〕〔明〕張正鵠與〔明〕沈思孝卻點出了園主隱匿梅墟的矛盾性：「玩世還超世，逃名復藉名。」「由來常閉戶，名姓達鑾坡。」明明是閉戶幽居，何以竟然可以「名」揚四海呢？看似超世、逃名的生活，卻也不乏有玩世、藉名的弔詭。另外，〔明〕皇甫汸〈逸之持所臨黃庭經求跋王京兆鳳洲，兼謁曇陽仙館候予木雞軒，賦此為贈〉：

　　　周郎東去訪王喬，祇謁曇陽躡九霄。莫道舟輕無長物，籠鵝寶帖逐

〔註111〕詳見〔明〕張正鵠不題詩名，《梅墟貽瓊》，卷二，收於〔明〕周履靖編：《夷門廣牘》，頁966上。
〔註112〕詳見同上註，頁966上～下。
〔註113〕詳見〔明〕周履靖：〈聽鶯〉，《尋芳詠》，上卷，收於氏編：《夷門廣牘》，頁1190下。
〔註114〕詳見〔明〕周履靖：〈和群仙降乩韻〉，《群仙降乩語》，收於氏編：《夷門廣牘》，頁1091上。

江湖。〔註115〕

又或如〔明〕劉鳳的〈賦得周生行贈從遊逸之〉：

> 周生拓弛何恢台，令我忽驚胡自來。自來好奇走謁長者遍，窮覽典
> 籍多淹該。……一旦乃能走謁我，自言得見平生纔。不知我是真狂
> 者，俯視一世如嬰孩。……雖云游我時已晚，由可扶策相追陪。
> ……〔註116〕

誠如〔明〕周履靖的表述一般，多數文人面對梅墟文化圖景之前，他們的「先
在經驗」往往也都是園林作爲超越世俗聲名的隱逸意涵，例如曾經參訪梅墟
的〔明〕歐大任在〈依隱亭記〉云：「（朱孔陽）宅後有亭，高不逾丈，方廣
十數武，週遭植梅竹松桂，……日與賓客談藝詠歌于此。其先公竹隱先生舊
業，因牓曰依隱。」〔註117〕而數度題詩貽贈的〔明〕茅坤在〈萬卷樓記〉、〈劉
南郭先生遺稿序〉等文中也再三地強調了園林是避世隱居的場所。如果從「仕」
／「未仕」的角度而論，〔明〕周履靖的園居生活或許尚可稱作「隱逸」，然
而，如同上引二詩所記的，某種程度上，他不但未隱，而且還極度積極於聲
名的經營，一如他的〈陳仲醇索泖上吟詩序〉：「口中詞句渾劉向，筆底文章
擬長卿。倘得子昂序編首，詩家海內恐知名。」〔註118〕或〈寄雲間諸友索畫
藪跋〉：「欲求騷客題名筆，得播江湖作異珍。寄向華亭林下叟，攪煩靈府恕
勞神。」〔註119〕而〔明〕汪顯節更有謂：「昔門日晏如，車馬何紛紛。能令紙
價貴，問字載酒勒。高歌得肆志，醉臥蒼苔云。嗟哉冥鵠心，矯矯不可群。」
〔註120〕如此一來，一爲樓隱避世、寄興梅墟的「周履靖」，一爲遊謁索題於公
卿名士的「周履靖」，兩相對照所形成的理解落差，成了賓客知音們爭相揣摩
的一個切入點。

　　〔明〕斯學則以較爲委婉的方式詮釋其可能的心態：

〔註115〕詳見〔明〕皇甫汸〈逸之持所臨黃庭經求跋王京兆鳳洲，兼謁雲陽仙館候予
　　　　木雞軒，賦此爲贈〉,《梅塢貽瓊》，卷四，收於〔明〕周履靖編：《夷門廣牘》，
　　　　頁 984 下。
〔註116〕詳見同上註，卷一，頁 954 上。
〔註117〕詳見〔明〕歐大任：〈依隱亭記〉,《歐虞部集》，收於《北京圖書館古籍珍本
　　　　叢刊》（北京：書目文獻出版社，1988 年），卷十，頁 8 下～9 下。
〔註118〕詳見〔明〕周履靖：〈陳仲醇索泖上吟詩序〉,《泛泖吟》，收於氏編：《夷門廣
　　　　牘》，頁 1275 上。
〔註119〕詳見同上註，頁 1276 上。
〔註120〕詳見〔明〕汪顯節不題詩名，《梅塢貽瓊》，卷四，收於〔明〕周履靖編：《夷
　　　　門廣牘》，頁 982 上。

徵君瀟灑超塵表，大隱豈謂山林小。城南卜築將避喧，苧溪深處躭
幽討。牀頭常貯鄰侯書，門外時過長者車。常令意氣凌鶴鵠，未許
蹤跡終樵漁。平生樂志山之阿，榮名富貴浮雲何。不得於時且蓬藋，
莫嘆山人衣薜蘿。〔註 121〕

文中指出，周君的鴻鵠之志凌越塵表，當下不過是一時之間的不得於時，豈
許蹤跡終限漁樵呢？再者，固然有謂「大隱隱朝市，小隱入丘樊。」然而朝
市過於囂喧，卜築城南恰好也是實踐他躭幽避喧理想的一套權宜之策，時機
一到，他終將隨著公侯長者出仕服務。〔明〕斯學對〔明〕周履靖的詮解究
係是褒亦或貶呢？糾纏在詩中的意涵，處處顯露矛盾。又如〔明〕李魁曰：

北海源流寄北山，多居大隱傲塵寰。社中五字方王孟，筆底千言上
馬班。豈是鴛湖鍾水秀，不應魚藪老柴關。相逢最恨憐遲暮，倘許
孤雲聽去還。〔註 122〕

才俊冠群、足以媲美王孟馬班的〔明〕周履靖，沒有出來服務社會，而竟然
區區棲隱於魚藪柴關間，這樣的姿態，究竟他是〔南齊〕孔稚珪〈北山移文〉
中那位「雖假容於江皋，乃纓情於好爵」的周子，亦或是《莊子・讓王》中
期許「身在江海之上，心居乎魏闕之下」的公子車呢？這著實令人猜疑不透。
其他如〔明〕張溪樵曰：「去郭躭嘉遯，臨流結隱居。門依徵士柳，床滿鄰侯
書。」〔註 123〕〔明〕岳岱曰：「莫言甘寂寞，時有問奇來。」〔註 124〕〔明〕
包檉芳曰：「知君雅有孤山志，何必桃源覓隱淪？」〔註 125〕既然決定甘隱梅墟、
遠離世氛，何以又須四處遊謁索題邀文呢？言下不免帶有調笑之意。

　　當然，也有不少人對於〔明〕周履靖隱居梅墟的心態，是持以正面肯定
的，例如〔明〕方大年曰：「巖壑君躭趣，因之避世名。臨流好垂釣，見月愛
吹笙。」〔註 126〕〔明〕文嘉曰：「自得山家趣，何希隱士名。花濃頻中酒，月
曉漫調笙。」〔註 127〕或者是〔明〕李奎曰：

千梅傍屋廬，一水繞郊墟。吟雪來鳴鶴，臨池有躍魚。閒披高士傳，

〔註 121〕詳見同上註，卷一，頁 962 上。
〔註 122〕詳見同上註，卷三，頁 979 下。
〔註 123〕詳見同上註，卷二，頁 967 上～下。
〔註 124〕詳見同上註，頁 964 下。
〔註 125〕詳見同上註，卷三，頁 975 上。
〔註 126〕詳見〔明〕方大年：〈和群仙降乩韻〉，《群仙降乩語》，收於〔明〕周履靖：《夷
　　　　門廣牘》，頁 1093 下。
〔註 127〕詳見同上註，頁 1093 下。

玄覽道家書。我亦逃名者，行當問隱君。〔註128〕

他們視〔明〕周履靖的梅墟生活體驗乃爲追求個人心性的自由，是一種超越權勢功名、歸返自然的體現。

　　無論如何，我們仍須承認，這種交往題贈所留下的詩文作品中，或多或少還是帶有應酬、僞善的成分在，因此，筆者在相關文史背景資料尚未發現前，「逃名」與「藉名」孰是孰非實在難以就此遽斷。不過，「名」作爲〔明〕周履靖與其他賓朋文友彼此互動交流中的一種形象投映，如果將諸此互動過程中的作品經由纂輯成冊，直接在出版市場中經營，誠如王鴻泰所指出的，亦即是個人透過文字，以出版機制爲中介，直接向想像的讀者大眾投影；或者說：出版機制整合零散的群眾，構成一個虛擬舞台，承載著個人形象的投射〔註129〕。就此而言，即便〔明〕周履靖未必眞的熱衷聲名，出版品也不一定具有豐厚的商品利潤，然而，就在傳播的過程當中，「梅墟的園居經驗」猶如是風雅的符號般誘人追隨，進而締造出一個環繞著〔明〕周履靖個人聲譽所展開的流行「神話」。〔註130〕

第五節　結　語

　　本章仍舊是以〔明〕周履靖的「梅墟園林」作爲探討核心，透過《夷門廣牘》後半部所纂輯的豐富詩文作品，以個案處理的方式進行精密地詮釋與解讀，唯本章延續前文關於梅墟的經營與園主自我觀照，持續針對這一個涵容有主體性價值的園居經驗所開展之活動內容、主題呼應、與心理認知等進行分析，討論的重點由個人情感延伸至社會交往層面，主要落在園主與賓朋訪客之間的詮解與對話，並且盡可能地以此連繫相關文化內涵，希冀能從中

〔註128〕詳見〔明〕李奎不題詩名，《梅塢貽瓊》，卷二，收於〔明〕周履靖編：《夷門廣牘》，頁 965 下。

〔註129〕詳見王鴻泰：《流動與互動——由明清間城市生活的特性探測公眾場域的開展》，頁 217。

〔註130〕（法）羅蘭巴特曾指出：神話是一種傳播的體系，它是一種訊息。這使人明白，神話不可能是一件物體、一個觀念或者一種想法：它是一種意指作用的方式、一種形式。神話的言談是一個已經經過加工而適用於傳播的素材所構成：因爲神話的所有材料（無論是圖書或者書寫）都先設定了一種告知的意識，使人在忽略它們的實質時，還可以對他們加以推論。詳見氏著，許薔薔、許綺玲譯：《神話學》（台北：桂冠圖書出版公司，2002 年），頁 169～171。

找到一個可以適切地理解「明代文人文化」的津渡。

全章主要論述共有三節,分別為「園居經驗的參與者」、「書寫型態」與「對話內容」三部份。首先,筆者針對梅墟園居經驗參與者的身分、年齡、里籍與集團稱譽逐一檢索比對,藉此勘查園主與賓朋之間的關係,他們或為文壇勝流者、或為禪師羽客、或為公卿權臣等,並以蘇杭一帶的年長或同儕中較有聲望者為夥,其中,多數的參與者在當時更都有著顯赫的集團譽稱;進而,通過園居經驗的書寫型態分析後,發現到:以梅墟園林所開展之文學活動顯得是豐富又熱鬧,既有書畫題識的藝術交流、詩文賡和的酬唱雅興、魚雁往返的密切互動,亦不乏有題、歌、貽、贈、答等多種書寫型態的進行,他們時而藉園林佳景發抒個人幽思之情、時而挪引前代典範以詮解梅墟園林生活或寄托個人情懷、時而又努力揣測著〔明〕周履靖隱居梅墟的真正心境;於是,園居的自然空間透過諸此詩文的書寫與閱讀,逐漸移轉錯織成「眾聲喧嘩」的文本空間,藉此記存了園主個人的生命反思、園主與賓朋的相互詮釋,以及賓朋與賓朋之間的對話,成為一抹足以跨越時空限制的文化印記。

餘 論

經由這兩章的分析討論後,誠可見到,梅墟園林固然遠離塵囂、座落在嘉興南郊濱岸,卻仍舊掩止不住其中所散發的社會性意義,因此,以下將進一步地從「文藝社會」的角度,說明一個可能的文化啟示。

覽讀〔明〕周履靖詩文作品的過程中,筆者還發現到不少如下文句:「昔共東林結社盟,幾多藻句傲公卿。」〔註131〕「欲訪東林社,因要周續之。」〔註132〕「東林白社評詩日,未定推敲過虎溪。」〔註133〕「明歲期君載鶴來,相依共結梅花社。」〔註134〕或是「寄語社中人,為漁此生足。」〔註135〕

〔註131〕詳見〔明〕周履靖:〈寄秋潭上人〉,《鴛湖唱和》,收於氏編:《夷門廣牘》,頁1241下。

〔註132〕詳見〔明〕周履靖:〈同陶甄卿、李君實擬訪耶溪上人不遇,且有庭梅可玩,漫成一律〉,《聞雲稿》,卷一,收於氏編:《夷門廣牘》,頁1111上。

〔註133〕詳見〔明〕周履靖:〈寄悅支上人二絕〉,《鴛湖唱和》,收於氏編:《夷門廣牘》,頁1241下。

〔註134〕詳見〔明〕王百穀:〈梅顛仙人歌贈周逸之〉,《梅塢貽瓊》,卷一,收於〔明〕周履靖編:《夷門廣牘》,頁955上。

……等等，據此，曾經試圖追循其中線索以披閱相關史籍、地方志或今人研究資料，期許可以藉此深化〔明〕周履靖某些交遊往來的論述，例如「東林結社」、「東林白社」是否即是〔明〕顧憲成與〔明〕高攀龍兩人爲首的東林書院活動呢？根據〔清〕嚴穀所編《東林書院志》一書的記載查核，並未見到這些相關人士的名字，而晚明以「白」爲社名者，筆者目前僅見有「白榆社」和「白門社」，詩中所稱之「東林白社」所指爲何？且「白榆社」與「白門社」的資料中也未見有〔明〕悅支上人的記載，值得注意的，從這些寄贈往來者的身分來看，似乎是以「僧人」爲主，如秋潭上人、耶溪上人、悅支上人等，推測這裡的東林社可能是一個以僧侶爲主的社團〔註 136〕；而所謂的「梅花社」，筆者遍察明代相關結社資料都未曾有見「梅花社」之名；另外，〈壽百泉皇甫師〉：「琴樽已入耆英社，詞賦應推漢魏風。」〔註 137〕以及〈贈鹿門茅夫子〉：「揮毫朝染赤城霞，耆英社作南皮長。」〔註 138〕都提及了「耆英社」，明代文人社團中較符合者有二，分別爲：〔明〕吳璲所創「續耆英會」及〔明〕項忠所創「檇李耆英會」，但這兩個社團的活動時間主要在成化、弘治年間，顯然〔明〕周履靖並不可能參與此二社活動〔註 139〕，更何況，從詩歌的對仗關係來看，前一首詩的「耆英社」恐怕也只是比喻之辭，非爲當時實際社名。

〔註 135〕詳見〔明〕周履靖：〈鴛湖晚釣寄城南諸社友〉，《燎松吟》，收於氏編：《夷門廣牘》，頁 1175 上。

〔註 136〕據王守仁：〈城南東林書院記〉裡的記載：「東林書院者，宋楊龜山先生講學之所也。龜山沒，其地化爲僧區，而其學亦淪入於佛老、訓詁、詞章者且四百年。」那麼，這個以僧侶爲主、並且與周履靖有所往來的社團，是否有可能就是王守仁所指的「僧區」呢？目前仍缺乏有力證據，不敢妄作論斷，僅能暫時提出此一推測，俟諸來日有機會再作補述。詳見《東林書院志》，卷十五，「文翰」，頁 235。另外，關於東林社的紀錄尚有〈春日過金明寺訪秋潭上人〉：「不覺東林明月上，悠然相對悟吾生。」、〈江村晚霞〉：「晚來更喜東隣社，撾鼓兒童嘆語闌。」、〈寄定湖謐上人〉：「淵明久不到東林，惠遠今來幾度吟。」等。

〔註 137〕詳見〔明〕周履靖：〈壽皇甫百泉師〉，《閒雲稿》，卷二，收於氏編：《夷門廣牘》，頁 1119 上。

〔註 138〕詳見同上註，卷三，頁 1130 下。

〔註 139〕陶元藻《全浙詩話》謂：「明時吳興社會極盛。成化中，烏程吳璲創續耆英會，與會者二十四人，見《峴山志》。」另外，朱彝尊《靜志居詩話》云：「襄穀以功業顯，詩文罕傳，其里居日，結檇李耆英之會，月一集於僧房道院中。……會始於弘治戊午春……」是會先後亦僅五年而已。該筆資料得悉自郭紹虞：〈明代的文人集團〉，頁 541～542。

　　顯然，依據目前筆者管見的訊息來看，仍無法突破關於〔明〕周履靖所參與社團活動的詳細情形，其中原因約莫有二：一方面自是〔明〕周履靖生平資料的匱乏所致，另一方面則可能與這些社團過於小型、或者是臨時起意而創有關，因而容易在明人結社活動的記載中「缺席」。對此，筆者認爲：察考出可信的史料以佐證〔明〕周履靖確實往來的結社過程固然重要，然而，與其穿梭在龐雜繁複的文獻史料搜尋，卻始終得不到令人滿意合理的答案，或者堅持沒有確信資料便無法討論都未免顯得治絲益棼，不如暫將結社問題擱置，試以〔明〕周履靖爲圓心的場域結構進行文化思考。短短數餘年間，從經驗分享、心得交換到才藝競逐……等等，「梅墟園林」彷彿擬構爲一個可供對話或交流意見的藝文平台，而園林主人所引領的一批小眾團體，有師長、有朋儔、有鄉紳權貴、有布衣文豪……他們彼此之間或是表述交遊往來過程、或是宣揚個人的文藝觀與人生觀、或是表達欣羨企慕之情、或是標榜某些人物典範，乃至於品詩評文、分題拈韻、酬答和詠……等等，其中，「作者／讀者／賡和者」或者「園主／賓客／古人」等角色差異上所形成的呼應與互動，錯織成紛然雜呈的詮釋聲音，使得該一群體活動顯得特別多元、活潑，這大抵對於當代文學風氣的提升是有正面的影響力，而參與梅墟園林經驗的書寫者，他們雖未必是在同一時間、同一地點「談文說藝」，但由其書寫的經驗與反應來看，卻同樣是以「梅墟」、「周履靖」作爲主要言說的有意義符號，表達出相關的觀念、態度、情感等，此一特徵頗類於（美）斯坦利‧費什（Stanley Fish）所謂的「解釋共同體」：在「梅墟」與「周履靖」交互作用下所形成的閱讀文本，包括園主乃至其他文友所組成的解釋團體，或讚譽、或勉勵、或猜疑、或同情、或應和，充斥著不定向的理解意義，然而，該一解釋團體既決定一個讀者閱讀活動型態，也制約了這些活動所製造的文本〔註140〕；此外，若從社會傳播學的角度來看，通過某種符號信息在人與人之間進行擴散與接收的行爲過程，可謂是一種「人際傳播」，無論它是面對面進行的直接人際傳

〔註140〕（美）斯坦利‧費什：「我曾提出一種觀點，認爲意義（meanings）既不是確定的（fixed）以及穩定的（stable）文本的特徵，也不是不受約束的或者說獨立的讀者所具備的屬性，而是解釋團體（interpretive communities）所共有的特性。解釋團體既決定一個讀者（閱讀）活動型態，也制約了這些活動所製造的文本。」詳見氏著，文楚安譯：〈看到一首詩時，怎樣確認它是詩〉，《讀者反應批評：理論與實踐》（北京：中國社會科學出版社，1998 年），頁46。

播，或者是通過中介進行的間接人際傳播，終究一定發生於某種人際關係之中，其背後蘊藉有一種「交往」的動機〔註141〕，對〔明〕周履靖而言，拋棄了科舉縉紳志業以爲光耀門楣、實現自我的人生價值後，所必須面對的生命課題，將是如何另建新的社會活動場域以肯定「我」的存在價值與意義：隱居梅墟期間，他以世外逸客的姿態配合園居空間所創設的美感特質，招引了一群風雅好事者趨前參與其中的種種文學活動，他們雖不以「社」侷限，並且跨越許多特定團體，卻儼然已形構成一想像的社會——文藝社會，以〔明〕周履靖爲主導者，他們「可以踰越制舉文字的限制，另外從事詩詞、古文的寫作，這樣的寫作往往與社交活動相配合、呼應，在許多詩酒酬答的場合中，他們的文才可以適時得到回應，他們因而可以藉此來展現自我，肯定個人的文字能力，乃至生命價值。」〔註142〕而最終這種文學活動不免也將建構起另一種社會關係與社會價值。〔註143〕

〔註141〕詳見宋林飛：《社會傳播學》（上海：人民出版社，1995年），頁51～63。

〔註142〕詳見王鴻泰：〈俠少之游——明清士人的城市交游與尚俠風氣〉，收於李孝悌邊：《中國的城市生活》（台北：聯經出版社，2005年），頁147。

〔註143〕（美）彼得‧布勞（Peter M.Blau）研究「社會生活」時指出，人們的交往通過社會空間和時間激增，社會關係不僅把個體團結爲群體，而且也把群體團結成社區和社會。個體之間的交往勢必被組成複雜的社會結構，社會結構又常常變成制度化，從而使組織的形式持久存在下去，遠遠超過了人的一生。又，其中構成社會現實的基本特性在個體的心靈中表現爲萌芽狀態，但是，只有在這些基本特性經過交往的改造以後，社會現實才出現。詳見氏著，孫非、張黎勤譯：《社會生活中的交換與權力》（北京：華夏出版社，1988年），頁13～14。

第伍編　結論與展望

第伍編　結論與展望

結　論

　　經過前文一系列的研究討論後，我們不妨再回到四庫館臣對於《夷門廣牘》的兩段評語來思考：

> 書凡八十六種，分門有十，曰藝苑、曰博雅、曰食品、曰娛志、曰雜占、曰禽獸、曰草木、曰招隱、曰閒適、曰觴詠；觀其自序，藝苑、博雅之下有尊生、書法、畫藪三牘，而皆未刊入。所收各書眞僞雜出，漫無區分，如郭橐駝《種樹書》之類，殆於戲劇，其中間有一二古書；又刪削不完，如《釋名》惟存〈書契〉一篇，而乃題曰：「《釋名》全帙」，尤爲乖舛。<u>其所自著亦皆明季山人之窠臼，卷帙雖富，實無可採錄也</u>。〔註1〕

又，《梅塢貽瓊》：

> 履靖在隆萬間號爲隱士而聲氣頗廣，凡有著作，必請勝流爲之題詠序跋，積久漸多，因輯爲此帙，並往來書牘附之，凡十一體，一百六十餘篇，<u>蓋明季山人例以標榜相尚也</u>。〔註2〕

據此二筆資料來看：有清一代學者其實早已注意到明代文藝社會所具有的特殊文人群體——「明季山人」，他們的生活方式、交遊活動、文化經營、集團

〔註1〕詳見〔清〕永瑢、紀昀等撰：《四庫全書總目提要》（台北：臺灣商務印書館，1983年），第三冊，子部，雜家類存目十一，頁836上。下引此書皆同此一版本，不另出詳註。

〔註2〕詳見同上註，第五冊，集部，總集類存目二，頁158下～159上。

特性……等等，皆別具一格，已經難以中國傳統文人的生命脈絡進行理解，
然而，不僅引來不少明代文人或筆記小說大加嘲諷〔註3〕，〔清〕蔣士銓更在
《臨川夢》第二齣中這樣描述山人：「妝點山林大架子，附庸風雅小名家。終
南捷徑無心走，處士虛聲盡力誇。獺祭詩書充著作，蠅營鐘鼎潤烟霞。翩然
一隻雲間鶴，飛來飛去宰相家。」〔註4〕尤其四庫館臣向來是以「實心勵實
行」、「張揚古之聖學」的儒者氣象作為個人歷史使命，對於明代「掉弄聰
明」、「故作雅態」的山人墨客之流通常不懷好意，相關作品自然也多抱持否
定態度，例如《巖棲幽事》：「詞意佻纖，不出明季山人之習。」〔註5〕《雪庵
清史》：「大抵明季山人潦倒恣肆之言，拾屠隆、陳繼儒之餘慧，自以為雅人
深致者也。」〔註6〕《讀書止觀錄》：「語意儇佻，頗類明季山人之派。」〔註7〕
諸如此類的「反山人」論述，幾乎也成為後來學界相關研究的某種「既定印
象」，無論是探討山人文化現象〔註8〕、考察其社會交往之文化心態〔註9〕或
者是進行個案追蹤研究〔註10〕……等等，往往不離「標舉清高」、「遊謁公

〔註3〕 例如〔明〕袁宏道〈王以明〉：「吳中詩畫如林，山人如蚊。」詳見氏著，錢
伯城箋校：《袁宏道集箋校》（上海：上海古籍出版社，1981 年），卷五，頁
223。另外，《萬曆野獲編》卷二十三之「山人」條中，也收錄有許多時人嘲
諷山人的軼事。其他相關反山人論述，可以參閱阿英：〈明末的反山人文學〉，
收於氏著：《夜航集》（上海：中國文聯出版社，1935 年），頁 103～106。

〔註4〕 詳見〔清〕蔣士銓：《臨川夢》，收於《續修四庫全書》（上海：上海古籍出版
社，2002 年），第一七七六冊，上卷，第二齣，「隱奸」，頁 161 下。

〔註5〕 詳見同上註，第三冊，卷一三〇，子部，雜家類存目七，頁 786 上。

〔註6〕 詳見同上註，第三冊，卷一二八，子部，雜家類存目五，頁 764 上。

〔註7〕 詳見同上註，第三冊，卷一三二，子部，雜家類存目九，頁 817 上。

〔註8〕 例如林宜蓉：《晚明文藝社會「山人崇拜」之研究》（台北：國立臺灣師範大
學國文研究所碩士論文，1994 年）；張德建：《明代山人文學研究》（長沙：湖
南人民出版社，2005 年）；陳萬益：《晚明小品與明季文人生活》（台北：大安
出版社，1997 年）之〈晚明小品與明季文人生活〉，頁 37～83；或是趙軼峰：
〈山人與晚明社會〉，《東北師大學報》，2001 年第一期，頁 8～16。

〔註9〕 例如劉曉東：《明代士人生存狀態研究》（吉林：吉林文史出版社，2002 年）；
徐林：《明代中晚期江南士人社會交往研究》（上海：上海古籍出版社，2006
年）；劉曉東、趙毅：〈晚明士人社會交往的失範及其評述〉，《東北師大學報》，
2005 年第五期，頁 109～114。

〔註10〕 例如陳萬益：《晚明小品與明季文人生活》之〈論李卓吾與陳眉公──晚明小
品作家的兩種典型〉，頁 85～115；〔日〕大木康：〈山人陳繼儒とその出版活
動〉，收於《山根幸夫教授退休記念明代史論叢》（京都：汲古書院，1990
年），下冊，頁 1233～1252；以及林皎宏：〈晚明徽州商人的文化活動──以
徽商族裔潘之恒為中心〉，《九州學刊》第六卷第三期（1994 年 12 月），頁

卿」、「崇尙聲名」、「賣文筆耕」等幾個面向。

　　事實上，這樣的討論並不算錯誤，明代山人現象中的確存在著不少樂於攀附周旋權貴公卿、藉隱逸的美名強化個人聲譽或假經營書市以黃緣求利等不一而足的狡獪言行，但「山人」流品本就複雜，其中仍不乏有人是願意眞誠面對自我，他們與人詩文交遊往往出於一片文學的熱衷，例如《列朝詩集小傳》：

　　　　拭，字去塵，居新安之上山。宗族多富人，去塵獨好讀書鼓琴，布
　　　　衣芒鞋，寥然自異。輕財結客，好遊名山水……富家翁厚價購之，
　　　　輒大笑曰：「勿以孔方兄辱吾客卿也！」坐此益大困。〔註11〕

因此，我們若一味地蓋棺論定明代山人「使酒罵座」、「突梯滑稽」、「謀在稻梁」，恐怕是會有失偏頗；再加上，大陸八九年「重寫文學史」的呼籲以及臺灣近幾年來文史研究的導向也都一再地啓示了我們：無論是文學發展史或者文學生成現象的多義性，都不是單一要素即可解釋殆盡，面對許多看似已具煌煌定論的文學議題，如果我們率然接受現有研究成果而不及「再思考」，往往容易因此掩蓋了某些隱微的「空白」而作出錯誤解讀，相反地，若能針對個別文本嘗試不同角度、不同方法的研究策略，必然將會折映出更爲多元的理解面向，就如同是解構主義者的閱讀習慣：

　　　　德希達自己典型的閱讀習慣，是抓住作品某個明顯無關宏旨的東西
　　　　——一個注解、一個反覆出現的次要術語或形象、一個隨便寫出的
　　　　引喻——精心地加以琢磨，以致它大有可能瓦解那些使文本成爲一
　　　　個整體的對立物。分解論的批評策略因之可以歸結爲：展示出文本
　　　　是如何同支配它們的邏輯體系相牴觸的；分解論通過抓住「徵候性
　　　　的」問題，亦即意義的疑難或死胡同來證實這一點。因爲文本在這
　　　　些問題上陷入危機，運轉失靈，顯得前後矛盾。〔註12〕

本論文選擇明代山人周履靖及其所編《夷門廣牘》一書作爲研究課題，從某種程度來說，〔明〕周履靖或許未必是當時最具影響力的山人，但就「質」的討論層面而言，這些山人的活動行爲與相應的文化型態其實是極爲相似

　　　　35～60。
〔註11〕詳見〔清〕錢謙益：《列朝詩集小傳》（台北：世界書局，1985年），丁集下，
　　　　「吳布衣拭」條，頁636。
〔註12〕詳見伊格頓（T. Eagleton）著，鍾嘉文譯：《當代文學理論》（台北：南方叢書，
　　　　1988年），頁168。

的，因此，鎖定於特定個案的探討，是很能夠幫助我們理解、掌握這類文人群體的文化內涵；再者，討論過程中並不拘泥在傳統山人的論述視野，除了立基於一般叢書的研究基礎之外，同時也試圖由「生活文化」層面進行解析，希冀能以此個案爲一啓引，從中探掘更多明代中晚期相關論述所留下的「空白」。

　　全文共分爲五大部分：在「導論」中，一方面既要闡述本論文題旨、內涵、文獻述評及重要觀念，另一方面則要梳理筆者目前針對〔明〕周履靖所能掌握的基礎文獻資料、叢書在文學史上的定位；在「《夷門廣牘》的編纂、版本與文獻價值」中，主要探討的是《夷門廣牘》編纂動機、成書過程以及版本、內容架構的釐清，並且試圖思索「叢書」作爲一種文獻體例，究竟還可以突顯出哪些文學意義；在「《夷門廣牘》中的文人生活體系」中，筆者試圖走出傳統叢書作爲文獻材料的意義，視之爲一可以反映特定文化的史料，按期文獻性質分爲「起居」、「遵生」與「游藝」三個主題，進而從中發現新的的文化圖像，從不同的理解側面，重新詮釋我們習以爲常、不假思索的知識體系；在「周履靖的園林經營與書寫活動」中，主要是從已知的〔明〕周履靖生活背景，配合《夷門廣牘》之「閒適」、「觸詠」等詩文內容，分爲「梅墟園林的經營」、「園林空間中的自我觀照」、「梅墟園林的書寫活動與對話內容」等面向，嘗試以此勾繫其園林生活經驗與風貌，有系統地建構出梅墟園林的詮釋脈絡；在「結論與展望」中，除了梳理前面幾章的研究與觀察與討論結果之外，也將由該一研究課題進行第二序的思考，嘗試提出相關旁涉並作爲未來可能延續的研究方向。

　　以下，茲將所得研究結果分點歸結：

一、叢書的編輯與版本概況

　　《夷門廣牘》向來缺乏學界的關注，本論文首先即欲有系統地呈現出該叢書的編輯過程與流傳版本情況。

　　經由相關文獻的爬梳後可以發現，不同於《四庫全書總目提要》中對明代叢書所謂「『雜』纂叢『湊』之作」的批評，《夷門廣牘》不但是有步驟、有方法、有意識地循序完成，同時，書內亦處處閃爍著〔明〕周履靖個人的編輯概念、思想、生命，透過文字鋪陳具體的文化經驗，包括在編纂動機方面有三：一則是體認到固然獵得奇書異冊令人欣喜，然若僅一味地自珍自寶、

藏匿不傳，不免是將之推向佚失之途，唯有開放共享、刊印發行，才能降低書籍的散佚；再則，叢書的纂輯不僅可以存佚，編者有意識地進行纂輯，背後所隱涵的其實就是「自我主體性」的映現，將現實世界的主體「我」遞轉至文本世界的主體「我」，伴隨叢書的刊行而能穿越時空限制，流動在每位讀者心中，以此獲致某種「立言不朽」的保障；三則，叢書以「夷門」定其義，早已說明其編纂特色，其中每一牘目的安排、每一本書籍的收錄無一不是立基於「隱逸」的大前提之下，因此，從生活文化的角度而言，《夷門廣牘》的出現，無非就是建構符合當代文人文化的隱逸模式、審美內涵，作為一套提供山林隱居生活的設計指導手冊。在成書過程方面，筆者仔細比對各書形制、題序跋者時間與內容說明、詩作內容……等等，初步發現《夷門廣牘》固然宣稱正式竣工於「萬曆丁酉歲孟夏」（1597 年），但事實上，從書籍的收藏到確立完成其實是一連串的綿密工程，依其重點可以約莫劃為三個時程，包括「羅致眾書」、「個別彙整刊印」、「群書編整立目」等，同時延伸出兩個子問題：「刻書地」、「編輯群」；就前者而言，〔明〕周履靖選擇金陵的原因，很可能是了解到其地理位置上的優勢，乃當時重要刻書地區的輻輳點，書籍的流通動線與流通速度比起其他地區來得更為方便、密集，而就後者而言，從其中每一部書扉頁的編著者說明可知，《夷門廣牘》並非〔明〕周履靖所獨立完成者，其背後很可能還附帶有一群龐大的編輯團隊。

　　接著，筆者依版本目錄學的討論路徑，考察《夷門廣牘》的若干流傳版本及其內容架構。在流傳典藏方面，筆者從「歷代藏書書目」、「台灣各大重要圖書館藏」、「中國大陸與香港等各大重要圖書館藏」、「海外各大重要圖書館藏」以及「《四庫全書總目》」等六處盡力搜索出現今可知的《夷門廣牘》善本情況，前後共發現十四處得有十九筆資料，其中仍以中國大陸所典藏者最為豐富，台灣方面，除了國家圖書館藏兩種之外，其餘各大重要圖書館所得盡為藝文印書館整理校正所刊行者。此外，在版式、行款及收書方面，由於筆者限於財力以及技術上的困難，無法一一親睹各地收藏情形，因此，在「版式與行款」部分僅就所能知見三版本（國家圖書館藏兩種與上海涵芬樓藏《夷門廣牘》）作觀察，其樣式概為：四周單欄，白口，黑魚尾，每半頁九行，每行十八字，版心上鐫書名，版心中則印該書卷數及各卷頁數；其次，在「收書情況」部分，主要分成「書籍種類」、「書籍卷數」、「書籍名稱」、「排序方式」、「部類歸隸」及「版本來源」六單元進行察核，此乃受惠於海內外

各大重要圖書館刊行之善本書目與嚴靈峰所編《書目類編》，才得以較深入地發現不同版本之間的異同情形；最後則是在「內容架構」部分，依據各牘旨趣與書籍內容探討其核心要點，藉以略見全書的設計架構。

二、叢書的多重意義與價值

究竟「叢書」的編纂具有什麼樣的意義呢？前人曾有謂：「昔人叢書之刻嘉惠於學者至也。」、「古人之精神始有所寄，而後人之聰明亦有所入，叢書之刻乃有所益而無所弊。」〔註13〕然則，所「惠」為何？所「益」又為何？筆者將《夷門廣牘》與其他明代叢書同置於文學發展脈絡底下一同觀察，嘗試拈擬出「文獻資料的整合」與「文學批評」等兩種價值的詮釋。

分別論述如下：

在「文獻資料的整合」部分，透過叢書「匯聚一種以上的書籍合成一帙」、並且「以不打散各書體系為原則」的特色，此處將突顯出它在文獻訂補、文獻保存、輯佚辨偽、資料運用等所具有的舉足輕重意義：首先是「藏存罕見文獻」，對此，我們可以利用《百部叢書集成》作為檢索範圍，發現到，在《夷門廣牘》所收錄的一百餘種書籍當中，竟有半數以上的書籍未見其他叢書收錄，這不但凸顯出《夷》書與其他叢書之別，同時也可以說，因為是《夷門廣牘》的「搜殘存逸」，許多罕見文獻才能夠繼續置諸案頭以供人閱讀；其次是「文獻訂補與辨偽斠讎的資料庫」，因為收錄書籍的版本差異關係，適足以提供後代文獻版本學家在進行某一文本訂補、辨偽或斠讎等工作時，重要而豐富的參佐材料來源；再其次是「分類編輯」，「分類」的最基本意義，就是要讓人對於圖書架構一目了然，將成千上萬種書籍一一網羅其中，並作有條不紊的安排，它是實現圖書有序化的重要手段，而《夷門廣牘》在類目架構上不但突破中國目錄學上行之已久的四部分類，同時，採取「辨義類目」的方式，依書籍性質分類歸納，使目錄與書籍內容更為貼合，在明代叢書的書目分類發展上，自有其獨特性；最後則是「明代文獻史料」，文獻判讀的工夫是任何文史相關研究所無法避免的過程，也是我們認識過去一段歷史時空的途徑，今日所知叢書，無論是《四庫全書》或者是近代所編成《叢書集成》、《百部叢書集成》、《四部叢刊》、《四庫全書存目叢書》等，它們之所以經常

〔註13〕詳見〔清〕盧文弨：〈知不足齋叢書序〉，收於嚴一萍選輯：《百部叢書集成》（台北：藝文印書館，1966年）之二十九，《知不足齋叢書》，頁1右～左。

受到研究學者的青睞、依賴，即其保存有相當豐富的古代文獻資料，因此，《夷門廣牘》的出現，的確可以作爲吾人觀察明代歷史與生活風貌中不可或缺的參考資料。

在「文學批評」部分，當我們溯及中國選的發展與特質時，往往會發現到，除了在「選輯範疇」與「選輯單位」上可能稍有不同之外，大抵而言，它們與叢書其實具有極爲類似的特徵，而這種「以述爲作」的選輯方式，既是一種創新，也是一種纏繞著「編者」、「讀者」、「作者」聲音的批評文本；對編者而言，無論是選錄標準的訂定、書籍的選擇、汰除或者訂補，一概都得經由他來認定，顯然，叢書皆具有極強烈的個人批評意識，對讀者而言，透過序跋或詩文題贈方式，它們或者張揚讚許、或者糾謬補闕、或者藉此一抒個人閱讀心得……等等，眾聲喧嘩地進行「批評」；對作者而言，它所參與的文學傳播的後設批評途徑，藉由書籍的發行、流通，標榜著作者的創作才華與聲譽，透過《夷門廣牘》的刊行，遞傳於讀者口耳間，引起迴響、注意，甚至使許多恐不爲人知曉的作品亦因此而可以見聞於世。

三、架構文人的生活體系

有鑑於多數叢書的相關研究幾乎集中在文獻史料、版本異同等文獻學層面的討論，卻忽略叢書背後所可能代表的某種生活方式、文化特質，本論文第三編立基於「叢書爲某種文化特質」的想法，以「文人隱逸文化」爲核心，扣合在「物質的生活」、「生命的遵養」以及「審美的視野」三個層面上，依據《夷門廣牘》收書內容的基本性質，分爲「起居」、「遵生」與「游藝」三種主題展開論述：

在〈起居：生活環境的佈設〉中，首先著眼於明代文人對「居室」意義的認取，透過叢書的相關內容中發現到，屋宅對他們而言已不再專限於單純的安居之所，尤其是中晚明以後，作爲遊翫清賞的園林別業逐漸成爲居室型態的主流，其中，園主不但可在實際土木工程的規劃中，寄寓個人的情感意識，並且伴隨園中的花木泉石，領受著自然山川所帶來的悅心與娛目，亦可招徠一批知音同人相與唱和酬答，形成一道新穎的社交途徑；進而由「雜占牘」諸書探討居室生活中的風水與擇吉，在看似迷信、懸奇的靈異外衣底下，仍舊蘊含有積極的文化意識，包括居室風水所透顯的有機自然觀，或是擇吉占驗所內蘊之「和氣相生」的生命態度；最後，從「博雅牘」、「禽獸

牘」、「草木牘」諸書中探討居家物件與植栽在文人生活中所具備的意義，除了是作爲實際運用之外，它們同時也作爲現實生活的裝飾與設計，具有強烈的神話意識〔註14〕。在〈遵生：飲膳烹調與保眞守元〉中，環繞在「遵生」的核心主題下分爲三個討論群組，一則是據「食品牘」諸書爲主以分析明代文人的飲食，包括其飲食感官風采以及飲食與養生的關係；二則是由「遵生牘」諸書探討攝生活動的安排，包括運動養生方面的「調息行氣」與「導引仿生」、醫藥養生方面的「食補」與「藥補」，以及日常活中寢息、沐浴、睡眠、眼鼻等方面的保健之道；三則是綜合上述兩種討論進行審美層次的分析，理解到明代文人其實並不滿足於形而下的感官欲望或保眞守元活動，尙試圖藉由文學藝術的擬想或是靜寂清澄的心神調攝，將飲食與保健抬升至精神悅樂層面，作爲一種生命的美感經驗。在〈游藝：娛樂助興的風雅活動〉中，主要是以「藝苑牘」、「博雅牘」、「書法牘」、「畫藪牘」、「娛志牘」等諸書作爲分析對象，探討明代文人日常游藝活動，其中，在「各種玩娛活動」部分，包括鬥蟋蟀、博戲、棋戲、投壺、詩牌⋯⋯等，看似細碎小道，在遊戲說明過程中卻又不乏深刻的人生道理，甚至足以折射世情、體現人倫；在「翰墨文采」部分，無論是吟詩賦文或者是書畫的創作鑑賞過程中，皆能藉以寄託個人的閒樂之情、資爲自我心性的怡悅以增添生活情趣；其他諸如音樂戲文、溪山逸遊、品茗煮酒⋯⋯等等，在在都是明代文人生活中重要的游藝活動。

　　同時，透過這樣的討論，未來也可以將《夷門廣牘》乃至相似類型叢書與一般的明清日用類書作出較清楚地區隔。

　　底下，茲以《夷門廣牘》與明神宗萬曆二十四年所刊行之日用類書《新鍥天下備覽文林類記萬書萃寶》（以下簡稱《萬書萃寶》）〔註15〕作綱目內容的比較：

〔註14〕（法）布希亞（Jean Baudrillard）曾表示：「這些具有偶像和護符效果的物品因此不只是配件，也不是一般的文化記憶，它們象徵一種內在的超越，現實中的幻想，而所有的神話意識和個人意識都在其中存活——這是針對一個細節的幻想投射，使它成爲『我』的對等物，並且使得世界其餘部分都圍繞著他組織起來。」詳見氏著，林志明譯：《物體系》（台北：時報文化出版社，1997年），頁98。

〔註15〕該版本現藏日本東京大學東洋文化研究所，本論文主要是依中央研究院歷史語言研究所據此複製而成的紙燒本。

書籍 可對應 之綱目內容	《夷門廣牘》	《萬書萃寶》	書籍 可對應 之綱目內容	《夷門廣牘》	《萬書萃寶》
一	藝苑牘	雜 字	八	娛志牘	筭 法
		翰 式			笑 談
		勸 諭		雜占牘	天 文
		訓 童			時 令
		格 言			地 輿
二	博雅牘	諸 夷			相 宅
		民 用			堪 輿
		雜 覽			易 卦
三	尊生牘	醫 學			星 平
		婦 道			數 命
		保 嬰			相 法
		衛 生			夢 課
		脩 眞			遷 術
四	書法牘	書 法	九	禽獸牘	
五	畫藪牘	畫 譜	十	草木牘	農 桑
六	食品牘		十一	招隱牘	
七	娛志牘	琴 學	十二	閒適牘	
		棋 譜	十三	觴詠牘	
		八 譜			

其他如《萬書萃寶》內的「冠婚」、「喪祭」、「律例」、「武備」、「風月」……
等，則與《夷門廣牘》較無可以相對應的綱目內容。

據此，可以發現到，相對於「叢書」與「類書」在形式上所擁有的明確
差異〔註16〕，綱目內容方面似乎就顯得有較多的雷同性，但這並不意味兩者
所服務之「可能讀者」亦屬雷同，至少我們從書籍的編輯策略與內容上仍堪
見出兩者的區隔與差別。以詩文作品的討論為例，《夷門廣牘》所收之《詩

〔註16〕關於「類書」與「叢書」在形式上差異問題，可參閱者眾，諸如胡道靜：《中
國古代的類書》（北京：中華書局，1986 年）、戴克瑜等編：《類書的沿革》、劉
兆祐：〈論「叢書」〉，《應用語文學報》創刊號（1999 年 6 月），頁 1～26。

品》、《文錄》、《騷壇秘語》、《詩源撮要》等作品,基本上偏屬古典詩文在創作、賞析、批評上的嚴肅討論,具有較強烈的文藝氣息;然而反映在日用類書上,無論是〈雜字〉、〈翰式〉、〈雜覽〉,甚或是〈雜用〉、〈笑談〉等相關類項上,則多重於各種昏喪喜慶節日或不同場合類型的對聯、五花八門之藏頭詩、迴文詩、會意詩、吊鐘文等遊戲詩文,甚至是謎語或戲令的示範,如:

(一)	(二)
言身寸謝口天吳	謝　步難行千里地
禾火心愁竹付符	在他鄉未得歸
立木見親門口問	問誰家有美酒
西示風飄古月胡	家樓上飲三盃

前一首詩乃以拆字方式作為組詩構思,讀為:「謝吳愁符,親問飄胡。」後一首屬七言詩作,但每句之首各懸有一字空缺,必須以「謝」字思考所應填補之字,讀為:「寸步難行千里地,身在他鄉未得歸。言問誰家有美酒?謝家樓上飲三盃。」顯然地,在日用類書中所提供之相關詩文知識,既難作為個人藝文性情的修養,亦無進學問舉之效,反倒是較著重在人事禮節或娛樂酬酢方面的設計,內容強烈地傾向於人際的社交互動之用。

　　因此,關於叢書的研究討論,固然筆者在第三編的論述架構中,已經提揭出一個跨越傳統文獻整理的文化視域,但若能再就更細部的知識性質進行分析,並配合其他日用類書或選集的比較對照,或許能夠更清楚地釐清這些書籍背後所代表的文化象徵,以及透過這些消費群所展現出的社會空間。

四、梅墟的園居經驗與相關活動

　　筆者在第肆編當中,試圖透過《夷門廣牘》後半部所纂輯的豐富詩文作品,以個案處理方式進行園居經驗的精密詮釋與解讀,探討〔明〕周履靖與梅墟之間所激起的自我與他者、隱密與開放、自然與人倫等錯綜矛盾的議題如何安置,並且盡可能地以此連繫相關文人文化,希冀能從中找到一個可以適切地理解「明代文人文化」的津渡。

　　該編討論重點大抵可分三部份:在「梅墟的經營」中,先是觀察〔明〕周履靖如何劃歸其人生價值以安置「親情倫理」與「山水園亭」,接著透過現存詩文的隻言片語,盡可能地由地理位置特色、景象結構與植栽、居室與建

築等拼湊出梅墟的大體規劃與建置；在「園林生活中的自我觀照」中，循著人文主義地理學的觀念出發，視園林的經營爲一主體性空間的建構歷程，藉由〔明〕周履靖在自著詩文中所傳達的訊息，拈擬出「世外桃源的折映」、「安居片土的體認」以及「園居空間的共享」三層意義，其中蘊含有「順隨造化」、「超越常變」的體認、「人」與「土地」間親附認同的彰顯以及家族親情、賓朋友誼的延續，使得園居空間的意義得到徹底而極致的發揮。就此而言，可以說，梅墟是一個充滿了個人隱喻的文化空間。此外，在文本閱讀的過程中，筆者發現到，梅墟不僅僅是園主個人居息活動的空間，同時也包孕有其他賓朋文友題詠唱和、遊賞互動的詮釋意義，是故，在「園居經驗的書寫與對話」中，一方面既要從身分、年齡、里籍與集團稱譽上分析這批一同參與梅墟園林經驗者，藉以釐清他們與園主之間的關係，另一方面，透過書畫題識、詩文唱和、魚雁書信、生平傳記等書寫型態，以及山水景象、典範形塑、逃名／藉名等經驗對話中，「梅墟園林」猶如是一個可供對話或交流意見的藝文平台，彼此間，或是表述交遊往來過程、或是宣揚個人的文藝觀與人生觀、或是表達欣羨企慕之情、或是標榜某些人物典範，乃至於品詩評文、分題拈韻、酬答和詠……等等，從社會傳播學的角度來看，隱居梅墟園林期間，〔明〕周履靖以世外逸客的姿態配合園林空間所創設的美感特質，招引了一群風雅好事者趨前參與其中的種種文學活動，他們雖不以「社」侷限，且跨越了許多特定團體，卻儼然已形構成一想像的社會——文藝社會，而最終，這種文學活動不免也將建構起另一種社會關係與社會價值，並形塑出一張張錯綜密織的人際網絡。

未來展望

　　本論文撰寫的一個核心目的，乃希冀可以透過個案的研究討論，進一步地伸展開我們一貫對叢書的認識面向。其中，選擇〔明〕周履靖作爲研究對象，除了是明代叢書未能得到學界一定重視的主觀因素之外，也因其身分的多重特性（山人／藝術家／出版商）以及生命歷程所交織的矛盾特質（出世／入世、城市／山水、公共／私密、逃名／傳名、獨處／社交、理想／現實），猶如明末社會所給人多元紛呈、繽紛閃爍的文化印象般，凡此，皆足資爲提供我們觀察明代文人文化的絕佳據點；然而，當我們每每輕易地以「文人文

化」指稱明代某些文學現象時,是否也應該回頭思考所謂的文人「文化」究竟所指為何?

　　本論文在第一編當中,曾藉〔英〕雷夢‧威廉斯的〈文化分析〉指出,文化是文學、思想作品與相應之週邊社會關係的結合,這裡,我們不妨再由錢穆嘗在《文化學大義》中所分析的三種層次內涵來看:

> 第一是「物質的」,亦可說是「自然的」人生,或「經濟的」人生。一切食、衣、住、行,較多隸屬於物質方面者,均歸此類。……其次是「社會的」人生,或稱「政治的」人生、「集團的」人生。……這時的人生,主要在添進了許多「人與人」之間的關係。……最後繞到達人生第三階層,我們可稱之為「精神的」人生,或說「心靈的」人生。此一階層的人生,全屬於觀念的、理性的、趣味的,如宗教人生、道德人生、文學人生、藝術人生等皆是。〔註17〕

換言之,這三種階層落實於現實人生,可說是人類群體生活的整體面貌,並且可以概括為面對生活的物質、行為與態度。這樣看來,「文化」其實應是一極為廣泛而複雜的意旨,那麼,要能生動寫實地道出「文人文化」,筆者認為較有效的解釋╱理解策略即是通過文人日常生活的能動場域進行細部分析,尤其近幾年來國內學術界對於「新文化史」研究方向的提出,使得過去利用「時代背景」、「社會環境」或「文學趨勢」以統攝文化現象的研究路徑,早已無法滿足文化史的研究潮流,許多重要主題研究計畫、讀書會的出現,諸如李孝悌主持之「明清的城市文化與生活」、「明清的社會與生活」,或是熊秉真催生之「器物與記憶──近世江南文化」、「好物樂聲──近世中國的物質、消費與文化」等,在此同時,西方學界早已針對社會與文化史進行了數十年之久的研究,並發展出許多相關文化理論,如齊莫爾(Georg Simmel)的日常生活「印象」、班雅明(Walter Benjamin)的「垃圾美學」等〔註18〕,對於過去或許被視為不足一哂、不值一提的微物、斷片,包括衣服、家具、屋宅、玩具、草木禽獸、時尚、節慶、感官娛樂……等等,都已逐漸被視為可以嚴肅看待的文化議題而提報議程,使得「文人文化」是可以從較為具體的生活過程、參與心態中獲得理解,同時,也幫助我們「建立了一些解釋框架,並

〔註17〕詳見錢穆:《文化學大義》(臺北:蘭臺出版社,2001 年),頁 8～10。

〔註18〕詳見(英)Ben Highmore,周群英譯:《日常生活與文化理論》(台北:韋伯文化,2005 年);蒲慕州:〈西方近年來的生活史研究〉,《新史學》第三卷第四期(1992 年 12 月),頁 139～153。

轉而協助我們去重新看待史料。」〔註19〕

　　本論文已初步在傳統叢書的研究基礎上，提出「文化史料」的研究議題，那麼，立基於「生活史」的討論方向，並從「物質文化」與「日常生活」兩條徑路出發，就絕非本論文在「居室」、「遵生」、「休閒」或「園林」便能完全道盡，例如由叢書的出版所帶出的「消費文化」議題：如果《夷門廣牘》的內容是針對某種生活方式提供相映的安排與設計，那麼，對消費的一方而言，無非就是希望透過叢書內的指導以獲得某種閒情雅致的生活內涵，包括《格古要論》、《墨經》中大量臚列之鑑賞物品，或者是《易牙遺意》、《山家清供》中對於飲食內容的精挑細選，往往都是看似毫無實際用途、難能達成卻又價格昂貴、極度強調，其中涉及有雅／俗的辨證、誇示性消費的意涵、文化身份的認同，或者利用貨幣物價的觀念探討這類型圖書的可能消費者……等豐富的詮釋層面，同時，配合人類學研究者的經驗啟發，我們也可以藉「身體經驗」與「物的社會生命史」的觀點找到研究取向，例如《格古要論》、《群物奇制》中列有多種古代文房家具樣式的介紹，透過時人相關文獻記載對於身體經驗的形容，探察物質如何貼近所謂的「日常生活」，並呈現出具有文化與時代特色的身體感〔註20〕；或者是「物的象徵意義」：從人類學的觀點而言，「物」不僅有其實質用途或消費價值，同時也能夠有效地傳達出社會階層的區分以及社會關係的建立，它們既表徵著社會的分野，亦積極參與了社會秩序的塑造，可說是一種社會文化關係的再生產〔註21〕，前者如《湯品》所謂「猥人俗輩，煉水之器豈暇深擇」、「勿與誇珍衒豪臭公子道」〔註22〕，後者則可以從梅墟「園林」經驗中略見其概，其中如物品與流行時尚的關係、物的商品化過程……等等，仍是亟待釐清的文化課題；或者從中國收藏文化的角度釐析〔明〕周履靖的收藏心態、收藏種類、收藏模式、生活品味、文

〔註19〕詳見李孝悌：〈序──明清文化史研究的一些新課題〉，收於氏編：《中國的城市生活》（台北：聯經出版社，2005年），頁 vi。

〔註20〕相關研究可以參閱余舜德：〈物與身體感的歷史：一個研究取向之探索〉，《思與言》第四十四卷第一期（2006年3月），頁 5～47；〈江南民居家具在台灣──感官、記憶與過去的建構〉，收於熊秉真、熊月之編：《明清以來江南社會與文化論集》（上海：上海社會科學院出版社，2004年），頁 290～316。

〔註21〕詳見羅鋼：〈前言：探索消費的斯芬克斯之謎〉以及（法）皮埃爾·布爾迪厄：《《區分》導言》，收於羅鋼編：《消費文化讀本》（北京：中國社會科學出版社，2003年），頁 36、41～50。

〔註22〕詳見〔明〕周履靖編：《湯品》，收於氏編：《夷門廣牘》（北京：書目文獻出版社，1990年），頁 560 上。

化成就，甚至透過區域性收藏家交遊往來行爲以察一時一地之收藏風尚……
等〔註23〕。凡此，都將是筆者未來必須繼續努力的方向。

　　此外，在論文撰寫過程中，因爲旁涉了許多明清相關文史資料的關係，
筆者發現到，與〔明〕周履靖同樣具有相類似生活情境與時空背景的案例
並不在少數，舉凡如〔明〕張鳳翼、〔明〕王稚登、〔明〕謝臻、〔明〕陳
繼儒、〔明〕李漁等皆然，若能以本論文的研究架構運用於諸此文化人身
上，進而建構某種群體圖像，相信對於明清文學與文化研究必然會有積極的
意義。

〔註23〕詳見周少川：《藏書與文化──古代私家藏書文化研究》（北京師範大學出版
　　　　社，1999年）；范鳳書：《中國私家藏書史》（鄭州：大象出版社，2001年）。
　　　　另外，陳冠至曾以江南五府地區藏書家作爲研究討論，詳可參閱氏著：〈明代
　　　　江南五府地區藏書家的書畫收藏風尚〉，《故宮學術季刊》第二十三卷第四期
　　　　（2006年6月），頁1～40。其中尚有不少相關議題值得繼續耕植開拓。

參考書目

一、古籍（依年代、編著者姓氏筆劃排序）

（一）周履靖著作

1. 〔明〕周履靖編：《夷門廣牘》（北京：書目文獻社，1990 年）。

2. 〔明〕周履靖編：《夷門廣牘》，萬曆金陵荊山書林刊本，藏於國家圖書館善本書室。

3. 〔明〕周履靖編：《夷門廣牘》，萬曆金陵荊山書林刊配補影本，藏於國家圖書館善本書室。

4. 〔明〕周履靖編：《夷門廣牘》，《景印元明善本叢書十種》之一（上海：上海商務印書館）。

5. 〔明〕周履靖編：《夷門廣牘》，《百部叢書集成》（台北：藝文印書館，1966 年），第十三部。

6. 〔明〕周履靖：《錦箋記》，毛氏汲古閣刊清代修補本，藏於國家圖書館善本書室。

7. 〔明〕周履靖：《錦箋記》，《中國戲劇研究資料第一輯・全明傳奇》（台北：天一出版社）。

8. 〔明〕周履靖著，陳繼儒編：《梅顛稿選》，《四庫全書存目叢書》（台南：莊嚴文化事業有限公司，1997 年），子部第一八七冊。

9. 〔明〕陳所聞輯：《新鐫古今大雅南宮詞紀六卷》，《續修四庫全書》（上海：上海古籍出版社，1995 年），集部曲類，第一七四一冊。

（二）史傳方志

1. 〔明〕李培等修，黃洪憲等纂：《〔萬曆〕秀水縣志》，《中國方志叢刊》（台北：成文出版社，1970 年），第五十七冊。

2. 〔明〕劉應鈳修，沈堯中等纂：《〔萬曆〕嘉興府志》，《中國方志叢書》

（台北：成文出版社，1983 年），第五〇五號。

3. 〔明〕薛應旂：《〔嘉靖〕浙江通志》，《中國方志叢書》（台北：成文出版社，1983 年），第五三二冊。

4. 〔明〕羅炌修，黃承昊纂：《〔崇禎〕嘉興縣志》，《日本藏中國罕見地方志叢刊》（北京：書目文獻社，1991 年）。

5. 〔清〕永瑢等撰：《四庫全書總目提要》（台北：台灣商務印書館，1983 年）。

6. 〔清〕沈翼機等撰：《〔乾隆〕浙江通志》，《中國省志彙編之二》（台北：京華書局，1967 年）。

7. 〔清〕張廷玉等撰：《明史》（台北：鼎文書局，1987 年）。

8. 〔清〕許瑤光等修，吳仰賢等纂：《〔光緒〕嘉興府志》，《中國方志叢書》（台北：成文出版社，1970 年），第五十三冊。

9. 〔清〕袁國梓修：《〔康熙〕嘉興府志》，《稀見中國地方志匯刊》（北京：中國書店，1992 年），第十五冊。

10. 〔清〕穆彰阿編：《嘉慶重修一統志》，《中國古代地理總志叢刊》（北京：中華書局，1986 年），第十七冊。

11. 大化書局編：《明代地方志傳記索引》（台北：大化書局，1989 年）。

12. 中國科學院北京天文台主編：《中國地方志聯合目錄》（北京：中華書局，1985 年）。

13. 朱士嘉編：《中國地方志綜錄》（台北：新文豐出版公司，1981 年）。

14. 朱士嘉編：《美國國會圖書館藏中國方志目錄》（北京：中華書局，1989 年）。

15. 陳光貽編：《稀見地方志提要》（山東：齊魯書社，1987 年）。

16. 趙景深、張增元編：《方志著錄元明清曲家傳略》（北京：中華書局，1987 年）。

（三）諸子詩文集、筆記、小說

1. 〔戰國〕呂不韋著，〔後漢〕高誘註：《呂氏春秋》（臺北：藝文印書館，1971 年）。

2. 〔西漢〕董仲舒：《春秋繁露校釋》（石家庄：河北人民出版社，2005 年）。

3. 〔西漢〕司馬遷：《史記》（台北：德興書局，1982 年）。

4. 〔西漢〕劉向著，張靜註釋：《列女傳今註今譯》（台北：臺灣商務印書館，1994 年）。

5. 〔晉〕陶淵明著，龔斌校箋：《陶淵明集校箋》（上海：上海古籍出版社，1999 年）。

6. 〔梁〕陶弘景:《養性延命錄》,收於《續修四庫全書》(上海:上海古籍出版社,2002 年),第一二九二冊。

7. 〔梁〕蕭統編,〔唐〕李善注:《文選》(台北:五南出版社,1991 年)。

8. 〔唐〕張彥遠:《歷代名畫記》,收於嚴一萍選輯:《百部叢書集成》(台北:藝文印書館,1966 年)之四十六,《學津討源》,第五十九冊。

9. 〔唐〕孫思邈:《備急千金要方》(臺北:臺灣商務印書館,1981 年)。

10. 〔宋〕洪興祖:《楚辭補注》(台北:大安出版社,1995 年)。

11. 〔元〕馬端臨:《文獻通考》(北京:中華書局,1999 年)。

12. 〔明〕文震亨:《長物志》,收於嚴一萍選輯:《百部叢書集成》(台北:藝文印書館,1966 年)之三十一,《硯雲甲乙編》,第二函,第四～五冊。

13. 〔明〕毛元淳:《尋樂編》,收於《四庫全書存目叢編》(台南:莊嚴文化事業有限公司,1997 年),子部,第九十四冊。

14. 〔明〕王文錄:《百陵學山》,收於嚴一萍選輯:《百部叢書集成》(台北:藝文印書館,1967 年)之八,第一函。

15. 〔明〕王思任:《王季重雜著》(台北:偉文書局,1977 年)。

16. 〔明〕王思任:《王季重十種》(杭州:浙江古籍出版社,1987 年)。

17. 〔明〕王守仁:《王陽明全集》(上海:上海古籍出版社,1992 年)。

18. 〔明〕王廷陳:《夢澤集》,收於《文淵閣四庫全書》(臺北:臺灣商務印書館,1983 年),集部,第一二七二冊。

19. 〔明〕王褒著,〔明〕王應鍾編:《王養靜全集》(台北:漢學研究中心景照明萬曆一六年序刊本)。

20. 〔明〕朱長春:《朱太復乙集》,收於《四庫禁燬書叢刊》(北京:北京出版社,2000 年),集部,第八十三冊。

21. 〔明〕沈德潛:《萬曆野獲編》(北京:中華書局,1997 年)。

22. 〔明〕李日華:《味水軒日記》,收於《續修四庫全書》(上海:上海古籍出版社,1995 年),史部傳記類,第五五八冊。

23. 〔明〕李日華:《紫桃軒雜綴》,收於《四庫全書存目叢書》(台南:莊嚴文化事業有限公司,1997 年),子部,第一○八冊。

24. 〔明〕李詡:《戒庵老人漫筆》(北京:中華書局,1997 年)。

25. 〔明〕宋詡:《宋氏養生部》(北京:中國商業出版社,1989 年)。

26. 〔明〕何良俊:《四友齋叢說》(北京:中華書局,1997 年)。

27. 〔明〕祁承㸁:《澹生堂藏書約(外八種)》(上海:上海古籍出版社,2005 年)。

28. 〔明〕范濂:《雲間據目抄》,《筆記小說大觀》(台北:新興書局,1988 年)。

29. 〔明〕胡應麟:《少室山房筆叢》(台北:世界書局,1980 年)。

30. 〔明〕計成著,陳植注:《園冶》(台北:明文書局,1982 年)。

31. 〔明〕高濂編,王大淳點校:《遵生八箋》,收於《文淵閣四庫全書》(台北:臺灣商務印書館,1983 年),第八七一冊。

32. 〔明〕莫是龍:《筆麈》,收於嚴一萍選輯:《百部叢書集成》(台北:藝文印書館,1966 年)之三十,《奇晉齋叢書》,第十冊。

33. 〔明〕袁中道著,錢伯城點校:《珂雪齋集》(上海:上海古籍出版社,1989 年)。

34. 〔明〕袁宏道著,錢伯城箋校:《袁宏道集箋校》(上海:上海古籍出版社,1981 年)。

35. 〔明〕孫鑛:《書畫題跋》,收於《中國書畫全書》(上海:上海書畫出版社,1992 年)。

36. 〔明〕徐渭:《刻徐文長先生秘集》,收於《四庫全書存目叢書》(台南:莊嚴文化事業有限公司,1997 年),子部,第一二九冊。

37. 〔明〕曹履吉:《博望山人稿》,收於《四庫全書存目叢書》(台南:莊嚴文化事業有限公司,1997 年),集部,第一八六冊。

38. 〔明〕陸紹珩:《醉古堂劍掃》(台北:金楓出版社,1988 年)。

39. 〔明〕陸容:《菽園雜記》(北京:中華書局,1997 年)。

40. 〔明〕陸樹聲:《耄餘雜識》,收於嚴一萍選輯:《百部叢書集成》(台北:藝文印書館,1966 年)之十八,《寶顏堂秘笈》,第四函。

41. 〔明〕陸樹聲:《清暑筆談》,收於嚴一萍選輯:《百部叢書集成》(台北:藝文印書館,1966 年)之十八,《寶顏堂秘笈》,第四函。

42. 〔明〕陸雲龍:《皇明十六家小品》,收於《四庫全書存目叢書》(台南:莊嚴文化事業有限公司,1997 年),集部,第三七八冊。

43. 〔明〕張岱:《琅嬛文集》(長沙:嶽麓書社,1985 年)。

44. 〔明〕張岱:《陶庵夢憶》,收於《叢書集成簡編》(台北:臺灣商務印書館,1966 年)。

45. 〔明〕張鼐:《寶日堂初集》,收於《四庫禁燬叢刊》(北京:北京出版社,2000 年),集部,第七十六冊。

46. 〔明〕張復:《張子遠先生艸下語》,收於《四庫全書存目叢書》(台南:莊嚴文化事業有限公司,1997 年),子部,第九十四冊。

47. 〔明〕張應文:《清秘藏》(台北:世界書局,1962 年)。

48. 〔明〕陳寰:《琴溪陳先生集》(臺北:漢學研究中心景照明刊本)。

49. 〔明〕陳確:《陳確集》(北京:中華書局,1979 年)。

50. 〔明〕屠隆:《考槃餘事》,收於《四庫全書存目叢書》(台南:莊嚴文化

事業有限公司，1997年），子部，第一一八冊。

51. 〔明〕焦竑：《玉堂叢語》（北京：中華書局，1997年）。

52. 〔明〕湯顯祖：《湯顯祖集》（上海：上海人民出版社，1973年）。

53. 〔明〕黃宗羲：《南雷文約》，卷一，收於《四庫全書存目叢刊》（台南：莊嚴文化事業有限公司，1997年），集部，第二〇五冊。

54. 〔明〕馮時可：《雨航雜錄》，收於《文淵閣四庫全書》（臺北：台灣商務印書館，1983年），第八六七冊。

55. 〔明〕程敏政輯：《唐氏三先生集》（北京：書目文獻出版社，1988年）。

56. 〔明〕葉盛：《水東日記》（北京：中華書局，1997年）。

57. 〔明〕楊慎著、〔明〕曹竑編：《升庵外集》（臺北：臺灣學生書局，1971年）。

58. 〔明〕趙宧光編：《寒山蔓草》，收於《四庫全書存目叢書》（台南：莊嚴文化事業有限公司，1997年），集部，第三四八冊，頁789～827。

59. 〔明〕趙宧光：《寒山誌傳》，收於《百部叢書集成三編》（台北：藝文印書館，1977年）之八，《乙亥叢編》，第四冊。

60. 〔明〕練子寧：《中丞集》，收於《文淵閣四庫全書》（臺北：臺灣商務印書館，1983年），集部，第一二三五冊。

61. 〔明〕衛泳：《枕中秘》，《四庫全書存目叢書》（台南：莊嚴文化事業有限公司），子部雜家類，第一五二冊。

62. 〔明〕樂純：《雪庵清史》，收於《四庫全書存目叢書》（台南：莊嚴文化事業有限公司，1997年），子部，第一一一冊。

63. 〔明〕薛岡：《天爵堂文集》，收於《四庫未收書輯刊》（北京：北京出版社，2000年），第六輯，第二十五冊。

64. 〔明〕謝肇淛：《五雜俎》，《筆記小說大觀》（台北：新興書局，1988年），第八編，第六冊。

65. 〔明〕蘭陵笑笑生著，秦修容整理：《金瓶梅》（北京：中華書局，1998年）。

66. 〔明〕顧起元：《客座贅語》（北京：中華書局，1997年）。

67. 〔清〕王鳴盛：《蛾術編》，《續修四庫全書》（上海：上海古籍出版社，1995年），子部雜家類，第一一五〇～一一五一冊。

68. 〔清〕李漁：《閒情偶寄》（杭州：浙江古籍出版社，1985年）。

69. 〔清〕朱彝尊：《靜志居詩話》，《明代傳記叢刊》（台北：明文書局，1991年），第九～十冊。

70. 〔清〕朱彝尊：《潛采堂明詩綜采摭書目》，《書目類編》（台北：成文出版社，1978年），第三十四冊。

71. 〔清〕沈季友：《檇李詩繫》，《景印文淵閣四庫全書》（台北：台灣商務印書館，1983 年），第一四七五冊。

72. 〔清〕吳敬梓：《儒林外史》（台北：聯經出版社，1993 年）。

73. 〔清〕周亮工：《賴古堂尺牘新鈔三選結鄰集》（台北：廣文書局，1994 年）。

74. 〔清〕段玉裁：《說文解字注》（台北：洪葉文化出版事業有限公司，1998 年）。

75. 〔清〕袁枚：《隨園食單》（雲南：雲南人民出版社，2004 年）。

76. 〔清〕張之洞：《書目答問》（台北：臺灣商務印書館，1984 年）。

77. 〔清〕章學誠：《校讎通義》，收於嚴一萍選輯：《百部叢書集成》（台北：藝文印書館，1966 年）之六十四，《粵雅堂叢書》。

78. 〔清〕郭慶藩：《莊子集釋》，收於《續修四庫全書》（上海：上海古籍出版社，1995 年），第九五七冊。

79. 〔清〕乾隆御訂：《全唐詩》（北京：中華書局，1985 年）。

80. 〔清〕葉昌熾：《藏書紀事詩》（上海：上海古籍出版社，1999 年）。

81. 〔清〕葉德輝：《書林清話》（台北：世界書局，1983 年）。

82. 〔清〕錢謙益：《列朝詩集小傳》（台北：世界書局，1985 年）。

83. 〔清〕顧炎武：《日知錄》（台北：文史哲出版社，1979 年）。

84. 王利器編：《新編校注：新編諸子集成》（北京：中華書局，1986 年）。

85. 朱劍心選注：《晚明小品選注》（台北：臺灣商務印書館，1995 年）。

86. 余嘉錫：《世說新語箋疏》（台北：華正書局，2003 年）。

87. 周何編：《十三經注疏分斷標點》（台北：新文豐出版社，2001 年）。

88. 施蟄存：《晚明二十家小品》（台北：新文豐出版社，1977 年）。

89. 夏咸淳：《明六十家小品精品》（上海：上海社會科學院出版社，1995 年）。

90. 夏咸淳、何滿子：《明清閑情小品》（上海：東方出版社，1997 年）。

91. 唐圭璋編：《全宋詞》（北京：中華書局，1998 年）。

92. 楊伯峻編：《春秋左傳注》（高雄：復文書局，1991 年）。

93. 逯欽立編：《先秦魏晉南北朝詩》（台北：木鐸出版社，1983 年）。

二、近人專書

（一）個人著作（依作者的英文姓氏字母、中文姓氏筆劃排序）

1. （美）Su Heng-an（蘇恒安）：《Culinary Arts in Late Ming China: Refinement, Secu-Larization and Nourishment: A Study on Gao Lian's Discourse on

Food and Drink》（Taipei: SMC Publishing Inc, 2004. 247 pp）（案：筆者譯爲《提煉、世俗化與營養：晚明高濂〈飲饌服食箋〉中的烹調藝術研究》）。

2. （加）Timothy Brook（卜正民）著，方駿等譯：《縱樂的困惑──明代的商業與文化》（北京：「生活、讀書、知識」三聯書店，2004 年）。

3. （英）Yi-Fu Tuan（段義孚）著，潘桂成譯：《經驗透視中的空間與地方》（台北：國立編譯館，1998 年）。

4. 毛文芳：《晚明閒賞美學》（台北：學生書局，2000 年）。

5. 毛文芳：《物・性別・觀看──明末清初的文化書寫》（台北：學生書局，2001 年）。

6. 王玉德：《神秘的風水》（台北：書泉出版社，1994 年）。

7. 王爾敏：《明清時代庶民文化生活》（湖南：岳麓書社，2002 年）。

8. 牛建強：《明代中後期社會變遷研究》（台北：文津出版社，1997 年）。

9. 方志遠：《明代城市與市民文學》（北京：中華書局，2004 年）。

10. 中國古典文學研究會：《古典文學》（台北：學生書局，2000 年），第十五輯。

11. 中國古典文學研究會：《文學與傳播的關係》（台北：學生書局，1995 年）。

12. 井上進：《中國出版文化史 ──書物世界と知の風景》（日本：名古屋大學出版會，2002 年）。

13. 左東岭：《明代心學與詩學》（北京：學苑出版社，2002 年）。

14. 史小軍：《復古與新變──明代文人心態史》（河北：河北教育出版社，2001 年）。

15. 史良昭：《博弈遊戲人生》（台北：臺灣商務印書館，1992 年）。

16. 布丁：《文人情趣的智慧》（台北：國際村文庫書店，1993 年）。

17. 司馬朝軍：《《四庫全書總目》研究》（北京：社會科學文獻出版社，2004 年）。

18. 吉川幸次郎著，鄭清茂譯：《元明詩概說》（台北：幼獅文化事業公司，1986 年）。

19. 吉少甫編：《中國出版簡史》（上海：學林出版社，1991 年）。

20. 衣若蘭：《三姑六婆──明代婦女與社會的探索》（台北：稻鄉出版社，2002 年）。

21. 伊永文：《明清飲食研究》（台北：洪葉文化事業有限公司，1998 年）。

22. 牟宗三：《從陸象山到劉蕺山》（台北：臺灣學生書局，1993 年）。

23. 成復旺：《神與物遊──論中國傳統審美方式》（台北：商鼎文化事業，

1992 年）。

24. 成復旺：《中國古代的人學與美學》（北京：中國人民大學出版社，1998年）。

25. 余英時：《中國近世宗教倫理與商人精神》（台北：聯經出版社，2004年）。

26. 余英時：《中國歷史轉型時期的知識份子》（台北：聯經出版社，1992年）。

27. 余安邦、熊秉眞編：《情欲明清──遂欲篇》（台北：麥田出版社，2004年）。

28. 杜聯喆輯：《明人自傳文鈔》（台北：藝文印書館，1977年）。

29. 何新文：《中國文學目錄學通論》（江蘇：江蘇教育出版社，2001年）。

30. 何宗美：《明末清初文人結社研究》（天津：南開大學出版社，2003年）。

31. 何宗美：《公安派結社考論》（重慶：重慶出版社，2005年）。

32. 吳哲夫：《四庫全書纂修之研究》（台北：故宮博物院，1990年）。

33. 吳承學：《晚明小品研究》（南京：江蘇古籍出版社，1999年）。

34. 吳承學、李光摩編：《晚明文學思潮研究》（武漢：湖北教育出版社，2002年）。

35. 吳存浩、于雲翰：《中國文化史略》（鄭州：河南文藝出版社，2004年）。

36. 吳智和：《明人飲茶生活文化》（宜蘭：明史研究小組，1996年）。

37. 吳蕙芳：《萬寶全書：明清時期的民間生活實錄》（台北：政大歷史系，2001年）。

38. 李瑞良：《中國古代圖書流通史》（上海：上海人民出版社，2000年）。

39. 李志清：《古書版本鑑定研究》（台北：文史哲出版社，1986年）。

40. 李春光：《古籍叢書述論》（瀋陽：遼寧書社，1991年）。

41. 李雪梅：《中國近代藏書文化》（北京：現代出版社，1999年）。

42. 李澤厚：《美的歷程》（台北：三民書局，1996年）。

43. 利瑪竇著，何高濟譯：《利瑪竇中國札記》（北京：中華書局，1983年）。

44. 昌彼得、潘美月：《中國目錄學》（台北：文史哲出版社，1991年）。

45. 昌彼得：《版本目錄學論叢》（台北：學海出版社，1977年），第一輯。

46. 昌彼得：《《說郛》考》（台北：文史哲出版社，1979年）。

47. 岳毅平：《中國古代園林人物研究》（西安：三秦出版社，2004年）。

48. 周積明：《文化視野下的《四庫全書總目》》（北京：中國青年出版社，2001年）。

49. 周明初：《晚明士人心態及文學個案》（北京：東方出版社，1997年）。

50. 周彥文編：《文獻學研究的回顧與展望——第二屆中國文獻學學術研討會論文集》（台北：學生書局，2002 年）。

51. 周少川：《藏書與文化——古代私家藏書文化研究》（北京師範大學出版社，1999 年）。

52. 周榮益、劉道超：《神秘的擇吉》（台北：書泉出版社，1994 年）。

53. 周心慧編：《明代版刻圖釋》（北京：學苑出版社，1998 年）。

54. 周偉民：《明清詩歌史論》（長春：吉林教育出版社，2006 年）。

55. 孟亞男：《中國園林史》（台北：文津出版社，1993 年）。

56. 易聞曉：《公安派的文化闡釋》（山東：齊魯書社，2003 年）。

57. 范宜如、朱書萱：《風雅淵源——文人生活的美學》（台北：臺灣書店，1998 年）。

58. 范鳳書：《中國私家藏書史》（鄭州：大象出版社，2001 年）。

59. 來新夏：《中國古代圖書事業史》（上海人民出版社，2000 年）。

60. 柯慶明：《文學美綜論》（台北：長安出版社，1983 年）。

61. 柯慶明：《中國文學的美感》（台北：麥田文化出版社，2006 年）。

62. 胡道靜：《中國古代的類書》（北京：中華書局，1982 年）。

63. 胡曉真編：《世變與維新——晚明與晚清的文學藝術》（南港：中研院中國文哲研究所，2001 年）。

64. 胡金望編：《文化詩學理論與實踐研究》（北京：中國社會科學出版社，2004 年）。

65. 姚名達：《中國目錄學史》（北京：商務印書館，1998 年）。

66. 姚偉鈞：《中華養生術》（台北：文津出版社，1995 年）。

67. 郝勤：《中國古代養生文化》（成都：巴蜀書社，1989 年）。

68. 南華大學文學系：《傳播、交流與融合：明代文學、思想與宗教國際學術研討會論文集》（台北：新文豐出版社，2005 年）。

69. 高小康：《中國古代敘事觀念與意識形態》（北京：北京大學出版社，2005 年）。

70. 徐林：《明代中晚期江南士人社會交往研究》（上海：上海古籍出版社，2006 年）。

71. 孫康宜：《文學的聲音》（台北：三民書局，2001 年）。

72. 梅家玲：《漢魏六朝文學新論：擬代與贈答篇》（台北：里仁書局，1997 年）。

73. 曹淑娟：《晚明性靈小品研究》（台北：文津出版社，1988 年）。

74. 曹淑娟：《流變中的書寫——祁彪佳與寓山園林論述》（台北：里仁書

局，2006 年）。

75. 曹林娣：《姑蘇園林與中國文化》（台北：萬卷樓出版社，1993 年）。

76. 陳萬益：《晚明小品與明季文人生活》（台北：大安出版社，1997 年）。

77. 陳力：《中國圖書史》（台北：文津出版社，1996 年）。

78. 陳平原：《從文人之文到學者之文——明清散文研究》（北京：「生活・讀書・新知」三聯書店，2004 年）。

79. 陳平原、王德威、商偉編：《晚明與晚清：歷史傳承與文化創新》（湖北：湖北教育出版社，2004 年）。

80. 陳寶良：《中國的社與會》（台北：南天書局，1998 年）。

81. 陳寶良：《明代社會生活史》（北京：中國科學院出版社，2004 年）。

82. 陳江：《明代中後期的江南社會與社會生活》（上海：上海社會科學院出版社，2006 年）。

83. 郭紹虞：《照虞室古典文學論集》（上海：上海古籍出版社，1983 年）。

84. 郭英德：《中國古代文人集團與文學風貌》（北京：北京師範大學出版社，1998 年）。

85. 郭英德：《中國古代文學通論——明代卷》（瀋陽：遼寧人民出版社，2005 年）。

86. 郭英德：《建構與反思——中國古典文學研究思辨錄》（西安：陝西人民教育出版社，2006 年）。

87. 張德建：《明代山人文學研究》（湖南：湖南人民出版社，2005 年）。

88. 張秀民：《中國印刷史》（上海人民出版社，1989 年）。

89. 張紹勳：《中國印刷史話》（台北：台灣商務印書館，1994 年）。

90. 許建平：《山情逸魂——中國隱士心態史》（北京：東方出版社，1999 年）。

91. 戚志芬：《中國的類書、政書與叢書》（台北：台灣商務印書館，1994 年）。

92. 萱子：《李漁說閑》（濟南：山東畫報出版社，2006 年）。

93. 馮天瑜：《明清文化史札記》（上海：上海人民出版社，2006 年）。

94. 葉樹聲、余敏輝：《明清江南私人刻書史略》（合肥：安徽大學出版社，2002 年）。

95. 曾貽芬、崔文印：《中國歷史文獻學史述要》（北京：商務印書館，2000 年）。

96. 費振鐘：《墮落時代：明代文人的集體墮落》（台北：立緒文化事業，2002 年）。

97. 黃建國等編《中國古代藏書樓研究》（北京：中華書局，1999 年 7 月）。

98. 黃果泉：《雅俗之間——李漁的文化人格與文學思想研究》（北京：中國社會科學出版社，2004 年）。

99. 黃卓越：《佛教與晚明文學思潮》（北京：東方出版社，1997 年）。

100. 萬建中：《飲食與中國文化》（南昌：江西高校出版社，1995 年）。

101. 楊蔭深：《中國古代游藝活動》（台北：國文天地雜誌社，1989 年）。

102. 鄒雲湖：《中國選本批評》（上海：上海三聯書店，2002 年）。

103. 漢寶德：《物象與心境——中國的園林》（台北：幼獅文化事業公司，1990 年）。

104. 漢寶德：《風水與環境》（天津：天津古籍出版社，2003 年）。

105. 蔣星煜：《中國隱士與中國文化》（台北：中華書局，1947 年）。

106. 趙飛鵬：《觀海堂藏書研究》（台北：漢美圖書有限公司，1991 年）。

107. 趙飛鵬：《圖書文獻學考論》（台北：里仁書局，2005 年）。

108. 趙以武：《唱和詩研究》（蘭州：甘肅文化出版社，1997 年）。

109. 蔡佩玲：《范氏天一閣研究》（台北：漢美圖書有限公司，1991 年）。

110. 鄭毓瑜：《六朝情境美學》（台北：里仁出版社，1997 年）。

111. 鄭金生：《中國古代的養生》（北京：商務印書館，1997 年）。

112. 潘朝陽：《心靈‧空間‧環境——人文主義的地理思想》（台北：五南出版社，2005 年）。

113. 劉志秦、吳廷嘉：《中國文化史概論》（台北：文津出版社 1994 年）。

114. 劉葉秋：《類書簡說》（台北：萬卷樓圖書，1993 年）。

115. 劉志琴：《晚明史論——重新認識末世衰變》（江西：江西高校出版社，2004 年）。

116. 劉兆祐：《中國目錄學》（台北：五南出版社，1998 年）。

117. 劉兆祐：《認識古籍版刻與藏書家》（台北：台灣書店，1997 年）。

118. 劉沛林：《風水：中國人的環境觀》（上海：上海三聯書店，1995 年）。

119. 謝國楨：《明清之際黨社運動考》（北京：中華書局，1982 年）。

120. 謝國禎：《明清筆記談叢》（上海：上海書店出版社，2004 年）。

121. 繆咏禾：《明代出版史稿》（江蘇：江蘇人民出版社，2000 年）。

122. 羅中峰：《中國傳統文人審美生活方式之研究》（台北：洪葉文化事業有限公司，2001 年）。

123. 龔鵬程：《晚明思潮》（台北：臺灣學生書局，2001 年）。

（二）文學理論與方法學（依作者的英文姓氏字母、中文姓氏筆劃排序）

1. （英）Ben Highmore，周群英譯：《日常生活與文化理論》（台北：韋伯

文化，2005 年）。

2. （法）Jean Baudrillard（尚・布希亞）著，林志明譯：《物體系》（台北：時報文化出版社，1997 年）。

3. （英）John Storey（約翰・史都瑞）著，張君玫譯：《文化消費與日常生活》（台北：巨流出版社，2002 年）。

4. （法）Nicolas Herpin（尼古拉・埃爾潘）：《消費社會學》（北京：社會科學文獻出版社，2005 年）。

5. （美）Stephen Owen（宇文所安）著，鄭學勤譯：《追憶：中國古典文學中的往事再現》（北京：生活、讀書、新知三聯書店，2005 年）。

（三）工具書（依年代、編著者姓氏筆劃排序）

1. 〔清〕丁仁編：《八千卷樓書目》（台北：廣文書局，1970 年）。

2. 〔清〕潘介社：《明詩人小傳稿》（台北：國立中央圖書館，1986 年）。

3. 上海圖書館編：《中國叢書綜錄》（上海：上海圖書館，1986 年）。

4. 三宅少太郎編：《尊經閣文庫漢籍分類目錄》（台北：古亭書屋，1969 年）。

5. 王民信編：《中國文學論著集目正編之六：遼金元明文學論著集目正編》（台北：五南出版社，1996 年）。

6. 王重民：《中國善本書提要》（台北：明文出版社，1984 年）。

7. 王重民輯錄，董同禮重校：《美國國會圖書館藏中國善本書目》（台北：文海出版社，1972 年）。

8. 王德毅編：《明人別名字號索引》（台北：新文豐出版社，2000 年）。

9. 文史哲出版社編：《叢書子目類編》（台北：文史哲出版社，1986 年）。

10. 中國社科院歷史研究所明史研究室：《中國近八十年明史論著目錄》（江蘇：江蘇人民出版社，1981 年）。

11. 中國科學院圖書館編：《中國科學院圖書館藏中文古籍善本書目》（北京：科學出版，1994 年）。

12. 中國古籍善本書目編輯委員會：《中國古籍善本書目》（上海：上海古籍出版社，1990 年）。

13. 日本內閣文庫編：《內閣文庫漢籍分類目錄》（台北：進學出版社，1970 年）。

14. 引得編纂處：《八十九種明代傳記綜合引得》（北京：中華書店，1987 年）。

15. 北京圖書館編：《北京圖書館古籍善本書目》（北京：書目文獻社，1987 年）。

16. 池秀雲:《歷代名人室名別號索引》(山西:山西古籍出版社,1993 年)。

17. 江蘇省立國學圖書館編:《書目三編·江蘇省立國學圖書館現存書目》(台北:廣文書局,1970 年)。

18. 江蘇省立國學圖書館編:《書目四編·江蘇省立國學圖書館現存書目》(台北:廣文書局,1970 年)。

19. 杜信孚、杜同書合編:《全明分省分縣刻書考》(揚州:線裝書局,2001 年)。

20. 李銳清編:《日本見藏中國叢書目初編》(浙江:杭州大學出版社,1999 年)。

21. 李崇智:《中國歷代年號考》(北京:中華書局,2001 年)。

22. 沈津、潘美月編:《中國大陸古籍存藏概況》(台北:台灣學生書局,2002 年)。

23. 沈津編:《美國哈佛燕京圖書館中文善本書志》(上海:上海辭書出版社,1999 年)。

24. 京都大學人文科學研究所編:《京都大學人文科學研究所漢籍目錄》(京都:京都大學出版社,1981 年)。

25. 東京大學東洋文化研究所編:《東京大學東洋文化研究所漢籍分類目錄》(東京:東京大學東洋文化研究所,1959 年)。

26. 故宮博物院編:《故宮書畫圖錄》(台北:故宮博物院,1989 年),第六〜九冊。

27. 浙江圖書館古籍部編:《浙江圖書館古籍善本書目》(杭州:浙江教育出版社,2002 年)。

28. 國立中央圖書館:《明人傳記資料索引》(台北:文史哲出版社,1978 年)。

29. 國立中央圖書館:《國立中央圖書館善本書目》(台北:中央圖書館,1986 年)。

30. 國立中央圖書館特藏組編:《台灣公藏普通本線裝書目書名索引》(台北:國立中央圖書館,1982 年)

31. 清華大學圖書館編:《清華大學圖書館藏善本書目》(北京:清華大學出版社,2003 年)。

32. 陳有方編譯:《宋元明善本叢書十種》(台北:台灣商務印書館,1986 年)。

33. 陳乃乾編:《室名索引》(台北:文海出版社,1979 年)。

34. 陳德芸編:《古今人物別名索引》(台北:新文豐出版社,1978 年)。

35. 張慧劍:《明清江蘇文人年表》(上海:上海古籍出版社,1986 年)。

36. 梁戰、郭群一：《歷代藏書家辭典》（陝西：陝西人民出版社，1991 年）。

37. 楊家駱編：《叢書大辭典──附叢書總目類編》（台北：中國學典館復館籌備處，1977 年）。

38. 楊立誠、金部瀛：《中國藏書家考略》（台北：文海出版社，1971 年）。

39. 楊廷福、楊同甫編：《明人室名別稱字號索引》（上海：上海古籍出版社，2004 年）。

40. 葛思德東方圖書館編：《普林斯頓大學葛斯德東方圖書館中文舊籍書目》（台北：台灣商務印書館，1990 年）。

41. 趙國璋、潘樹廣編：《文獻學辭典》（江西：江西教育出版社，1991 年）。

42. 藝文印書館：《百部叢書集成分類目錄及索引》（台北：藝文印書館，1989 年）。

43. 譚其驤主編：《中國歷史地圖集》（上海：地圖出版社，1982 年），第七冊，「元、明時期」。

44. 嚴靈峰編：《書目類編》（台北：成文出版社，1978 年）全套。

（四）碩博士論文（依作者姓氏筆劃排序）

1. 王鴻泰：《流動與互動──由明清間城市生活的特性探測公眾場域的開展》，國立台灣大學歷史所博士論文，1998 年 11 月。

2. 王鐿容：《傳播、聲譽、性別──以袁枚《隨園詩話》爲中心的文化研究》，國立暨南國際大學中文所碩士論文，2003 年 6 月。

3. 朱倩如：《明人的居家生活》，中國文化大學史學研究所碩士論文，2001 年 12 月。

4. 林嘉綺：《晚明文人之觀物理念及其實踐──以陳繼儒《寶顏堂祕笈》爲主要觀察範疇》，淡江大學中文所碩士論文，1995 年 6 月。

5. 林宜蓉：《晚明文藝社會「山人崇拜」研究》，國立台灣師範大學國文所碩士論文，1995 年 6 月

6. 黃妙慈：《高濂遵生理念及其生活實踐──以《遵生八牋》爲主要範疇》，國立台灣大學中文所碩士論文，2004 年 6 月。

7. 劉寧慧：《叢書淵源與體制形成之研究》，國立台灣師範大學國文所博士論文，2000 年 6 月。

三、演講錄音稿

1. （英）Craig Culnas（柯律格）：〈Images, Categories and Knowledge in the Ming〉，「Professor Craig Clunas 系列講座」第四場（台北：臺灣大學藝術史研究所，2006 年 4 月 3 日）。

   （按：此乃筆者親自錄音整理，僅作爲個人研究之用）

四、期刊、會議論文（依外籍學者姓氏筆劃、作者姓氏筆劃排序）

1. （日）大木康：〈鈔本在明清〉，《文學研究的新進路——傳播與接受》（台北：洪葉文化事業有限公司，2004 年），頁 465～480。

2. （日）大木康：〈山人陳繼儒とその出版活動〉，收於《山根幸夫教授退休記念明代史論叢》（京都：汲古書院，1990 年），下冊，頁 1233～1252。

3. （日）井上充幸：〈明末の文人李日華の趣味生活——「味水軒日記」を中心に〉，《東洋史研究》第五十九卷第一號（2000 年 6 月），頁 1～28。

4. （日）金文京：〈晚明山人之活動及其來源〉（《中國典籍與文化》，1997 年第一期），頁 37～42。

5. （日）鈴木正：〈明代山人考〉，收入清水博士追悼紀念明代史論叢編輯委員會編：《清水博士追悼紀念明代史論叢》（東京：大安出版社，1962 年），頁 357～388。

6. 毛文芳：〈時與物——晚明「雜品」書中的旅遊書寫〉，《旅行與文藝國際會議論文集》（台北：書林出版社，2001 年 12 月），頁 291～375。

7. 毛文芳：〈一則文化扮裝之謎：清初〈楓江漁父圖〉題詠研究〉，《清華學報》第三十六卷第二期（2006 年 12 月），頁 465～521。

8. 王正華：〈生活、知識與文化商品：晚明福建版「日用類書」與其書畫門〉，《中央研究院近代史研究所集刊》第四十一期（2003 年 9 月），頁 1～71。

9. 王正華：〈過眼繁華——晚明城市圖、城市觀與文化消費研究〉，《中國的城市生活》（台北：聯經出版社，2005 年 10 月），頁 1～57。

10. 王正華：〈乾隆朝蘇州城市圖像：政治權力、文化消費與地景塑造〉，《中央研究院近代史研究所集刊》第五十期（2005 年 12 月），頁 115～184。

11. 王鴻泰：〈閒情雅致——明清間文人的生活經營與品賞文化〉，《故宮學術季刊》卷二十二第一期（2004 年 9 月），頁 69～97。

12. 王鴻泰：〈俠少之游——明清士人的城市交遊與尚俠風氣〉，《中國的城市生活》（台北：聯經出版社，2005 年 10 月），頁 101～147。

13. 王鴻泰：〈迷路的詩——明代士人的習詩情緣與人生選擇〉，《中央研究院近代史研究所集刊》第五十期（2005 年 12 月），頁 1～54。

14. 王鴻泰：〈明代文人社群之凝結與文藝社會的發展〉，《文學傳播與接受國際學術研討會論文》（花蓮：東華大學，2006 年 3 月 24～25 日）。

15. 王鴻泰：〈雅俗的辨證——明代賞玩文化的流行與士商關係的交錯〉，《新史學》第十七卷第四期（2006 年 12 月），頁 73～143。

16. 王鴻泰：〈明清間士人的閒隱理念與生活情境的經營〉，《故宮學術季刊》第二十四卷第三期（2007 年 3 月），頁 1～44。

17. 王文進：〈陶謝並稱對其文學範型流變的影響——兼論陶謝「田園」、「山水」詩類空間書寫的區別〉，《東華人文學報》第九期（2006 年 7 月），頁 69～110。

18. 衣若芬：〈趙希鵠《洞天清祿集》探析〉，收於王水照、何寄澎、李偉國等編：《新宋學》（上海：上海辭書，2003 年），頁 410～419。

19. 衣若芬：〈不繫之舟：吳鎮及其「漁父圖卷」題詞〉，「元明文人之自我建構與審美風尚」學術研討會（中研院文哲所，2004 年 12 月 16 日）。

20. 江寶釵：〈《紅樓夢》詩社活動研究——性別文化與遊戲美學的呈現〉，《中正中文學術年刊》創刊號（1997 年 11 月），頁 71～93。

21. 沈津：〈明代坊刻圖書之流通與價格〉，《國家圖書館館刊》八十五年第一期（1996 年 6 月），頁 101～118。

22. 吳哲夫：〈四庫全書缺失考略〉，《故宮學術季刊》第六卷第二期（1988 年 12 月），頁 1～15。

23. 吳哲夫：〈四庫全書所表現的傳統文化特色考探〉，《故宮學術季刊》第十二卷第二期（1994 年 12 月），頁 1～20。

24. 吳哲夫：〈四庫全書館臣處理叢書方法之研究〉，《故宮學術季刊》第十七卷第二期（1999 年 12 月），頁 19～40。

25. 吳智和：〈明代蘇州社區鄉土生活史舉隅——以文人集團為例〉，《方志學與社區鄉土史學術研討會論文及》（台北：東吳大學歷史系，1998 年），頁 23～47。

26. 吳智和：〈明人飲茶與茶器文化〉，《歷史月刊》第九十五期（1995 年 12 月），頁 11～15。

27. 吳智和：〈明人茶侶生活文化〉，《故宮文物月刊》第十四卷第四期（1996 年 7 月），頁 132～137。

28. 吳智和：〈明人居室生活流變〉，《華岡文科學報》第二十四期（2001 年 3 月），頁 221～256。

29. 吳智和：〈明人習靜休閒生活〉，《華岡文科學報》第二十五期（2002 年 3 月），頁 145～193。

30. 吳智和：〈明人山水休閒生活〉，《漢學研究》第二十卷第一期（2002 年 6 月），頁 101～129。

31. 吳承學：〈陳眉公與晚明文人生活風尚〉，「元明文人之自我建構與審美風尚」學術研討會（中研院文哲所，2004 年 12 月 16 日）。

32. 吳承學、李斌：〈隱逸與濟世——陳眉公與晚明的士風〉，《中國文化研究》，2005 年春之卷，頁 68～81。

33. 李孝悌：〈十七世紀以來的士大夫與民眾——研究回顧〉,《新史學》第四卷第四期（1993 年 12 月）,頁 97～139。

34. 李孝悌：〈士大夫的逸樂——王士禎在揚州（1660～1665）〉,《中央研究院歷史語言研究所集刊》第七十六本第一分（2005 年 3 月）,頁 81～115。

35. 李孝悌：〈序——明清文化史研究的一些新課題〉,《中國的城市生活》（台北：聯經出版社,2005 年）,頁 i-xxxv。

36. 李孝悌：〈在城市中徬徨——鄭板橋的盛世浮生〉,《中國的城市生活》（台北：聯經出版社,2005 年）,頁 207～228。

37. 李貞慧：〈典範、對位、自我書寫：論蘇軾集中的《和陶擬古》九首〉,《清華學報》第三十六卷第二期（2006 年 12 月）,頁 427～463。

38. 沙德培：〈西方學界研究中國近代史的最新動向〉,《漢學研究通訊》第二十二卷第四期（2003 年 11 月）,頁 1～22。

39. 巫仁恕：〈明代士大夫與轎子文化〉,《中央研究院近代史研究集刊》第三十八期（2002 年 12 月）,頁 1～69。

40. 巫仁恕：〈晚明的旅遊活動與消費文化——以江南為討論中心〉,《中央研究院近代史研究集刊》第四十一期（2003 年 9 月）,頁 87～141。

41. 巫仁恕：〈晚明的旅遊活動與士大夫心態——以江南為討論中心〉,收於熊秉真、熊月之編：《明清以來江南社會與文化論集》（上海：上海社會科學院出版社,2004 年）,頁 225～255。

42. 巫仁恕：〈晚明文士的消費文化——以家俱為個案的考察〉,《浙江學刊》,2005 年第六期,頁 91～100。

43. 巫仁恕：〈明清飲食文化中的感官演化與品味塑造——以飲膳書籍與食譜為中心的探討〉,《中國飲食文化》第二卷第二期（2006 年 6 月）,頁 45～95。

44. 巫仁恕：〈明清消費文化研究的新取徑與新問題〉,《新史學》第十七卷第四期（2006 年 12 月）,頁 217～254。

45. 阿英：〈明末的反山人文學〉,收於氏著：《夜航集》（上海：中國文聯出版社,1935 年）,頁 103～106。

46. 周昌龍：〈從皇明十六家小品看小品文在晚明的思想內容及其時代意識〉,《文學研究的新進路——傳播與接受》（台北：洪葉文化事業有限公司,2004 年）,頁 385～410。

47. 周積明：〈《四庫全書總目》文化價值重估〉,《書目季刊》第三十一卷第一期（1997 年 6 月）,頁 14～20。

48. 周積明：〈「四庫學」通論〉,《故宮學術季刊》第十七卷第三期（2000 年 3 月）,頁 1～21。

49. 周杉：〈文學聲譽的涵義〉,《九州學刊》第三卷第二期（1989 年 6 月）,
頁 53～65。

50. 昌彼得：〈「四庫學」的展望〉,《書目季刊》第三十二卷第一期（1998 年
6 月）,頁 1～4。

51. 邱澎生：〈明代蘇州營利出版事業及其社會效應〉,《九州學刊》第五卷第
二期（1992 年 10 月）,頁 139～159。

52. 邱澎生：〈物質文化與日常生活的辯證〉,《新史學》第十七卷第四期
（2006 年 12 月）,頁 1～14。

53. 邱仲麟：〈明代北京都市生活與治安的轉變〉,《九州學刊》第五卷第二
期（1992 年 10 月）,頁 49～106。

54. 邱仲麟：〈從禁例屢申看明代北京社會風氣的變遷過程〉,《淡江史學》第
四期（1992 年 6 月）,頁 67～88。

55. 邱仲麟：〈明代北京的社會風氣變遷──禮制與價值觀的改變〉,《大陸
雜誌》第八十八卷第三期（1994 年 3 月）,頁 28～42。

56. 林皎宏：〈晚明徽州商人的文化活動──以徽商族裔潘之恒爲中心〉,《九
州學刊》第六卷第三期（1994 年 12 月）,頁 35～60。

57. 林宜蓉：〈晚明「尊藝」觀之探究〉,《古典文學》（台北：學生書局,2000
年）,第十五輯,頁 139～178。

58. 邵毅平：〈評《四庫全書總目》的晚明文風觀〉,《復旦學報（社會科學
版）》,1990 年三期,頁 52～57。

59. 洪湛侯：〈「百部叢書集成」評〉,《漢學研究》第八卷第二期（1990 年 12
月）,頁 423～440。

60. 胡曉眞：〈世變之極──由中研院文哲所「世變中的文學世界」主題計畫
談晚明晚清研究〉,《漢學研究通訊》第二十卷第二期,頁 27～34。

61. 胡衍南：〈文人化的《隨園食單》──根據中國飲膳文獻史作的考察〉,
《中國飲食文化》第一卷第二期（2005 年 6 月）,頁 97～122。

62. 侯美珍：〈「四庫學」相關書目續編〉,《書目季刊》第三十三卷第二期
（1999 年 9 月）,頁 77～129。

63. 侯迺慧：〈明代園林舟景的文化意涵與治療意義〉,《人文集刊》第二期
（2004 年 4 月）,頁 1～39。

64. 侯迺慧：〈園林圖文的超越性特質對幻化悲傷的療養──以明人文集的
呈現爲主〉,《政大中文學報》第四期（2005 年 12 月）,頁 123～154。

65. 侯迺慧：〈清代廢園書寫的園林反省與歷史意義〉,《臺大文史哲學報》第
六十五期（2006 年 11 月）,頁 73～112。

66. 施廷鏞：〈叢書概述〉,收於氏編：《中國叢書目錄及子目索引匯編》（南
京：南京工具書店,1994 年）,頁 1～4。

67. 康來新：〈閑情幻——紅樓夢的飲食美學〉，《涵養用敬——國立中央大學中文系專任教師論著集刊》（中壢：中央大學中文系，2002 年），頁365～384。

68. 張忠良：〈晚明文人的嗜癖言行〉，《台南女子學院學報》第二十三期（2004 年 12 月），頁 403～428。

69. 曹淑娟：〈從清言看晚明士人主體自由之追尋與呈顯〉，收於《文學與美學》（台北：文史哲出版社，1991 年），頁 253～278。

70. 曹淑娟：〈體道與審美的綜合經驗——《醉古堂劍掃》〉，《國文天地》第九卷第九期（1994 年 2 月），頁 23～30。

71. 曹淑娟：〈從自敘傳文看明代士人的生死書寫〉，《古典文學》（台北：學生書局，2000 年），第十五輯，頁 205～243。

72. 曹淑娟：〈祁彪佳與寓山——一個主體性空間的建構〉，收於李豐楙、劉苑如編：《空間、地域與文化——中國文化空間的書寫與闡釋》（台北：中研院中國文哲研究所，2002 年），頁 372～420。

73. 曹淑娟：〈流變中的凝視——〈越中園亭記〉的家鄉書寫〉，《臺大中文學報》第十八期（2003 年 6 月），頁 223～265。

74. 曹淑娟：〈小有、吾有與烏有——明人園記中的有無論述〉，《臺大中文學報》第二十期（2004 年 6 月），頁 195～238。

75. 曹淑娟：〈袁宏道的園亭觀及其柳浪體驗〉，《知性與情感的交會——唐宋元明學術研討會論文集》（台北：大安出版社，2005 年），頁 311～358。

76. 曹淑娟：〈園舟與舟園——汪汝謙湖訪身分的轉換與侷限〉，《清華學報》第三十六卷第一期（2006 年 6 月），頁 197～235。

77. 陳國棟：〈哭廟與焚儒服——明末清初生員層的社會性動作〉，《新史學》第三卷第一期（1992 年 3 月），頁 69～94。

78. 陳靜秋：〈論晚明大山人陳繼儒的文化性格及其形成原因〉，《中國文化月刊》第二四八期（2000 年 11 月），頁 50～68。

79. 陳寶良：〈晚明生員的棄巾之風及其山人化〉，《史學集刊》第二期（2000 年 5 月），頁 34～39。

80. 陳寶良：〈明代文人辨析〉，《漢學研究》第十九卷第一期（2001 年 6 月），頁 187～218。

81. 陳逸杰：〈"身體－主體"（body-subject）論述的空間分析〉，《文化與建築研究所集刊》第六期（1997 年 3 月），頁 25～31。

82. 陳學文：〈明代中葉民情風尚習俗及一些社會意識的變化〉，收於《山根幸夫教授退休記念明代史論叢》（京都：汲古書院，1990 年），下冊，頁 1207～1231。

83. 陳慧霞：〈晚明文房與市場生活中的古色〉，《故宮文物月刊》第二十一卷
　　第十期（2004 年 1 月），頁 44～51。

84. 陳益源：〈食慾與色慾——明清艷情小說裡的飲食男女〉，收於焦桐等
　　編：《趕赴繁花盛放的饗宴——飲食文學國際學術研討會》（台北：時報
　　文化出版社，1999 年），頁 248～274。

85. 連玲玲：〈典範抑或危機？「日常生活」在中國近代史研究的應用及其問
　　題〉，《新史學》第十七卷第四期（2006 年 12 月），頁 255～281。

86. 黃建宏譯：〈大腦即螢幕——《電影筆記》與德勒茲訪談〉，《當代》第一
　　四七期（1999 年 11 月），頁 16～27。

87. 黃應貴：〈導論：物與物質文化〉，收於氏編：《物與物質文化》（台北：
　　中研院民族學研究所，2004 年），頁 1～26。

88. 葉俊慶：〈試論明代文學的書面傳播〉，《世新中文研究集刊》第二期
　　（2006 年 6 月），頁 69～96。

89. 楊晉龍：〈「四庫學」研究的反思〉，《中國文哲研究集刊》第四期（1994
　　年 3 月），頁 349～394。

90. 楊玉成：〈世紀末的省思：《桃花源記并詩》的文化與社會〉，《中國文哲
　　研究通訊》第八卷第四期（1998 年 9 月），頁 79～100。

91. 楊玉成：〈小眾讀者：康熙時期的文學傳播與文學批評〉，《中國文哲研究
　　集刊》第十九期（2001 年 9 月），頁 55～108。

92. 楊玉成：〈閱讀邊緣：晚明竟陵派的文學閱讀〉，中研院文哲所專題演講
　　（2003 年 9 月 19 日）。

93. 蒲慕州：〈西方近年來的生活史研究〉，《新史學》第三卷第四期（1992
　　年 12 月），頁 139～153。

94. 蒲慕州：〈生活史研究與人類學〉，收於《學術史與方法學的省思——中
　　研院歷史語言研究所七十周年研討會論文集》（台北：中研院歷史語言
　　研究所，2000 年 12 月），頁 317～333。

95. 蔡英俊：〈「擬古」與「用事」——試論六朝文學現象中「經驗」的借代
　　與詮釋〉，收於李豐楙主編：《文學、文化與世變——第三屆國際漢學會
　　議論文籍文學組》（台北：中研院文哲所，2002 年），頁 67～96。

96. 蔡瑜：〈試從身體空間論陶詩的田園世界〉，《清華學報》新三十四卷第一
　　期（2004 年 6 月），頁 151～180。

97. 蔡瑜：〈試論陶淵明隱逸的倫理世界〉，《漢學研究》第二十四卷第一期
　　（2006 年 6 月），頁 107～140。

98. 趙軼峰：〈山人與晚明社會〉，《東北師範大學學報（哲學社會科學版）》，
　　2000 年第一期，頁 8～16。

99. 趙洪寶：〈雅趣——古代文人理想中的居舍文化〉，《故宮文物月刊》第十

二卷第三期（1994 年 6 月），頁 66〜87。

100. 潘朝陽：〈空間・地方觀與「大地具現」暨「經典訴說」的宗教性詮釋〉，《中國文哲研究通訊》第十卷第三期（2000 年 9 月），頁 169〜188。

101. 潘美月：〈近年來台灣碩博士生研究叢書的成果〉，發表於「海峽兩岸古典文獻學術研討會」（浙江：2002 年 6 月 22〜23 日）。

102. 劉兆祐：〈論叢書〉，《應用語文學報》第一期（1999 年 6 月），頁 1〜26。

103. 劉紀曜：〈仕與隱——傳統中國政治文化的兩極〉，收於《中國文化新論：理想與現實》（台北：聯經出版社，1982 年），頁 291〜343。

104. 劉寧慧：〈叢書目錄的發展〉，《嶺東學報》第五期（1993 年 10 月），頁 293〜318。

105. 劉曉東、趙毅合著：〈晚明士人社會交往的示範及其評述〉，《東北師大學報》（哲學社會科學版），2005 年第五期。

106. 劉悅笛：〈日常生活審美化與審美日常生活化——試論「生活美學」何以可能〉，《哲學研究》，2005 年第一期，頁 107〜111。

107. 劉苑如：〈導言：從游的多重面向看中國文人生活中的道與藝〉，收於《中國文哲研究通訊》第十六卷第四期（2006 年 12 月），頁 183〜190。

108. 蔣宜芳紀錄：〈世紀末的省思：《桃花源記并詩》的文化與社會〉，《中國文哲研究通訊》第八卷第四期（1998 年 9 月），頁 37〜65。

109. 蔣宜芳紀錄：〈晚明與晚清文化景觀再探——歷史現實與文學想像〉，《中國文哲研究通訊》第九卷第四期（1999 年 9 月），頁 3〜31。

110. 蔣宜芳紀錄：〈世變中的通俗與雅道——再思晚明與晚清的文化與社會〉，《中國文哲研究通訊》第十卷第三期（2000 年 6 月），頁 3〜29。

111. 鄭利華：〈明代中葉吳中文人集團及其文化特徵〉，《上海大學學報（社會科學版）》第四卷第二期（1997 年 4 月），頁 99〜103。

112. 鄭文惠：〈明代園林山水題畫詩之研究——以文人園林為主〉，《國立政治大學學報》第六十九期（1994 年），頁 17〜45。

113. 鄭毓瑜：〈抒情、身體與空間——中國古典文學研究的一個反思〉，《淡江中文學報》第十五期（2006 年 12 月），頁 257〜272。

114. 鄭為元：〈日常生活戲劇觀的評論家——高夫曼〉，收於葉啓政編：《當代社會思想巨擘》（台北：正中書局，1992 年），頁 26〜55。

115. 錢存訓：〈印刷術在中國傳統文化中的功能〉，《漢學研究》第八卷第二期（1990 年 12 月），頁 239〜249。

116. 薛雅文：〈《寶顏堂秘笈》及國家圖書館收藏版本考略〉，收於《中國文哲研究通訊》第十六卷第三期（2006 年 9 月），頁 103〜132。

117. 顏崑陽：〈論「典範模習」在文學史建構上的「連溯效用」與「鏈接效

用」〉，《建構與反思——中國文學史的探索學術研討會論文集》（台北：臺灣學生書局，2002 年），頁 787～835。

118. 羅正心：〈中國擇日行爲之象徵意義〉，《慈濟大學人文社會科學學刊》創刊號（2002 年 6 月），頁 1～29。

119. 嚴迪昌：〈市隱心態與吳中明清文化世族〉（《蘇州大學學報》，1991 年第一期），頁 80～89

120. 龔鵬程：〈中國傳統社會中的文人階層〉，《淡江人文社會學刊‧五十週年校慶特刊》（2000 年 10 月），頁 271～309。

附　錄

附錄一：各版本《夷門廣牘》收藏著錄

版本編號	版　　　　本	卷　數	收書種類	著　　　　錄	部類歸隸
1	〔明〕萬曆二十五年刊本	未標註	107	《奕慶藏書樓書目》	子部雜家類
2	〔明〕萬曆二十五年刊本	84	57	《西諦書目》	子部叢書類
3	〔明〕萬曆二十五年刊本	9	7	《西諦書目》	子部叢書類
4	〔明〕萬曆刻本	148	104	《涵芬樓藏書書目》	未標註
5	〔明〕萬曆金陵荊山書林刊本	165	106	《國立中央圖書館善本書目》	叢書部彙編類
6	〔明〕萬曆金陵荊山書林刊配補影鈔本	160	106	《國立中央圖書館善本書目》	叢書部彙編類
7	〔明〕萬曆二十五年金陵荊山書林刻本	86	49	《中國科學院圖書館藏中文古籍善本書目》	叢部匯編類
8	〔明〕萬曆二十五年金陵荊山書林刻本	5	3	《中國科學院圖書館藏中文古籍善本書目》	叢部匯編類
9	〔明〕萬曆刊本	41	22	《書目三編·江蘇省立國學圖書館現存書目》	叢部彙編類
10	〔明〕萬曆二十五年金陵荊山書林刻本	161	105	《北京圖書館古籍善本書目》	子部叢書類
11	〔明〕萬曆二十五年金陵荊山書林刻本	91	55	《北京圖書館古籍善本書目》	子部叢書類
12	〔明〕萬曆二十五年金陵荊山書林刻本	65	41	《浙江圖書館古籍善本書目》	叢部匯編叢書

13	〔明〕萬曆二十五年金陵荊山書林刻本	48	28	《清華大學圖書館藏善本書目》	叢部彙編類
14	〔明〕萬曆二十五年金陵荊山書林刻本	17	6	《清華大學圖書館藏善本書目》	叢部彙編類
15	〔明〕萬曆二十五年金陵荊山書林刻本	164	107	《中國古籍善本書目》	叢部匯編叢書
16	〔明〕萬曆間刻本	未標註	106	美國國會圖書館藏（據王重民《中國善本書提要》）	子部叢書類
17	〔明〕萬曆刻本	155	105	《內閣文庫漢籍分類目錄》	叢書雜叢類
18	〔明〕萬曆刻本	172	109	《尊經閣文庫漢籍分類目錄》	叢部叢抄叢編
19	通行本	126	86	《四庫全書總目》	子部雜家類存目雜編之屬

附錄二：各版本《夷門廣牘》收書異同表

說明：

◆ 下表縱列目前各版本《夷門廣牘》所收書籍，橫列各版本編號（版本編號請參照附錄二所示），其中的南京圖書館、美國國會圖書館、《四庫全書存目》，因詳其收書情況，故暫不列入比較。

◆ 本表亦列有藝文印書館所編印之《夷門廣牘》（以下簡稱《藝文本》），雖然《藝文本》所收各書來源不一，並逕行更動增補原來《夷》書內容，然因為編輯的原則是比對諸《夷門廣牘》善本書目以及各家叢書的收錄，或可資作其他各版本參照比較。另外，諸版本《夷門廣牘》的書籍名稱頗有同異，為求一致性，本表「書籍名稱」統一以《藝文本》所標列者為主。

◆ 在版本與書籍相對應的框格內，標有數字，指的是該版本該書籍的卷數，例如：

版本編號六與《騷壇秘語》相對應的框格內，數字標為「3」，意指國家圖書館藏〔明〕萬曆金陵荊山書林刊本之《夷門廣牘》，叢書內所收的《騷壇秘語》共有三卷，而版本編號十與《學古編》相對應的框格內，數字標為「2+1」，意指北京圖書館藏〔明〕萬曆二十五年金陵荊山書林刻本之《夷門廣牘》，其中所收錄的《學古編》是將附錄另計一卷，故得三卷。另外，版本編號一的《奕慶藏書樓書目》僅列有書籍，未標示各書卷數，故筆者

以「◎」表之，以見其收書情況。

◆ 部分書籍的卷數欄呈現方式較特殊，例如版本編號二的《茶寮記》，卷數以「1+1」表示，意指《西諦書目》版本所收之《茶寮記》，將書末附錄與正文分卷計算。

◆ 表中框格空闕者，乃該版本並未收有此書。

書　籍 版本編號	藝文本	01	02	03	04	05	06	07	08	10	11	12	13	14	15	17	18
1 文章緣起	1	◎	1		1	1	1			1		1	1		1	1	1
2 釋名	1	◎	1		1	1	1			1		1	1		1	1	1
3 詩品	1	◎	1		1	1	1			1		1	3		1	1	1
4 文錄	1	◎	1		1	1	1			1		1			1	1	1
5 談藝錄	1	◎	1		1	1	1			1		1	1		1	1	1
6 騷壇秘語	3	◎	3		1	3	3			3		3	3		3	3	3
7 詩源撮要	1	◎	1		1	1	1			1		1			1	1	1
8 籍紀	3	◎	3		3	3	3	3		3	3	3	3		3	3	3
9 嘯旨	1	◎	1		1	1	1	1		1	1	1			1	1	1
10 廣易千文	1	◎	1		1	1	1	1		1	1	1	1		1	1	1
11 異域志	2	◎	2		2	2	2		2	2		2	2		2	2	2
12 溪蠻叢笑	1	◎	1		1	1	1		1	1			1		1	1	1
13 格古要論	3	◎			3	3	3			3	3				3	3	3
14 群物奇制	1	◎			1	1	1			1	1				1	1	1
15 墨經	1	◎	1		1	1	1			1		1			1	1	1
16 胎息經	1	◎	1		1	1	1			1		1			1	1	1
17 天隱子	1	◎	1		1	1	1			1		1			1	1	1
18 赤鳳髓	3	◎	2		3	3	3			3					3	3	3
19 煉形內旨	1	◎			1	1	1			1					1	1	1
20 玉函秘典	1	◎	1		1	1	1			1					1	1	1
21 今笒玄玄	1	◎			1	1	2			1					1	1	1
22 逍遙子導引訣	1	◎			1	1	1			1	1				1	1	1
23 脩眞演義	1	◎		未	1	1	1			1	1				1	1	
24 既濟眞經	1	◎		印	1	1	1			1	1				1	1	
25 唐宋衛生歌	1	◎			1	1	1			1					1	1	
26 海外三珠	1		2			4					4						4
27 益齡單	1	◎			1	1	1			1					1	1	1
28 怪痾單	1	◎			1	1	1			1					1	1	1
29 書法通釋	2	◎	2		2	2	2			2					2	2	2+1

30	千祿字書	1	◎	1		1	1	1	1		1	1		1		1	1	1
31	學古編	2	◎	2		2	2	2	2		2+1	2+1		2		2+1	2	2
32	雲林石譜	3					3				3	3						3
33	畫評會海	2	◎	2	2	2		2	2		2+1	2		2		2	2	2
34	天形道貌	1	◎		1	1		1			1			1		1	1	1
35	淇園肖影	2	◎		2	2		2			2	2		2		2	2	2
36	羅浮幻質	1	◎		1	1		1		1				1		1	1	1
37	九畹遺容	1	◎		1	1		1		1				1		1	1	1
38	春谷嚶翔	1	◎	1		1		1		1				1		1	1	1
39	繪林題識	1	◎	1	1	1		1		1	1		1		1	1	1	
40	山家清供	2	◎			2	2	2			2	2		2		2	2	2
41	茹草編	4	◎	2		4	4	4	2		4	4			1	4	4	4
42	水品全秩	2	◎			2	2	2			2	2		2		2	2	2
43	茶品要錄	1	◎	1		1	1	1			1	1		1		1	1	1
44	茶寮記	1附	◎	1+1		1	1	1			1+1	1+1		1+1		1+1	1	1+1
45	湯品	1	◎	1		1	1	1			1	1		1		1	1	1
46	易牙遺意	2	◎	2		2	2+1	2+1			2	2				2	2	2
47	酒經	1	◎	1+1		1	1+1	1+1			1+1	1+1				1+1	1	1+1
48	士大夫食時五觀	1	◎			1	1	1			1	1				1	1	1
49	綠綺新聲	2	◎	1		1	3	3			2	3				3	1	3
50	玉局鉤玄	1	◎			1	1	1			1	1				1	1	1
51	投壺儀節	1	◎	1		1	1	1			1	1				1	1	1
52	馬戲圖譜	1	◎	1		1	1	1			1	1				1	1	1
53	五木經	1	◎			1	1	1			1	1				1	1	1
54	詩牌譜	1	◎	1		1	1	1			1	1				1	1	1
55	丸經	2	◎	2		2	2	2	2		2	2				2	2	2
56	胸陣篇	1	◎	1		1	1	1	1		1	1				1	1	1
57	黃帝授三子玄女經	1	◎			1	1	1	1		1	1				1	1	
58	黃帝宅經	2	◎			2	1	1	2		2	2				2	2	2
59	葬經	1	◎			1	1	1	1		1	1				1	1	1
60	探春歷記	1	◎			1	1	1	1		1	1				1	1	1
61	握奇經解	1	◎			1	1	1	3		1	1				3	1	1
62	祿嗣奇談	2	◎			2	2	2			2+1	2				2+1	2	2
63	靈笈寶章	1	◎			1	1	1			1	1				1	1	1
64	相法十六篇	1	◎			1	1	1			1					1	1	1
65	四字經	1	◎			1	1	1			1					1	1	1
66	土牛經	1	◎			1	1	1			1					1	1	1

№	書名															
67	天文占驗	1	◎			1	1	1			1				1	1	1
68	占驗錄	1	◎			1	1	1			1				1	1	1
69	黃石公望空四字數	1	◎			1	1	1	1		1				1	1	1
70	質龜論	1	◎			1	1	1	1		1				1	1	
71	禽經	1	◎			1	1	1	1		1				1	1	1
72	獸經	1	◎			1	1	1	1		1				1	1	1
73	相鶴經	1	◎			1	1	1			1				1	1	1
74	魚經	1	◎			1	1	1			1		1		1	1	1
75	蠶書	1	◎			1	1	1	1		1		1		1	1	1
76	蠶經	2					2										2
77	促織經	2	◎	2		2	2	2	2		2		2		2	2	2
78	種樹書（附農桑撮要）	4	◎不包括農桑撮要	3		2	3	3	3+1		3+1	3不包括農桑撮要	3		3不包括農桑撮要	3	3
79	王氏蘭譜	1					1					1	1				1
80	蘭譜奧法	1	◎			1	1	1			1	1	1		1	1	1
81	梅品	1	◎			1	1	1			1	1	1		1	1	1
82	菊譜	2	◎	1		2	2	2			2	2	2		1	2	2
83	秣稻經	1	◎	1		1	1	1			1		1		1	1	1
84	理生玉鏡稻品	1	◎	1		1	1	1			1		1		1	1	1
85	芋經	1	◎	1		1	1	1			1				1	1	1
86	逸民傳	2	◎	2		2	2	2	2		2	2			2	2	2
87	香案牘	1	◎	1		1	1	1	1		1		1		1	1	1
88	列仙傳	1		1		1	1	1	1		1				1	1	1
89	神仙傳	10	◎	1		1	1	1	1		1				1	1	1
90	續神仙傳	3	◎	1		1	1	1	1		1				1	1	1
91	集仙傳	13		1		1											1
92	貧士傳	2		2		2						2					2
93	梅墟先生別錄	2	◎			2	2	2	2		2	2			2	2	2
94	梅塢貽瓊	6	◎			6	6	6	6		6	6		6	6	6	6
95	五柳賡歌	4	◎	1		4	4	4	4		4		4	4	4	4	4
96	中峰禪師梅花百詠	1	◎			1	1	1	1		1	1	1		1	1	1
97	群仙乩語	1	◎			1	1	1	1		1	1			1	1	1
98	閒雲稿	4	◎			4	4	4	4	2	4		4	4	4	4	4
99	野人清嘯	2	◎	2		2	2	2	2		2				2	1	2
100	燎松吟	1	◎			1	1	1	1		1				1	1	1

	書名																	
101	尋芳咏	2	◎			1	2	2	2		2			2			2	2	2
102	千片雪	2	◎	2		1	2	2	2		2			2		2	2	2	2
103	鴛湖倡和稿	1	◎			1	1	1	1		1	1	1			1	1	1
104	山家語	1	◎			1	1	1	1		1	1	1	1		1	1	1
105	泛溯吟	1	◎			1	1	1	1		1	1	1			1	1	1
106	毛公壇倡和詩	1	◎			1	1	1	1		1	1	1	1		1	1	1
107	香奩詩草	2	◎			1	2	2	2		1	2				2	2	2
108	鶴月瑤笙	4	◎	4		4	4	4	4		4		4			4	4	4
109	宋明名公和陶詩	2		1			2					2	2					2
110	青蓮觴咏	2	◎	2		2	2	2	2		2		2			2	2	2
111	香山酒頌	2	◎	2		2	2	2	2		2		2		2	2	2	2
112	唐宋元明酒詞	2	◎	2		2	2	2	2		2		2		2	2	2	2
113	狂夫酒語	2	◎			2	2	2	2		2					2	2	2
114	農桑撮要		◎									1				1		
115	劉信傳		◎															
116	續易牙遺意			1								1						1
117	宣和石譜											1						
118	螺冠子自敘									1								
總計	卷數	196	/	84	9	148	165	160	86	5	161	91	65	48	17	164	155	172
	種類	113	107	57	7	104	106	106	49	3	105	55	41	28	6	107	105	109

附錄三：《夷門廣牘》各牘立目主旨

牘　名	主　　　　　　　旨
藝苑牘	原夫染翰之家，代擅經國，然巧拙具存，瑕瑜相掩，自非力扶奧眇，鑑晰淳漓，文轅既飾，司南曷指，況乎言籍則漆園並其於禺，譚嘯則蘇門撤其清響，是皆學海之遺珠，詞林之片玉也。輯藝苑牘。
博雅牘	人生坐甕牖中如醯雞耳，何暇步亥章之廣輪而問俗，叩雷煥之博識而辨名，手茲一編，以當九鼎。輯博雅牘。
尊生牘	嵇叔夜養生論詳矣，朝露石火，刹那不留，詎必石羋化而詫爲仙蹤，仙鶴歸而悲其塵世，服食養氣，以致脩齡，貴其身以爲天下，可不尚諸。輯尊生牘。
書法牘	雨粟夜哭之說，夐絕不經，歧陽嶧山之石，蕪沒滋久，繫至太傅長史，代擅名家，筆塚墨池，風流斯往，然范土爲金，土在而金不躍冶，因繩削枉，繩存而枉不遺形，溯古及今，其揆則一。輯書法牘。
畫藪牘	宋元君之史，以盤礴見珍，而族工不能師其遺意，題門而百萬頓失，攬圖而三都如掌，不有師承，其安及此。輯畫藪牘。

食品牘	昔稱三世長者知被服五世長者知飲食，故有炊辨勞薪，飲別澠水，仗節則山薇可飱，憂時則水蓴可羹者，進於味矣。矧乎書尚德，將詩稱眉壽，一獻而勤百拜，單醪而走三軍，則徐邈之中聖奚疒，伯倫之解酲非妄，如必列鼎染指，刺齒肥梁以爲愉快，可戒而不可尙也。輯食品牘。
娛志牘	五絃肇於潙聖，魯皷著於禮經，要以陶淑中和，罔□于樂，歷世綿邈，浸失其源，而博奕馬戲彈丸迷藏諸技，雜俎並出，然澀水緊之折衝，長門破其寂歷，莫不妙析成虧，理通輸墨，宣尼賢□之嘆，恆必由斯。輯娛志牘。
雜占牘	五德之運既開，凡七之籌斯衍，而時日有向背，丘陵有牝牡，從來遠矣，下至弓□應占於虺夢，物色兆啓乎龍顏，決若發覆，冥同司契，術雖纖細，寔開吉凶順逆之途，又可廢乎？輯雜占牘。
禽獸草木牘	孔子曰：「小子何莫學夫詩，多識於鳥獸草木名。」故風翔雨舞並載於周經，杜若江蘺，見咨於楚客，至於譚偉異，則禽稱胎化，辨名實，則草號蹲鴟莎雞振，知物候之頻移，蘭菊芳，增雄圖之忼慨，自非伯翳，熟悉厥名。輯禽獸草木牘。
招隱牘	至夫害馬對於帝師，楚鳳歌而傲聖，遁跡逃名，隱身絕俗，食必遺穗，居必墻東，兼有穀城之老爲石，□山之客駪皇，俾夫式其廬而驕色鉏乎腐鼠，挹其貌而操心釋其飲水，懷素棲託，曷以尙茲。輯招隱牘。

附錄四：周履靖交遊往來人物資料簡表

說明：

◆ 本表歸納晚明山人〔明〕周履靖交遊人物的考訂，周氏雖爲晚明聲氣頗廣的山人，然而卻與目前所能見零星記載洽成反比，因此，欲進一步解讀其生活文化樣貌，非得旁及其社會生活中的群己互動關係，透過本表的初步整理，當可適度地了解〔明〕周履靖的社交網絡，爲山人相關研究提供更豐富訊息，此亦爲筆者整理本表動機之一。

◆ 本表主要觀察文本乃依據〔明〕周履靖著作：《夷門廣牘》、〈螺冠子自序〉與〈梅顚道人傳〉等所提及、酬答、贈和之文人。另外，本表所列的「交遊往來人物」限於雙方有實際互動者，若如《毛公壇倡和》純粹是〔明〕周履靖個人賡和他人詩作者，暫不列入。

◆ 目前知見〔明〕周履靖生平資料極爲零星稀薄，筆者嘗試從這些往來文友的作品中反察他的相關記錄；然而，循此方式檢閱後發現，在這些所得的寥寥數條記載中，泰半可見於《夷門廣牘》之中。職是，本表擬不重複列出。

◆ 表中所涉及之明代文人生平小傳乃根據文後參考書籍所臚列者，主要乃在呈顯文人生平梗槪，及其與〔明〕周履靖詩文唱和贈答。再者，凡表中所記錄之一切生平資料，必據後文所列相關重要工具書爲確，未詳或不確定

資料來源者，一概不錄，以「不詳」或「×」表之。

◆ 表中文人資料分作三類項，第一類為文人生平傳略；第二類為文人所題贈作序者；第三類項為〔明〕周履靖作品中所提及、唱和、贈文者；例如：

劉　鳳 （1519～1600）	一	字子威，號羅陽，長洲人。嘉靖二十三年進士，授中書舍人，擢禦史，巡按河南，投劾歸。家多藏書，勤學博記，著有《續吳先賢贊》、《雜俎》、《子威集》。
	二	《夷門廣牘》序、〈螺冠子傳〉（頁 947～949）、《梅塢遺瓊》954、970、989、1000、1002、《五柳賡歌》序 1011、《繪林題識》436。
	三	〈螺冠子自序〉

第一類項乃是〔明〕劉鳳生平傳略資料；第二類項則是〔明〕劉鳳為〔明〕周履靖作品所題贈作序者，包括有《夷門廣牘》序、〈螺冠子傳〉、《五柳賡歌》序，以及《梅塢貽瓊》與《繪林題識》所收錄之贈文；第三類項則是〔明〕周履靖於其作品中言及〔明〕劉鳳者，如〈螺冠子自序〉：「論藝苑……劉侍御羅陽『句有寒霞色，書多倒薤文』。」

◆ 本表因所考訂文人生平資料詳簡不一，可大別為三類，依次如下：

壹、具詳備生卒年與相關生平資料者，依據出生早晚依序臚列。

貳、具相關生平資料卻未詳生卒年者，依據姓氏筆劃臚列。

參、生卒年與相關資料皆不詳者，依據姓氏筆劃臚列。

◆ 主要參考資料來源：

書籍：（依年代、出版時間順序）

1. 〔清〕錢謙益：《列朝詩集小傳》（台北：世界書局，1985 年）。

2. 〔清〕潘介社：《明詩人小傳稿》（台北：國立中央圖書館，1986 年）。

3. 楊立誠、金部瀛合編：《中國藏書家考略》（台北：文海出版社有限公司，1971 年 10 月）。

4. 杜聯喆：《明人自傳文鈔》（台北：藝文印書館，1977 年）。

5. 國立中央圖書館編：《明人傳記資料索引》（台北：文史哲出版社，1978 年）。

6. 王重民：《中國善本書提要》（台北：明文書局，1984 年）。

7. 張慧劍：《明清江蘇文人年表》（上海：上海古籍出版社，1986 年）。

8. 引得編纂處：《八十九種明代傳記綜合引得》（北京：中華書店，1987 年）。

9. 梁戰、郭群一合編：《歷代藏書家辭典》（陝西人民出版社，1991 年 10月）。

10. 池秀雲：《歷代名人室名別號辭典》（山西古籍出版社，1993 年）。

11. 繆詠禾：《明代出版史稿》（江蘇人民出版社，2000 年 10 月）。

12. 李崇智編：《中國歷代年號考》（北京：中華書局，2001 年）。

13. 楊廷福、楊同甫編：《明人室名別稱字號索引》（上海：上海古籍出版社，2004 年）。

網站：

1. 台灣國家圖書館網站：http://www2.ncl.edu.tw/

2. 漢學研究中心「明人文集聯合目錄資料庫」：

http://ccs.ncl.edu.tw/data.html

壹、具詳備生卒年與相關生平資料者

姓　名	類項	交　遊　往　來　資　料
文彭 （1489～1573）	一	字壽承，號三橋，長洲人，文徵明長子，擢南京國子助教，富藏書，精鑒別。工詩、書畫、篆刻。有《博士集》。
	二	《梅塢遺瓊》
	三	〈螺冠子自序〉
皇甫汸 （1498～1584）	一	字子循，號百泉，長洲人，皇甫涍的弟弟。嘉靖八年進士，以吏部郎中左遷大名通判，政餘不廢吟詠，尤工書法。著《百泉子緒論》、《解頤新語》、《皇甫司勳集》。
	一	〈螺冠子傳〉贊、《梅塢遺瓊》、《閒雲稿》序、《繪林題識》、《茹草編》跋
	三	〈螺冠子自序〉、《閒雲稿》
項元淇 （1500～1572）	一	字子瞻，號少嶽（岳），嘉興人，忠曾孫。謁選爲上林錄事，狷介寡儔，不事生產。於畫無所不窺，工詩古文辭，小楷嚴整，尤善草書，隆慶六年卒，年七十三。有《少嶽山人集》。
	二	《梅塢遺瓊》
	三	〈螺冠子自序〉
文嘉 （1501～1583）	一	字休承，號文水，奢英堂是藏書室名。弘治十四年生，萬曆十一年卒。文徵明次子。著有《和州集》、《書畫紀》等書。
	二	〈螺冠子傳〉贊、《梅塢遺瓊》、《赤鳳髓》跋、《繪林題識》
	三	〈螺冠子自序〉、《閒雲稿》

張之象 （1507～1587）	一	字元起、月鹿，吳縣人，弘志九年生，萬曆五年卒，嘉靖中官浙江按察司知事，投劾歸。猗蘭堂是其藏書室名。嘉靖三十三年刻《鹽鐵論》十二卷。又稱張王屋、王屋山人。
	二	〈螺冠子傳〉贊、《梅塢貽瓊》序
	三	〈螺冠子自敘〉
黃姬水 （1509～1574）	一	字淳父，號質山，吳縣人，黃省曾之子。有文名，學書於祝允明，傳其筆法，工詩。有〈貧士傳〉、《白下集》、《高素齋集》。
	二	《梅塢遺瓊》
	三	〈螺冠子自序〉
陸樹聲 （1509～1605）	一	字與吉，號平泉，明松江華亭人，嘉靖二十年會試第一，歷官太常卿，掌南京祭酒事，神宗初累拜禮部尚書。著《平泉題跋》、《茶寮記》、《汲古叢語》、《病榻寱言》、《耄餘雜識》、《長水日鈔》、《陸學士雜著》、《陸文定公書》。
	二	《繪林題識》
	三	〈螺冠子自序〉
侯一元 （1511～1585）	一	字舜舉，號二穀，樂清人，廷訓之子。舉嘉靖十七年進士，歷官江西布政使，所至有惠政，卒年七十五。有《詩文集》、《二穀讀書記》。
	二	《梅塢遺瓊》、《茹草編》跋
	三	〈螺冠子自序〉
茅坤 （1512～1601）	一	字順甫，號鹿門，明歸安人，正德七年生，萬曆二十九年卒，白華樓是其藏書室名，嘉靖十七年進士，累官廣西兵備僉事。著《茅鹿門先生文集》、《白華樓藏稿》、續稿、《島人傳三益先生傳》、《吟稿》、《玉芝山房稿》、《耄年錄》、《徐海本末》、《浙省份署記事本末》。編有《唐宋八大家文鈔史記鈔》。
	二	〈螺冠子傳〉贊、《梅塢遺瓊》、《五柳賡歌》序、《香奩詩草》序
	三	〈螺冠子自序〉、《閒雲稿》、《燎松吟》
俞允文 （1513～1579）	一	字仲蔚（尉），吳郡崑山人。年十五，爲馬鞍山賦，長老異之。年未四十，謝去諸生，專力於古文詩畫。與王世貞友善，爲嘉靖五子之一，萬曆七年卒，年六十七。有《俞仲蔚集》。
	二	《梅塢遺瓊》
	三	〈螺冠子自序〉
周天球 （1514～1595）	一	字公瑕，號幼海，太倉人。正德九年生，萬曆二十三年卒。隨父徙吳，從文徵明遊。善寫蘭草，尤善大小篆、古隸、行楷，一時豐碑大碣，皆出其手，藏書室名「玄泊齋」、「凝碧堂」。萬曆二十三年卒，年八十二。

	二	《梅塢遺瓊》、《繪林題識》
	三	〈螺冠子自序〉、《閒雲稿》
歐大任 （1516～1595）	一	字楨伯，順德人。讀書續言，確有元本，嘉靖時以貢生歷官國子博士，終南京工部郎中，王世貞品爲廣五子之一，年八十，有《虞部集》。
	二	《梅塢遺瓊》
	三	〈螺冠子自序〉
徐中行 （1517～1578）	一	字子與（或有作名子與，字中行），號龍灣，明長興人。字稱天目山人。嘉靖二十九年進士，授刑部主事，累官至江西左布政使。《天目山堂集》、《青夢館詩》。
	二	《梅塢遺瓊》
	三	〈螺冠子自序〉
沈明臣 （1518～1587）	一	字嘉則，鄞縣，諸生。爲胡宗憲書記，有詩名。著有《越草》、《豐對樓詩選》、《荊溪唱和詩》、《吳越遊稿》。
	二	《梅塢遺瓊》、《繪林題識》
	三	〈螺冠子自序〉
文肇祉 （1519～1587）	一	字基聖，號鴈峰，明代長洲人，正德十四年生，萬曆十五年卒。
	二	《梅塢遺瓊》
	三	〈螺冠子自序〉
劉　鳳 （519～1600）	一	字子威，號羅陽，長洲人。嘉靖二十三年進士，授中書舍人，擢禦史，巡按河南，投劾歸。家多藏書，勤學博記，著有《續吳先賢贊》、《雜俎》、《子威集》。
	二	《夷門廣牘》序、〈螺冠子傳〉、《梅塢遺瓊》、《五柳賡歌》序、《繪林題識》
	三	〈螺冠子自序〉、《閒雲稿》、《燎松吟》
吳國倫 （1524～1593）	一	字明卿，號川樓，亦號南嶽山人，湖廣興國人。嘉靖二十九年進士，擢兵科給事中。楊繼盛死，忤嚴嵩，謫南康推官。嵩敗，起建寧同知，累遷河南左參政，大計罷歸，卒年七十。國輪才氣橫放，好客輕財，工於詩，與李攀隆等號後七子。著有《洞稿》、《續稿》傳世。
	二	《梅塢遺瓊》
	三	〈螺冠子自序〉
項元汴 （1525～1590）	一	字子京，號墨林山人、香嚴居士、退密齋主人，嘉興人，天籟閣、學谷堂是藏書室名。工繪畫，精於鑑賞，其所藏法書名畫，極一時之盛，嘉靖四年生，萬曆十八年卒。刊有天賴閣帖，清兵至嘉禾，所藏皆爲汪六水所奪。著《墨林山堂詩集》。

	二	《梅塢遺瓊》、《繪林題識》
	三	〈螺冠子傳〉贊、《閒雲稿》
沈啓源 （1526～1591）	一	字道初，號霓川，秀水人，諡之子。嘉靖三十八年進士，授南屯部郎，累官至陝西按察副使，卒年六十六。著有《鸜園草》、《巢雲館詩紀》。
	二	《梅塢遺瓊》
	三	〈螺冠子自序〉、《閒雲稿》
王世貞 （1526～1590）	一	字元美，號鳳州，又號弇州山人，有弇山堂藏書，明太倉人，嘉靖五年生，萬歷十八年卒（明史稿雲：萬曆二十一年卒），嘉靖二十六年進士，爲刑部主事，後累官刑部尙書。《弇州山人四部稿》、續稿二百零七卷、《讀書後》、《世說新語補》、《弇州稿選》、《全唐詩說》、《弇州堂別集》。
	二	《梅塢遺瓊》、《繪林題識》
	三	〈螺冠子自序〉、《閒雲稿》
張鳳翼 （1527～1614）	一	字伯起，號凌虛，長洲人。嘉靖四十三年舉人。好塡詞，嘗作《紅拂記》等傳奇，有聲於時。著有《處實堂集》、《占夢類考》、《文選纂注》、《海內名家工畫能事》。
	二	《梅塢遺瓊》、《繪林題識》
	三	〈螺冠子自序〉、《閒雲稿》、《燎松吟》
韓世能 （1528～1598）	一	字存良，號敬堂，長州人。隆慶二年進士，選庶吉士，館師趙貞吉目爲佛地位中人，授編修，與修世宗、穆宗實錄，充經筵日講官，官至禮部佐侍郎，以疾歸，卒年七十一。世能恬於榮利，奉使朝鮮，冊封楚藩，餽贈一無所受，嘗自言無一事無一語不實，而亦不務矯抗以博譽。著有《雲東拾草》。
	二	《繪林題識》
	三	〈螺冠子自序〉
姚宏謨 （1531～1589）	一	字繼文，號禹門。浙江秀水人。嘉靖三十二年進士，選庶起士，授編修，以文字忤當道，左遷六安州判。歷江西參政、國子祭酒，官至吏部侍郎，卒年五十九歲。著《寶綸閣集》。
	二	《梅塢遺瓊》
	三	〈螺冠子自序〉
孫克弘 （1533～1611）	一	字允執，號雪居，松江華亭人，承恩之子，以蔭官漢陽知府，忤高拱罷歸，築室北俞堂終老。「青華館」、「敦復堂」、「映雪齋」、「東郭草堂」皆是其藏書室名。蒙受應天治中，擢知漢陽府，善山水花鳥、水墨寫生，竹石蘭草，皆有所精，且善作釋像。
	二	《繪林題識》
	三	〈螺冠子自序〉、《泛泖吟》

袁　黃 （1533～1606）	一	字坤儀，號了凡，吳江人，萬曆進士，知寶坻縣，有善政，擢兵部主事。博學尚奇，凡河洛象緯律呂水利戎政，旁及句股堪輿星命之學，莫不究涉。嘗導人持功過格，鄉里稱爲愿人。著《兩行齋集》、《皇都水利》、《評注八代文宗》、《袁了凡綱鑒》。
	二	《繪林題識》
	三	〈螺冠子自序〉
王錫爵 （1534～1610）	一	字元馭，號荊石，賜書堂是其藏書室名，明太倉人，嘉靖十三年生，萬曆三十八年卒。嘉靖會試第一，廷對第二，授編修，萬曆初掌翰林院，累官禮部尚書兼文淵閣大學士，後改禮部尚書。著《王文肅集》、《疏草》。卒諡文肅。
	二	《繪林題識》
	三	〈螺冠子自序〉
包檉芳 （1534～1596）	一	字子柳，號瑞溪，嘉興人。嘉靖三十五年進士，授魏縣令，遷刑部主事，歷陞禮部郎中，以忤高拱謫判揚州轉運，旋改邵武同知，解官歸，卒年六十三歲。
	二	《梅塢遺瓊》
	三	〈螺冠子自序〉
張獻翼 （1534～1601）	一	字幼于，後更名敉，號壺梁，張鳳翼之弟，長洲人。爲人放誕不羈、言行詭異。著《讀易紀聞》、《讀易韻考》、《舞志》、《文起堂集》、《紈綺集》。
	二	《夷門廣牘》序、《梅塢遺瓊》、《五柳賡歌》序、《泛泖吟》序、《繪林題識》
	三	〈螺冠子自序〉、《閒雲稿》、《燎松吟》
申時行 （1535～1614）	一	字汝默，號瑤泉，明長州人，嘉靖十四年生，萬曆四十二年卒，嘉靖四十一年進士，歷左庶子掌翰林院事。萬曆中，累官吏部尚書，著《賜閑堂集》。
	二	《繪林題識》
	三	〈螺冠子自序〉
王穉登 （1535～1612）	一	字百穀，號玉遮山人，吳郡人。十歲能詩，名滿吳會。吳門自文徵明後，風雅無定屬，穉登嘗及徵明門，遙接其風，善詞翰之席者三十餘年。同時山人布衣，以詩名者十數，穉登爲最。萬曆中徵修國史，未上而史局罷，卒年七十八。著有《吳郡丹青志》、《奕史》、《吳社編》、《尊生齋》。
	二	《梅塢遺瓊》、《千片雪》序、《繪林題識》
	三	〈螺冠子自序〉、《閒雲稿》、《燎松吟》
宋應昌 （1536～1606）	一	字時祥，號桐岡，浙江仁和人。嘉靖四十四年進士，起山西絳州知州，累官山西副使。歷巡撫山東，上海防事宜，預策倭爲患，進選將、練兵、積粟三策。……著有《經略富國要編》。

	二	《山家語》序
	三	×
管志道 （1536～1608）	一	字登之，號東溟，婁江人。隆慶五年進士，官南京刑部主事，書陳利弊九事，忤張居正，出爲分尋嶺東道。以察典罷官，卒年七十三。著有《孟議訂測》、《問辨續》、《從先維俗議》、《覺迷蠡測》。
	二	《繪林題識》
	三	〈螺冠子自序〉
莫是龍 （1537～1587）	一	字雲卿，後以字行，更字廷韓，號秋水，又號後明，松江華亭人，如忠之子，十歲能文，擅長書畫，皇甫汸、王世貞輩極稱之，以貢生終。著有《石秀齋集》、《畫說》。
	二	《梅塢遺瓊》
	三	×
錢允治 （1541～1624）	一	初名府，以字行，更字功甫，錢穀之子，吳郡人。家貧好學，著有《少室先生集》，自編《箋釋國朝詩餘》，並刊刻多種醫書，如：《食物本草》、《日用本草》、《雷公炮制藥性解》。
	二	《繪林題識》
	三	《燎松吟》
黃洪憲 （1541～1600）	一	字懋中，號葵陽，嘉興人，隆慶五年進士，官至少詹氏，兼侍讀學士，嘗奉使朝鮮。洪憲以文受知張居政，居正敗，共誣以逆，洪憲曰，江陵誠驚，顧其輔幼主功，不當末滅分宜耶，因與眾不合歸，卒年六十。著《朝鮮國記》、《玉堂日鈔》、《碧山學士》。
	二	《夷門廣牘》序、〈梅虛別錄〉下卷、《梅塢遺瓊》、《五柳賡歌》序、《閒雲稿》序、《繪林題識》
	三	《閒雲稿》
屠　隆 （1542～1605）	一	字長卿、緯眞，號赤水，晚年號鴻苞居士，明鄞縣人。嘉靖二十一年生，萬曆三十三年卒。萬曆五年進士，除穎上知縣，調青甫，時招名士飲酒賦詩，縱遊九峰三泖而不廢吏事。著《白榆集》、《由拳集》、《鴻苞》、《考槃餘事》、《遊具雜編》。
	二	《梅塢遺瓊》、《五柳賡歌》序
	三	〈螺冠子自序〉、《閒雲稿》、《燎松吟》
馮夢禎 （1546～1605）	一	字開之，號具區，秀水人。萬曆五年會試第一，官編修，與沈懋學、屠隆以文章氣節相尚，忤張居正，病免。後復官，累遷南國子監祭酒，與諸生抵名節，正文體，尋中蜚語歸，年五十八卒。家藏《快雪特晴帖》，因此名其堂曰「快雪」。著有《歷代貢舉志》、《快雪堂集》、《快雪堂漫錄》。
	二	《梅塢遺瓊》、《繪林題識》
	三	〈螺冠子自序〉

唐文獻 （1549～1605）	一	字文徵，號抑所，松江華亭人。萬曆十四年進士第一，屢拜禮部右侍郎，掌翰林院事。初、文獻出趙用賢門，以名節相矜許，在官不負所言，卒諡文恪，著有《占星堂文集》。
	二	《繪林題識》
	三	〈螺冠子自序〉
何三畏 （1550～1624）	一	號士抑，華亭人。
	二	《夷門廣牘》序、《梅塢遺瓊》
	三	《鴛湖唱和》、《泛泖吟》
邢　侗 （1551～1612）	一	字子愿，臨清人，如墨從子。萬曆二年進士，官至陝西行太僕卿。善畫能詩文，書爲海內所珍。與董其昌、米萬鍾、張瑞稱邢張米董。琉球使者入貢，願小留，買侗書去。家財巨萬，築來禽館於古犁丘，減產奉客，歲至中落，卒年六十二。著有《來禽館集》、《來禽館帖》。
	二	《鴛湖唱和》序
	三	✕
翁正春 （1553～1626）	一	字兆震，號青陽，福建侯官人。萬曆二十年進士第一，授修撰，累遷禮部侍郎，極言缺失，帝不能用，以侍養歸。天啓初起禮部尙書，抗論忤魏閹，再乞歸，遂不出，年七十四卒，諡文簡。
	二	《鴛湖唱和》跋、《梅塢遺瓊》
	三	✕
楊繼禮 （1553～1604）	一	字石閭，華亭人，著有《遼陽從軍行》。曾被命參與修史，撰《外戚傳》等，未用。
	二	《繪林題識》
	三	〈螺冠子自序〉
沈自邠 （1554～1589）	一	字茂仁，號幾軒，嘉善人，啓源之子。萬曆五年進士，選庶起士，授檢討，進修撰。十七年卒，年三十六歲。
	二	《梅塢遺瓊》
	三	〈螺冠子自序〉
董其昌 （1556～1637）	一	字元宰，號思白，家有戲鴻堂藏書，明松江華亭人，嘉靖三十四年生，崇禎九年卒，萬曆十七年進士，改庶起士，授編修，後爲湖廣副使。修《神宗實錄》擢禮部右侍郎，尋轉左侍郎，拜南京禮部尙書。著《容台文集》、詩集、別集、《畫禪室隨筆》、《筠軒清祕錄》、《學科考略》。
	二	《繪林題識》
	三	〈螺冠子自序〉、《鴛湖唱和》

姓名	類項	交遊往來資料
陳繼儒 （1558～1639）	一	字仲醇，號眉公、麋公，明松江華亭人，時人以「山人」目之，生於嘉靖三十七年，卒於崇禎十二年。寶顏堂、晚香堂是其藏書室，嘉靖三十七年生，崇禎十二年卒。著作廣博，包括《陳眉公先生全集》、《晚香堂小品》、《眉公雜著》，編有《寶顏堂秘笈》等。
	二	〈螺冠子傳〉贊、《梅塢遺瓊》、《泛泖吟》序、《繪林題識》，頁443。
	三	〈螺冠子自序〉、《鴛湖唱和》、《燎松吟》、《泛泖吟》
李日華 （1565～1635）	一	字君實，號竹懶、九疑山人、嘉興人，萬曆二十年進士。工書畫、精鑒賞，世稱博物君子。王惟儉語董奇昌並，李日華亞之。著《官制備考》、《姓氏譜纂》、《檇李叢談》、《書畫想像錄》、《紫桃軒雜綴》、《竹懶畫○》、《六研齋筆記》。
	二	〈梅墟先生別錄〉、《梅塢遺瓊》、《群仙降乩語》後序
	三	《閒雲稿》
胡震亨 （1569～1645）	一	字君鬯，後改字孝轅，號遁叟，海鹽人。擔任固城孝渝、合肥知縣、兵部職方員外郎。其父喜藏書，名「好古堂」。胡震亨繼承父業，藏書萬卷以上，且多秘冊異書。他周圍還有一批朋友，互相切磋觀摩，人稱他們為「讀書種子」。著有《海鹽縣圖經》、《靖康資鑒錄》、《讀書雜錄》等。
	二	《禽經》序
	三	✕

貳、具相關生平資料卻未詳生卒年者

姓名	類項	交遊往來資料
王文祿 （生卒年不詳）	一	字世廉，號沂陽，海鹽人，嘉靖十年舉士。性嗜書，遇有異書輒傾囊購之，得必手校。著有《廉矩》、《文脈》。
	二	〈螺冠子傳〉贊、《梅塢遺瓊》、《赤鳳髓》序、《赤鳳髓》跋
	三	〈螺冠子自序〉
王寅 （約嘉靖前後 十年在世）	一	字仲房，一字亮卿，號十嶽山人，明歙縣人，著《十嶽山人詩集》。
	二	《梅塢遺瓊》
	三	〈螺冠子自序〉
王復原 （生卒年不詳）	一	字子復，泰和人。洪武二十九年舉人，授廣東化州學正，陞國子博士，預修五經性理大全諸書。洪熙元年休太宗實錄，館閣擬以薦之，未奏而卒。
	二	《梅塢遺瓊》
	三	✕

方　澤 （嘉靖末前 後在世）	一	字雲望，僧人，法號釋冬溪，明嘉善人。約嘉靖末前後在世，居秀水精嚴室，戒學具高，著《東溪集》。
	二	《梅塢遺瓊》
	三	〈螺冠子自序〉、《閒雲稿》
戒　襄 （生卒年不詳）	一	字子成，僧人，號平野，海鹽天寧寺僧，石林瑛公之法孫，著有《禪餘集》。
	二	《梅塢遺瓊》
	三	✕
沈懋孝 （生卒年不詳）	一	字幼眞，號晴峰，平湖人。隆慶二年進士，選庶吉士，授編修，進修撰，遷南司業，謫南淮鹽運司判官。著有《淇林雅詠》、《沈司成全集》。
	二	《梅塢遺瓊》、《五柳廥歌》、序《繪林題識》
	三	〈螺冠子自序〉
沈思孝 （生卒年不詳）	一	字純父，號繼山，嘉興人。隆慶二年進士，授番禺知縣，以廉潔聞，萬曆間累官右督禦史。思孝素以直節高天下，然尚氣好勝，動輒多忤，頗被物議，引疾歸。著有《秦錄》、《晉錄》、《溪山堂草》。
	二	《梅塢遺瓊》
	三	✕
沈　鑒 （生卒年不詳）	一	字汝明，號繼山。明無錫人，嘉靖進士，著《禹貢山川郡邑考》。
	二	✕
	三	〈螺冠子自序〉、《閒雲稿》
沈　野 （生卒年不詳）	一	字從先，吳縣人。爲人孤僻寡合，不能治生，傲廡吳市旁，教授里中，下簾買藥，雖甚飢寒，人不可得而衣食之也。曹能始見其詩，激賞之，延致石倉園，題其所居之室曰「吳客軒」。著有《臥雪》、《燃枝》、《閉戶》、《榕城》等諸集。
	二	✕
	三	《燎松吟》
李　奎 （生卒年不詳）	一	字伯文，號珠山，歸安人。起家刀筆，官錦衣從事。長於詩，與李攀龍、徐中行、謝榛爲詩社，共唱和。著有《閩中》、《遊燕》諸稿，卒年八十二。
	二	《梅塢遺瓊》
	三	✕
李廷機 （生卒年不詳）	一	字爾張，號九我，晉江人。萬曆十一年進士，累觀禮部尙書，入參機務，遇事有執，性廉潔，然刻深偏愎，不諳大體。言路以其與申時行、沈一貫輩密相授受，交章逐之，遂乞休，卒諡文節。著有《李文節集》。

	二	《梅塢遺瓊》
	三	〈螺冠子自序〉
李 培 （生卒年不詳）	一	字培之，嘉興人。著有《水西集》、《北游草》。
	二	《繪林題識》
	三	《尋芳稿》
李元昭 （生卒年不詳）	一	字用晦，號岣嶁，杭州人。世襲千戶，棄去不就，與童南衡、方十洲輩，結社西湖。好煉丹服食，自詭能度世。著有《岣嶁山房集》。
	二	《梅塢遺瓊》
	三	《閒雲稿》
李 翹 （生卒年不詳）	一	字時實，號青霞，華亭人。著有《樵雲居稿》。
	二	《梅塢遺瓊》
	三	✕
吳孺子 （生卒年不詳）	一	字少君，號破瓢道人、玄鐵，明蘭溪人，隆慶末卒。志行高尚，好離騷老莊，工詩。日閉門危坐，或問之，曰吾尋味好客話言耳。後居僧寺，自稱破瓢道人。
	二	〈螺冠子傳〉贊、〈梅墟先生別錄〉
	三	〈螺冠子自序〉、《閒雲稿》
卓明卿 （生卒年不詳）	一	字澂甫，號月波，錢塘人。萬曆中由國子監生官光錄寺署正，卒年六十。著有《卓氏藻林》、《卓光錄集》、《卓澂甫詩續集》、《唐詩類苑》。
	二	《梅塢遺瓊》
	三	〈螺冠子自序〉
岳 岱 （生卒年不詳）	一	字東伯，號漳餘子，自稱秦餘山人，蘇州人。
	二	《梅塢遺瓊》
	三	〈螺冠子自序〉
姚士粦 （生卒年不詳）	一	字叔祥，海鹽人。國子生，才學奧博，蒐討秦漢以來遺文秘簡，撰祕冊彙函若干卷，跋尾各繫考據，具有原委。年九十餘，經亂窮餓以死。著有《蒙吉堂詩集》。
	二	編訂《梅塢貽瓊》
	三	✕
袁福徵 （生卒年不詳）	一	號履善，松江華亭人。嘉靖二十三年進士，受刑部主事，出守沔陽，歷唐府長史，以註誤下詔獄，久而始解。著有《袁履善集》。
	二	《籍記》後序、《繪林題識》
	三	✕

陳泰交 （生卒年不詳）	一	初名元侃，字三緘，又字墀孚，更字周倩，號鰈海，秀水人。萬曆中國子生。著有《齋志先生集》、《尚書註考》。
	二	《繪林題識》
	三	✕
陳懿典 （生卒年不詳）	一	字孟常，秀水人。萬曆己卯舉鄉薦第一，壬辰進士，入翰林，受編修不赴，歷官春坊中允，假歸。崇禎初，起為少詹事，著《吏隱齋集》二十一卷。
	二	《繪林題識》
	三	✕
陳光贊 （生卒年不詳）	一	字季襄，號方石，嘉興人。萬曆己卯舉人，著有《川流集》。
	二	《梅塢遺瓊》
	三	✕
陳　燿 （生卒年不詳）	一	字德光，號龍川，嘉興人。
	二	《梅塢遺瓊》，頁 979。
	三	《燎松吟》、《尋芳稿》、《鴛湖唱和》、《泛泖吟》
陳所學 （生卒年不詳）	一	字正甫，一字志圓，號海陽，景陵人。萬曆癸未進士，官戶部郎中。著有〔崇禎〕《隆平縣志》、《穎水遺編》。
	二	《梅塢遺瓊》
	三	✕
陸元厚 （生卒年不詳）	一	號平皋，嘉興人。家貧為童子師。喜蓄異書，學俸多為書盡。嘗書摹《急就篇》宛逸有態。畫工草蟲，不多為人作。
	二	《茹草編》、《梅塢遺瓊》
	三	✕
陸鳳儀 （生卒年不詳）	一	字舜卿，號陽山，浙江蘭溪人。嘉靖三十五年進士，萬曆十一年起吏科左給事中，未任卒。
	二	《梅塢遺瓊》
	三	✕
陸士仁 （生卒年不詳）	一	字文近，號承湖，一作澄湖，長洲人，師道子。諸生，畫山水筆法雅潔書亦如之。
	二	《繪林題識》
	三	《燎松吟》
曹子念 （生卒年不詳）	一	字以新，太倉人。王元美的外甥，所謂近體歌行，酷似其舅者也。為人偶儻，重然諾，有河朔俠士之風。元美歿，移居吳門，蕭然窮巷，門無雜賓，與王百穀先後卒。

	二	《繪林題識》
	三	〈螺冠子自序〉
戚元佐 （生卒年不詳）	一	字希仲，號中嶽，明秀水人。嘉靖進士，著《青黎集》、《儁李往哲傳》。
	二	《梅塢遺瓊》
	三	〈螺冠子自序〉
馮皋謨 （生卒年不詳）	一	字禹卿，號養白，學者稱豐陽先生，海鹽人。嘉靖二十九年進士，授刑部主事，擢禦史，官至福建布政司參政，在粵時，平盜敗倭，皆有功，卒年七十五歲，有《豐陽集》。
	二	《梅塢遺瓊》
	三	〈螺冠子自序〉
馮大受 （生卒年不詳）	一	字咸甫，華亭人，馮行可之子。萬曆七年舉人，除山陽知縣。著有《行素園集》、《咸甫詩集》。
	二	✕
	三	《鴛湖唱和》
彭輅 （生卒年不詳）	一	字子殷，號沖溪，嘉興人，嘉靖丁未進士，除將西布政，照磨遷知新淦縣，左遷應天教授，轉國子博士，陞南刑部主事，以察典罷歸。著有《沖溪先生集》。
	二	〈梅墟先生別錄〉卷上「名公跋語」、〈螺冠子傳〉贊、《梅塢貽瓊》序、《群仙降乩語》序、《閒雲稿》序、《赤鳳髓》序、《茹草編》序
	三	〈螺冠子自序〉、《閒雲稿》
黃承玄 （生卒年不詳）	一	字履常，號與參，嘉興人，黃洪憲之子。萬曆十四年進士，授工部主事，出理張秋河道，時議濬泇河以濟運，承玄實經始之。歷官副都御史，巡撫福建，所至有聲績。著有《盟鷗堂集》、《北河紀略》、《河漕通考》等書。
	二	✕
	三	《鴛湖唱和》
智舷 （生卒年不詳）	一	字葦如，僧人，法號釋秋潭，明嘉興人，住秀水金明寺，自稱黃葉老人，善草書著《黃葉庵集》。
	二	《梅塢遺瓊》
	三	〈螺冠子自序〉、《閒雲稿》、《燎松吟》、《鴛湖唱和》、《泛泖吟》
斯學 （生卒年不詳）	一	字悅支，號庚山，初度於海鹽慈會寺，後隱臨祐道林庵，終焉。與四明沈嘉則、同里姚叔祥善。著有《幻華集》。
	二	《梅塢遺瓊》
	三	《鴛湖唱和》、《泛泖吟》

葛　昕 （生卒年不詳）	一	字幼明，號龍池，德平人，守禮孫。由都督府都事遷公部屯田司郎中，風節侃侃不阿，官至尚寶卿。爲文疏爽雋快，著有《集玉山房稿》。
	二	《梅塢遺瓊》
	三	✕
鄔佐卿 （生卒年不詳）	一	字汝翼，號龍門，丹徒人，鄔紳之子。天性樸雅，不事奔競。楷書臨黃庭經，詩工唐律，不與人爭長，用自愉悅而已。
	二	《梅塢遺瓊》
	三	〈螺冠子自序〉、《閒雲稿》
葉之芳 （生卒年不詳）	一	字茂長，號雪樵，無錫人。以能詩出遊人間，好使酒罵坐。鄒彥吉與之同里，繆相延重，而心殊苦之，知其人亦豪士也。
	二	《梅塢遺瓊》
	三	〈螺冠子自序〉
董嗣成 （生卒年不詳）	一	字伯念，號青芝，烏程人，尚書份孫。善吟詠，工書法，旁及繪事。萬曆庚辰進士，受禮部主事，歷郎中，以立儲建言削籍。著有《青棠集》、《茅經編》。
	二	《毛公壇唱和》序
	三	✕
鄭琰 （生卒年不詳）	一	號翰卿，閩縣人。布衣，任豪俠，遨遊邊塞，閩中詞館諸人爭延致之，高文典冊，多出其手。之金陵新安，富人吳生延居幸舍，以上客禮，醉輒謾罵；後吳與其兄構訟，疑琰泄其陰事，文致捕置京兆獄，竟庚死獄中。詩工七言，集中多悲壯語，編有《梅墟先生別錄》一卷。
	二	〈梅墟先生別錄〉卷上「名公跋語」、〈梅墟先生別錄〉卷下、《梅塢遺瓊》
	三	《燎松吟》、《鴛湖唱和》.
錢應晉 （生卒年不詳）	一	字次卿，號惺吾，海鹽人。萬曆丙子舉人，官蓬州知州，著有《閬風館集》。
	二	《梅塢遺瓊》
	三	✕
冀體 （生卒年不詳）	一	字肖甫，號鳴寰，武安人。萬曆中官禦史，趙志皋爲首輔，冀體上疏極論志皋不可不去。帝怒，責對狀，抗辭不屈，斥爲民，後累薦不起卒。
	二	《梅塢遺瓊》
	三	✕

戴鳳翔 （生卒年不詳）	一	字志曾，號春宇，浙江嘉興人。嘉靖三十八年進士，由行人選吏科給事中，擢寧國府知府，改九江，萬曆十一年聽調歸。
	二	《繪林題識》
	三	×
豐坊 （生卒年不詳）	一	字存禮，後更名道生，字人翁，別號南禺外史，鄞縣人，豐熙之子。嘉靖二年進士。博學多聞，尤善書，家有萬卷樓，蓄書萬卷。性介僻，滑稽玩世，居吳中，貧病以死。著有《易辨》、《古書世學》、《春秋世學》、《萬卷樓遺集》等。
	二	《梅墟遺瓊》
	三	〈螺冠子自敘〉
嚴從簡 （生卒年不詳）	一	字仲可，號紹峰，嘉興人。嘉靖三十八年進士，授行人，選工科給事中，遷刑科右給諫。著有《殊域周知錄》。
	二	《梅墟遺瓊》
	三	〈螺冠子自序〉

參、生卒年與相關資料皆不詳者

姓　　名	類項	交　遊　往　來　資　料
王崐崙 （生卒年不詳）	一	×
	二	×
	三	〈螺冠子自序〉
王麟趾 （生卒年不詳）	一	號明野，德平人。
	二	《梅墟遺瓊》
	三	×
王野賓 （生卒年不詳）	一	×
	二	×
	三	《燎松吟》
王靈嶽 （生卒年不詳）	一	×
	二	《繪林題識》
	三	×
仇俊卿 （生卒年不詳）	一	號謙謙，海鹽人。
	二	《梅墟遺瓊》
	三	×

仇雲鳳 （生卒年不詳）	一	號三謙，海鹽人。
	二	《梅塢遺瓊》、《茹草編》跋
	三	✕
方大年 （生卒年不詳）	一	號研山，吳興人。
	二	《梅塢遺瓊》
	三	✕
包文衡 （生卒年不詳）	一	✕
	二	《鴛湖唱和》序
	三	《閒雲稿》
包世杰 （生卒年不詳）	一	字襲明，嘉興人。
	二	✕
	三	《鴛湖唱和》
朱養純 （生卒年不詳）	一	✕
	二	✕
	三	〈螺冠子自序〉
朱象衡 （生卒年不詳）	一	號漁亭，嘉興人。
	二	《梅塢遺瓊》
	三	✕
朱鳳翔 （生卒年不詳）	一	✕
	二	《尋芳咏》序
	三	✕
朱朝貞 （生卒年不詳）	一	字孟元，華亭人。
	二	✕
	三	《鴛湖唱和》
朱文夫 （生卒年不詳）	一	✕
	二	✕
	三	《閒雲稿》
百瓢道人 （生卒年不詳）	一	✕
	二	《梅塢遺瓊》
	三	《閒雲稿》

李九標 （生卒年不詳）	一	號景崗
	二	《梅塢遺瓊》
	三	✕
李雲麓 （生卒年不詳）	一	✕
	二	✕
	三	《燎松吟》
李通江 （生卒年不詳）	一	海鹽人。
	二	《梅塢遺瓊》
	三	✕
吳惟貞 （生卒年不詳）	一	號鳳山
	二	《梅塢遺瓊》、《繪林題識》、《茹草編》跋
	三	✕
吳次仲 （生卒年不詳）	一	號青蓮，華亭人。
	二	《梅塢遺瓊》
	三	✕
何繩武 （生卒年不詳）	一	✕
	二	✕
	三	〈螺冠子自序〉
汪子建 （生卒年不詳）	一	字顯節，號漢陽，歙縣人。
	二	《梅塢遺瓊》、《繪林題識》
	三	《燎松吟》
沈瑞鍾 （生卒年不詳）	一	✕
	二	《繪林題識》
	三	✕
沈紹文 （生卒年不詳）	一	字孺休，華亭人。
	二	✕
	三	《鴛湖唱和》
沈槱咸 （生卒年不詳）	一	✕
	二	✕
	三	《燎松吟》

沈涵所 （生卒年不詳）	一	×
	二	×
	三	《尋芳稿》
周紹濂 （生卒年不詳）	一	號蒼濂，嘉興人。
	二	《梅塢遺瓊》、《茹草編》跋
	三	×
周後峰 （生卒年不詳）	一	號後峰
	二	《梅塢遺瓊》
	三	《閒雲稿》
范之箴 （生卒年不詳）	一	號鏡川，嘉興人。
	二	《梅塢遺瓊》
	三	〈螺冠子自序〉
范闓風 （生卒年不詳）	一	歸安人。
	二	《梅塢遺瓊》
	三	×
范應官 （生卒年不詳）	一	字君和，嘉興人。
	二	×
	三	《鴛湖唱和》
范國泰 （生卒年不詳）	一	字長康，嘉興人。
	二	×
	三	《鴛湖唱和》
林丹阿 （生卒年不詳）	一	×
	二	×
	三	《泛泖吟》.
林洪卿 （生卒年不詳）	一	×
	二	×
	三	《燎松吟》
郁大年 （生卒年不詳）	一	字正叔，嘉興人。
	二	×
	三	《鴛湖唱和》

郁彬如 （生卒年不詳）	一	字季雅，嘉興人。
	二	✕
	三	《鴛湖唱和》《燎松吟》
桑貞白 （生卒年不詳）	一	字月窗，著有《香區集》，爲周履靖收入於《夷門廣牘》。
	二	✕
	三	《閒雲稿》
堯　宇 （生卒年不詳）	一	號俞堅
	二	《梅塢遺瓊》
	三	✕
姚　○ （生卒年不詳）	一	號玄嶽，嘉興人。
	二	《梅塢遺瓊》
	三	《閒雲稿》
姚日門 （生卒年不詳）	一	✕
	一	✕
	三	《泛泖吟》
？ （生卒年不詳）	一	號松窩子
	二	《梅塢遺瓊》
	三	《閒雲稿》
施守官 （生卒年不詳）	一	號玄蓋，海鹽人。
	二	《梅塢遺瓊》
	三	✕
俞顯卿 （生卒年不詳）	一	號識軒
	二	《梅塢遺瓊》
	三	《閒雲稿》
俞玉如 （生卒年不詳）	一	✕
	一	✕
	三	《燎松吟》
徐扣澤 （生卒年不詳）	一	號春門
	二	《梅塢遺瓊》
	三	《閒雲稿》

徐弘澤 （生卒年不詳）	一	字潤卿，嘉興人。
	二	《梅塢遺瓊》
	三	《閒雲稿》、《鴛湖唱和》、《泛泖吟》
悟　竹 （生卒年不詳）	一	號思達（僧人）
	二	《梅塢遺瓊》
	三	×
夏日葵 （生卒年不詳）	一	號蓋陽，嘉興人。
	二	《梅塢遺瓊》、《繪林題識》
	三	×
袁　丈 （生卒年不詳）	一	字太沖
	二	《梅塢遺瓊》
	三	〈螺冠子自序〉、《泛泖吟》
孫光宗 （生卒年不詳）	一	×
	二	《繪林題識》
	三	×
孫孟芳 （生卒年不詳）	一	字世聲，華亭人。
	二	×
	三	《鴛湖唱和》、《泛泖吟》
高繼元 （生卒年不詳）	一	字永仁，嘉興人。
	二	×
	三	《鴛湖唱和》
高應經 （生卒年不詳）	一	×
	二	《投壺儀節》序
	三	×
唐瀛洲 （生卒年不詳）	一	×
	二	×
	三	《燎松吟》
倪芹川 （生卒年不詳）	一	×
	二	×
	三	《燎松吟》

陳三緘 （生卒年不詳）	一	×
	二	×
	三	《燎松吟》
陳省軒 （生卒年不詳）	一	×
	二	×
	三	《燎松吟》
張服采 （生卒年不詳）	一	號橋溪，嘉興人，著有《樵溪集》。
	二	《梅塢遺瓊》
	三	×
張正鵠 （生卒年不詳）	一	號繹菴，嘉興人。
	二	《梅塢遺瓊》
	三	×
張敷治 （生卒年不詳）	一	號雨竹，錢塘人。
	二	《梅塢遺瓊》
	三	×
張應登 （生卒年不詳）	一	號夢夔
	二	《梅塢遺瓊》
	三	×
張彥謙 （生卒年不詳）	一	號心益
	二	《梅塢遺瓊》
	三	×
張重華 （生卒年不詳）	一	字虞侯，華亭人。
	二	×
	三	《鴛湖唱和》
張左山 （生卒年不詳）	一	×
	二	×
	三	《燎松吟》
張若竹 （生卒年不詳）	一	×
	二	×
	三	《燎松吟》

曹代蕭 （生卒年不詳）	一	×
	二	《繪林題識》
	三	×
曹懋官 （生卒年不詳）	一	號濬川，嘉興人。
	二	《梅塢遺瓊》
	三	×
曹苢□ （生卒年不詳）	一	×
	二	×
	三	〈螺冠子自序〉
章仲玉 （生卒年不詳）	一	×
	二	×
	三	《燎松吟》
章明府 （生卒年不詳）	一	×
	二	×
	三	《燎松吟》
許文豹 （生卒年不詳）	一	號夢萱，嘉興人。
	二	《梅塢遺瓊》
	三	《閒雲稿》
陶　冶 （生卒年不詳）	一	號岩水，嘉興人。
	二	《梅塢遺瓊》
	三	《閒雲稿》
陸萬言 （生卒年不詳）	一	字君策，華亭人。
	二	×
	三	《鴛湖唱和》
崔士榮 （生卒年不詳）	一	號從図
	二	《梅塢遺瓊》
	三	×
馮玄鑑 （生卒年不詳）	一	×
	二	《繪林題識》
	三	×

馮陽峰 （生卒年不詳）	一	×
	二	《梅塢遺瓊》
	三	×
彭汝讓 （？～1592）	一	號九麓，華亭人，著有《木几冗談》。
	二	《梅塢遺瓊》
	三	×
黃帷揖 （生卒年不詳）	一	號內方
	二	《梅塢遺瓊》
	三	×
黃嘉芳 （生卒年不詳）	一	太倉人。
	二	《梅塢遺瓊》、《繪林題識》
	三	×
黃唯中 （生卒年不詳）	一	號雲谷，歙縣人。
	二	《梅塢遺瓊》
	三	×
斯德 （生卒年不詳）	一	號晚岩，海鹽人。
	二	《梅塢遺瓊》
	三	×
智瑩 （生卒年不詳）	一	（僧人）
	二	《梅塢遺瓊》
	三	×
賀萬祚 （生卒年不詳）	一	×
	二	《燎松吟》跋
	三	×
楊楨 （生卒年不詳）	一	號少山，華亭人。
	二	《梅塢遺瓊》、《繪林題識》
	三	×
楊小山 （生卒年不詳）	一	×
	二	×
	三	《泛泖吟》

楊龍源 （生卒年不詳）	一	×
	二	×
	三	《泛泖吟》
達觀可道人 （生卒年不詳）	一	×
	二	《梅塢遺瓊》
	三	×
趙雲泉 （生卒年不詳）	一	×
	二	×
	三	《燎松吟》
賓梧 （生卒年不詳）	一	號師道（僧人）
	二	《梅塢遺瓊》
	三	×
潘獻臣 （生卒年不詳）	一	號長白，嘉興人。
	二	《梅塢遺瓊》
	三	《閒雲稿》
潘晟 （生卒年不詳）	一	萬曆八年進士登科錄
	二	《閒雲稿》序
	三	×
慧乘 （生卒年不詳）	一	×
	二	《梅塢遺瓊》
	三	×
戴春雱 （生卒年不詳）	一	×
	二	×
	三	〈螺冠子白序〉
戴弁蒼 （生卒年不詳）	一	×
	二	《梅塢遺瓊》
	三	×
謝霞川 （生卒年不詳）	一	×
	二	×
	三	《燎松吟》

韓 埛 （生卒年不詳）	一	號仰橋
	二	《梅塢遺瓊》
	三	✕
鏡 池 （生卒年不詳）	一	號自淳，海鹽人。
	二	《梅塢遺瓊》
	三	✕
釋定湖 （生卒年不詳）	一	號眞謐
	二	《梅塢遺瓊》
	三	〈螺冠子自序〉、《泛泖吟》
釋通軋 （生卒年不詳）	一	僧人
	二	《梅塢遺瓊》
	三	✕
嚴從節 （生卒年不詳）	一	號少渠，嘉興人。
	二	《梅塢遺瓊》
	三	✕

附錄五：四庫館臣對明代叢書評價

說明：

◆本表所據察考資料爲〔清〕永瑢、紀昀等撰：《四庫全書總目提要》（台北：商務印書館，1983 年）。

◆本表目的在於呈顯四庫館臣對於明代叢書價值的態度，因此，搜尋範圍以子部雜家類雜編之屬爲限，此一範疇乃館臣所認定之「叢書」，其餘放置它部之叢書，暫不列入此統計整理。

◆本表察考的部分叢書雖然屬於清初作品，但事實上其編纂流風乃延續晚明而來，因此也列入整理。

◆筆者在每一叢書後所列的《四庫全書總目》說明中，採扼要方式列出四庫館評價，另外再以「粗行楷」方式標出各書關鍵評語，清楚呈現四庫館臣對明代叢書的態度，若需全文閱讀方能理解者，則不另外標示。

◆編號 1、2、3 三部叢書收於《四庫全書總目》卷一二三，子部雜家類雜編之屬，列入「著錄書」；其餘四十五部則置於卷一三四，子部雜家類存目雜

編之屬，擯入「存目書」。

◆ 「著錄書」可以參閱《文淵閣四庫全書》（台北：臺灣商務印書館，1983
年）；「存目書」可以參閱《四庫全書存目叢書》（台南：莊嚴文化事業有限
公司，1997 年）。

編號	書　名	《四庫全書總目》評語
1	《儼山外集》	〔明〕陸深撰，深有《南巡日錄》，已著錄。是編乃其箚記之文。部帙雖別，體例則一。雖讕言瑣語，錯出其間。而核其大致，則足資考證者多。在明人說部之中，猶爲佳本。
2	《少室山房筆叢》	〔明〕胡應麟撰，此其生平考據雜說也。……蓋捃摭既博，又復不自檢點。牴牾橫生，勢固有所不免。然明自萬曆以後，心學橫流，儒風大壞，不復以稽古爲事。應麟獨研索舊文，參校疑義，以成是編。雖利鈍互陳，而可資考證者亦不少。朱彝尊稱其不失讀書種子，誠公論也。楊慎、陳耀文、焦竑諸家之後，錄此一書，猶所謂差強人意者矣。
3	《鈍吟雜錄》	〔清〕馮班撰。……大抵明季諸儒，守正者多迂，騖名者多詐。明季詩文，沿王、李、鍾、譚之餘波，僞體競出。故班諸書之中，詆斥或傷之激。然班學有本源，論事多達物情，論文皆究古法。雖間有　駁，要所得者為多也。
4	《五子纂圖互註》	宋龔士卨編。士卨、爵里無考。前有自序題景定改元，蓋理宗時人。又有三私印，一曰龔氏，一曰子質，一曰石廬子，蓋其字與號也。……核其紙色版式，乃宋末建陽麻沙本，蓋無知書賈苟且射利者所爲。因其宋人舊刻，姑存其目，以備考耳。
5	《藝圃蒐奇》	舊本題明徐一夔編。……楊萬里《誠齋揮麈錄》即王明清《揮麈錄》；晁說之《墨經》，即晁了一《墨經》，大抵改易書名、人名，以售其欺。至續雖元、明間人，而《霏雪錄》成於洪武中。此編既輯於至正戊申，猶順帝之末年，何以預載其書？且所錄《灌畦暇語》與李東陽重編殘闕之本一字不易，豈元人所及見邪？其爲近時所贗託，不問可知矣。原本有錄無書者凡十三種，國朝曹寅爲補錄之，釐爲二卷，蓋寅亦爲姦黠書賈所紿也。
6	《柏齋三書》	〔明〕何瑭撰。瑭有《醫學管見》，已著錄。……皆所謂一知半解也。末有崔銑跋。銑學頗醇正，而極稱所論之超卓，殊不可解。
7	《六詔紀聞》	上卷曰《會勘夷情錄》……二卷一記邊防，一談神怪，殊爲不倫，殆於無類可歸，姑錄之雜編，附存其目。
8	《木鐘臺集》	〔明〕唐樞撰。樞有《易修墨守》，已著錄。……析門分類，俱各冠以序文，其別行之本，已各存曰，此其總匯之本也。
9	《邱陵學山》	〔明〕王文祿編。文祿有《廉矩》，已著錄。然欲矜繁富而考訂未精，故類多刪節原文，不能全錄。又以前人文集所已載者析出而附益之，彊立名目，牽率殊甚，至《海沂子》以下數種，皆文祿自著之書，而亦闌入其中，尤不出明人積習。非但遠遜左圭，即視商維濬、吳琯輩相去亦懸絕矣。

10	《陸學士雜著》	〔明〕陸樹聲撰。樹聲有《平泉題跋》,已著錄。是編皆其所著雜說……其中亦有別本單行者,此則其門人子弟所合刊成帙者也。
11	《陸文定公書》	〔明〕陸樹聲撰。是集首列《適園雜著》,次《清暑筆談》,次《善俗裨議》,次《鄉會公約》,次《題跋》,皆其罷官家居時所作。較《陸學士雜著》所刊少五種,而多《鄉會公約》一種,蓋其刻在《雜著》前也。
12	《兩京遺編》	〔明〕胡維新編。……王充《論衡》、劉向《說苑》實皆漢人之文,又以其卷帙之多而棄之。去取殊無義例。且《文心雕龍》純爲四六駢體,而云其文似漢,尤乖謬之甚矣。
13	《紀錄彙編》	〔明〕沈節甫編。節甫烏程人。……小說之末派,一概闌入,未免務博好奇,傷於蕪雜。且諸書有全載者,有摘鈔者,甚或有一書而全錄其半,摘鈔其半者,爲例亦復不純。卷帙雖富,不足取也。
14	《左傳國語國策評苑》	〔明〕穆文熙編。文熙有《七雄策纂》,已著錄。……均略有所刪補,非其原文。蓋明人凡刻古書,例皆如是。謂必如是,然後見其有所改定,非徒翻刻舊文也。其曰「評苑」者,蓋於簡端雜採諸家之論云。
15	《中都四子集》	〔明〕朱東光編。……其書刊版頗拙,校刊亦略。又於古註之後時時妄有附益,殆類續貂,遂全失古本之全面止目,書帕本最下者也。
16	《明小史》	不著編輯者名氏。彙輯明人傳記說部,凡四十六種,皆習見之本。所錄迄於嘉靖中,殆隆慶、萬歷間人所刊也。
17	《山居清賞》	〔明〕程榮編。……凡十五種,多農圃家言。中惟《茶譜》一種爲榮所自著。採摭簡漏,亦罕所考據。
18	《今獻彙言》	〔明〕高鳴鳳編。……據其目錄所列凡爲書二十五種,乃首尾完具,不似有闕。蓋其版已散佚不全,坊賈綴拾殘剩,刻八卷之目冠於卷首,詭爲完書也。
19	《呂公實政錄》	〔明〕呂坤撰。坤有《四禮疑》,已著錄。……蓋諸書各有單行之本,文炳特彙而刻之,存其原序也。
20	《天學初函》	〔明〕李之藻編。之藻有《頖宮禮樂疏》,已著錄。……悖亂綱常,莫斯爲甚,豈可行於中國者哉?之藻等傳其測算之術,原不失爲節取,乃併其惑誣之說刊而布之,以顯與六經相齟齬,則愼之甚矣。今擇其《器編》十種可資測算者,別著於錄。其《理編》則惟錄《職方外紀》,以廣異聞。其餘概衆屛斥,以示放絕。併存之藻總編之目,以著左祖異端之罪焉。
21	《合刻五家言》	〔明〕鍾惺編。惺有《詩經圖史合考》,已著錄。……各書俱有專行之本,不可強合而別立標題。務爲詭異,可謂杜撰無稽矣。
22	《夷門廣牘》	〔明〕周履靖編。履靖字逸之,嘉興人。是編廣集歷代以來小種之書,並及其所自著,蓋亦陳繼儒《秘笈》之類。……所收各書,眞僞雜出,漫無區別。如郭橐駝《種樹書》之類,殆於戲劇。其中間有一二古書,又刪削不完。如《釋明》惟存《書契》一篇,而乃題曰「釋名全帙」,尤爲乖舛。其所自著,亦皆明季山人之窠臼,卷帙雖富,實無可採錄也。

23	《鹽邑志林》	〔明〕樊維城編。……其中如陸績《易解》之類，多出鈔合，明人所著文，又頗刪節，大抵近《說郛》之例。其最舛誤者，莫如顧野王之《玉篇廣韻直音》。《玉篇》自唐上元中經孫強增加，宋人又有大廣益會之本，久非原帙，舉今本歸諸野王，已爲失考。又《玉篇》自《玉篇》，《廣韻》自《廣韻》，乃併爲一書，尤爲舛謬。且《玉篇》音用翻切，並無直音之說？忽以直音加之野王，更不知其何說？考首卷訂閱姓名，列姚士粦、鄭端允、劉祖鍾三人。固當時勝流，號爲博洽者也，何其誤乃至於是哉？
24	《張氏藏書》	〔明〕張應文撰。凡十種……大抵不出明人小品之習氣。其《山房四房友譜》中所稱以《史記》眞本刊今本之僞者，詭誕無稽，不足與辨。……明之末年，國政壞而士風亦壞，掉弄聰明，決裂防檢，遂至於如此，屠隆、陳繼儒諸人不得不任其咎也。
25	《格致叢書》	〔明〕胡文煥編。文煥有《文會堂琴譜》，已著錄。是編爲萬曆、天啓間坊賈射利之本。雜採諸書，更易名目。古書一經其點竄，並庸惡陋劣，使人厭觀。且所列諸書，亦無定數。隨印數十種，即隨刻一目錄。錄在變幻，以新耳目，冀其多售。故世間所行之本，部部各殊，究不知其全書凡幾種。……如斯之類，不可枚舉，是尤不足與議矣。
26	《學易堂筆記》	〔明〕項皐謨撰。皐謨字懋功，自稱西山居士，嘉興人，鄭履淳之婿也。是書乃所作劄記，分爲五編，蓋竊襲洪邁《溶齋隨筆》之例。《筆記》之後附《生生閣學易》三章，《二筆》之後附《同時人贈言》一卷，《三筆》之後附滴露軒雜著一卷，《四筆》之後無所附，但有自跋一篇。《五筆》之後附《明歷年圖》一卷，自吳元年丁未至天啓四年，皆紀干支，別無所載，惟吳元年下註一條曰「嘉興府鼓樓匾吳元年建」十字而已。
27	《天都閣藏書》	〔明〕程允兆編。……《雜評》一卷，不著名氏，皆論書之語。中忽云「幞帽興於國朝」，此唐張彥遠之語也，又稱「我朝王孟端及沈周、陳道復」，同明人語也。參錯無章，殆不知文義人所爲。袁昂《書評》之後，贅以筆陣圖。張懷瓘《書斷》改其名曰《書斷列傳》。敖陶孫《詩評》語僅一頁有餘，蓋自《丹鉛錄》抄出，而併評末楊愼之論連爲陶孫之評。蓋坊賈射利之本耳。
28	《眉公十集》	〔明〕陳繼儒撰。繼儒有《邵康節外紀》，已著錄。……簡端各綴以評。其評每卷分屬一人，而相其詞氣，實出一手，刊版亦粗惡無比，蓋繼儒名盛一時，坊賈於《秘笈》中摘出，翻刻又妄加批點也。
29	《津逮秘書》	〔明〕毛晉編。晉有《毛詩陸疏廣義》，已著錄。……而所收近時僞本，如《詩傳》、《詩說》、《歲華紀麗》、《瑯嬛記》、《漢雜事秘辛》之類，尚有數種。又《經典釋文》割裂《周易》一卷，尤不可解。其題跋二十家，皆鈔撮於全集之中，亦屬無謂。今仍分著於錄，而存其總名於此，以不沒其蒐輯刊刻之功焉。
30	《漢魏別解》	〔明〕黃澍、葉紹泰同編。自《吳越春秋》迄於薛收《元經傳》，凡四十六種。其凡例云：「六朝諸家文集，一篇不載。」而編中收江淹、任昉諸集，不一而足。又云：「皆錄全文」，而節錄者亦復不少。至近代僞書，如《天錄閣外史》之類，亦一概濫收，殊失鑒別。

31	《快書》	〔明〕閔景賢、何偉然同編。景賢字士行，烏程人。偉然字仙臞，仁和人。是編割裂諸家小品五十種，彙爲一集。大抵僞薄纖佻之言，又多竄易名目。如《會心編》改名「秋濤」，《醒言》改名「光明藏」之類，不一而足。甚至周守忠之《姬侍類偶》改名「姝聯」。姝即姬侍，聯節類偶也。亦可謂拙陋矣。
32	《廣快書》	〔明〕何偉然編。……所採皆取明人說部，每一書爲一卷。卷帙多者則刪剟其文。立名詭異，有曰「一聲鶯」者，有曰「情癡」者，有曰「照心犀」者，有曰「嘔絲」者。所謂萬病可醫，俗不可醫者歟？從先嘗選明一代布衣之詩，名《布衣權》，惟紫淀老人張文峙家藏有寫本，明季兵燹遂亡佚；而《快書》百種，最下最傳，蓋其輕僞佻薄，與當時士習相宜。
33	《皇書帝佚》	〔明〕蔣軼凡編。軼凡字季超，諸暨人。首載僞《三墳》及《乾坤鑿度》，謂之「皇書」。次載《中天佚典》，託名五帝之言，謂之「帝佚」。前有自序，稱「遇遼陽韓友於燕都，得《五帝佚典》，乃是箕子所贈，漢初重購不得者。」其說極荒誕不經。軼凡乃曲爲註釋，並加評點以附會之，真可謂不善作僞矣。
34	《蕷古介書》	題東海黃禺、金定邵闇生編。不知爲何許人。分前、後二集。……均叢脞無緒，蓋亦肆粗識字義之人刊以射利者也。
35	《群芳清玩》	〔明〕李璵編。璵字惠時，蘇州人。是刻爲叢書十有二種：曰《鼎錄》、曰《刀劍錄》、曰《研史》、曰《畫鑒》、曰《石譜》、曰《瓶史》、曰《弈律》、曰《蘭譜》、曰《茗笈》、曰《香國》、曰《採菊雜詠》、曰《蝶幾譜》，並題曰毛晉訂。其書踏駁不倫，蓋亦坊賈射利之本也。
36	《溪堂麗宿集》	不著撰人名氏。亦不著時代，無序跋，無目錄，其名亦不甚可解。……龐雜冗瑣，茫無端緒，蓋庸陋書賈鈔合說部，僞立名目以售欺。范欽爲其所紿，遂著錄於天一閣耳。
37	《翰苑叢鈔》	不著撰人名氏。取左圭《百川學海》所載諸書，刪其書名、卷數與撰人，顛倒次序，連綴鈔爲一編。僞書之最拙者也。
38	《學海類篇》	舊本題〔清〕曹溶編。……僞本乃十之九，或改頭換面，別立書名，或移甲爲乙，僞題作者。顛倒謬妄，不可殫述，以徐乾學《教習堂條約》、項維貞《燕臺筆錄》二書考之，一成於溶卒之年，一成於溶卒之後。溶安得採入斯集，或無賴書賈以溶家富圖籍，遂託名於溶歟？
39	《莊屈合詁》	〔清〕錢澄之撰。澄之有《田間易學》，已著錄。是編合《莊子》、《楚辭》二書爲之訓釋。《莊子》止詁《內篇》，先列郭象《註》，次及諸家。《楚辭》則止詁屈原所作，以朱子《集註》爲主，而以己意論斷於後。其自序云：「著《易學》、《詩學》成，思所以翊二經者，而得莊子、屈原。以莊繼《易》，以屈繼《詩》，足以轉相發明。」然屈原之賦固足繼《風》、《雅》之蹤，至於以老莊解《易》則晉人附會之失。澄之經學篤實，斷不沿其謬種。蓋澄子丁明末造，發憤著書，發《離騷》寓其幽憂，而以《莊子》寓其解脫，不欲明言，託於翼經焉耳。

40	《楊園全書》	〔清〕張履祥撰。履祥有《沈氏農書》，已著錄。……其書多儒家之言，而《近古錄》、《見聞錄》等率傳記之流，《農書》又農家之流，言非一致，難以概目曰儒家，故著錄於雜家類焉。
41	《張考夫遺書》	〔清〕張履祥撰。是編書凡四種：曰《訓子語》二卷、曰《經正錄》一卷、曰《備忘錄》一卷、曰《書簡》一卷。張蘭皋序云：「訓子一冊，先得我心，因合數種授之梓人。」蓋刻於《楊園全書》之前，故卷帙不及其富也。
42	《竹裕園筆語》	〔清〕李日滌撰。……三書識趣議論，出入於屠隆、袁宏道、陳繼儒之間，蓋明末風氣如是也。四曰《驅暑草》一卷，皆其客楚時作。前爲《或問》十章，綴以無富、無分、無過、無不過四論，皆借以發抒心跡。五曰《餘草》一卷，皆所作雜文，六曰《四書筆語》六卷，依經生義，自抒所懷，與章世純《49書》相類。二人本同時，又相善也。
43	《昭代叢書》	〔清〕張潮編。……或從文集中摘錄一篇，或從全書中割取數頁，亦有偶書數紙，並非著述，而亦強以書名者。中亦時有竄改。如徐懷祖之《海賦》，去其賦而存其自註，改名《臺灣隨筆》。黃百家之《征南先生傳》，芟其首尾，改名《內家拳法》。猶是明季書賈改頭換面之積習，不足探也。
44	《丹麓雜著》	〔清〕王晫撰。晫有《遂生集》，已著錄。是編皆所著雜文。……每種有同時諸人序跋評語，毛際可又總爲之序，大抵皆明末山人之派。而《看花述異記》，摹仿牛僧孺《周秦行記》，聚歷代妃主，備諸冶蕩，尤非所宜。贊皇之黨託名誣奇章可也，晫乃無端自誣乎。
45	《壇几叢書》	〔清〕王晫、張潮同編。是書所錄皆國朝諸家雜著。大半採自文集中，其餘則多沿明季山人才子之習，務爲纖佻之詞。如張芳之《黛史》，丁雄飛之《小星譜》，已爲猥鄙。至程羽文之《鴛鴦牒》取古來男女不得其偶者，以意判斷，更爲匹配。
46	《政學合一集》	〔清〕許三禮撰。三禮有《讀禮偶見》，已著錄。……大抵皆有意近名，失於夸詡。在海寧嘗建告天樓，官京師亦然。所定告天工課，儼然釋道、家懺誦章咒之屬，非儒者立言之道也。
47	《秘書二十一種》	〔清〕汪士漢編。二十一種者，其中《三墳》爲宋人僞撰，《楚史檮杌》、《晉史乘》爲元人僞書，《劍俠傳》、《竹書紀年》爲明人僞書。《續博物志》雖不僞而以南宋人爲晉人，亦爲疎舛。今已皆辨證於本書之下，此因士漢裒輯刊刻，別立總名，姑存其目備考焉。
48	《檢心集》	〔清〕閔則哲撰。……其中論說既繁，不免小有牴牾。如《史說略》中引《史記》「桀觀泡烙於瑤臺」云云，乃《符子》之寓言，史記實無此文也。

附　圖

附圖一：《夷門廣牘》書影

朝鮮國

獸皆壽何況人乎

天地靈氣之所鍾神明秀氣之所蘊凡草木鳥

死樹食之則壽有赤泉飲之不老蓋其國乃在

而色黑有數百歲不死者其容若少其地有不

其國在穿胷國之東秦人嘗至其國其人長大

長生國

氣者草木尚榮而不悴況其人乎

所薰炙故也然其東極清陽光能使萬物受其

異域志　　卷上　　五卷完

相親人食其乳則壽罕疾得太陽所出生炁之

屋以居風俗與太古無異人無機心麋鹿與之

在日本之東南大漢國之正東無城郭民作板

扶桑國

異域志　卷之上

明

　　　　金陵荊山書林梓行

　　　華亭眉公陳繼儒　同校

　　　嘉禾梅墟周履靖　同篹

元　江陵處士周致中篹

據臺北國家圖書館藏〔明〕萬曆金陵荊山書林刊配補影鈔本縮印掃描

附圖二：〔明〕仇英「園林清課圖」

選自《故宮書畫圖錄》（臺北：故宮博物院，1989 年）

附圖三：〔明〕唐寅「山靜日長圖」

選自《故宮書畫圖錄》（臺北：故宮博物院，1989年）

附圖四：〔明〕杜堇〈玩古圖〉

選自《故宮書畫圖錄》（臺北：故宮博物院，1989 年）

附圖五：〔明〕文伯仁〈品茶圖〉

選自《故宮書畫圖錄》（臺北：故宮博物院，1989 年）

附圖六：〔明〕程仲堅〈西園雅集圖〉

選自《故宮書畫圖錄》（臺北：故宮博物院，1989 年）

附圖七：〔明〕仇英〈西園雅集圖〉

選自《故宮書畫圖錄》（臺北：故宮博物院，1989年）

附圖八：〔明〕仇英〈畫移竹圖〉

選自《故宮書畫圖錄》（臺北：故宮博物院，1989年）

附圖九：〔明〕沈周〈芝鶴圖〉

選自《故宮書畫圖錄》（臺北：故宮博物院，1989 年）

附圖十：〔明〕唐寅〈山水〉

選自《故宮書畫圖錄》（臺北：故宮博物院，1989 年）

附圖十一：〔明〕錢穀〈畫採芝圖〉

選自《故宮書畫圖錄》（臺北：故宮博物院，1989 年）

附圖十二：〔明〕文徵明〈琴鶴圖〉

選自《故宮書畫圖錄》（臺北：故宮博物院，1989 年）

附圖十三：〔明〕文徵明〈蒼崖漁隱〉

選自《故宮書畫圖錄》（臺北：故宮博物院，1989 年）